园艺场地
经营与管理实训指导

YUANYI CHANGDI
JINGYING YU GUANLI SHIXUNZHIDAO

主　编：杨　芩　刘立波　田　鑫
副主编：李　丽　钟　程　张婷渟
参　编：蒋　瑶　邵显会　刘雅兰

电子科技大学出版社
University of Electronic Science and Technology of China Press
·成都·

图书在版编目(CIP)数据

园艺场地经营与管理实训指导 / 杨芩，刘立波，田鑫主编. -- 成都:
电子科技大学出版社，2019. 8
ISBN 978-7-5647-7308-3

Ⅰ. ①园… Ⅱ. ①杨… ②刘… ③田… Ⅲ. ①园艺管理 - 高等学校 -
教材 Ⅳ. ①S605

中国版本图书馆 CIP 数据核字（2019）第 163072 号

园艺场地经营与管理实训指导
杨　芩　刘立波　田　鑫　主编

策划编辑　谢晓辉
责任编辑　辜守义

出版发行　电子科技大学出版社
　　　　　成都市一环路东一段159号电子信息产业大厦九楼　邮编　610051
主　　页　www.uestcp.com.cn
服务电话　028-83203399
邮购电话　028-83201495

印　　刷　四川墨池印务有限公司
成品尺寸　185mm×260mm
印　　张　15.75
字　　数　380千字
版　　次　2019年8月第一版
印　　次　2019年8月第一次印刷
书　　号　ISBN 978-7-5647-7308-3
定　　价　48.00元

前　　言

园艺产业是种植业的重要组成部分，包括果树、蔬菜和花卉等方面。《果树栽培学》、《蔬菜栽培学》、《观赏园艺学》和《设施园艺学》等是园艺专业的主干课程，这些课程的内容基本都是在学习园艺植物相关生物习性的基础上加以应用，且应用性极强。然而，长期以来普通高校园艺专业学生进入专业知识学习的时间较晚，一般在第四学期才开始学习专业知识和相应的专业技能，并且大多处于被动的学习状态。对专业知识和技能学习的时间较短，应用于实践的机会较少，使得学生对知识理解不透彻，技能掌握不牢固，更不用说在生产中加以利用了，这些现状极大地影响了园艺专业实用技能型卓越人才的培养。编者在教学中与多届学生交谈发现，多数学生认为由于接触专业知识的时间较晚，使得很多学生对园艺专业的认识不够深入，对专业兴趣不浓，在学习生活中很难找到学习目标，如此恶性循环，因此当进入专业知识学习时已全无兴趣，这极大地影响了园艺专业人才培养目标的实现。

为此，凯里学院园艺专业结合我校培养"服务地方经济"人才的办学理念和园艺专业实用技能型卓越人才培养的模式，从进入大学的第一个学期开始，每学期均开设了《园艺场地经营与管理》课程。该课程通过学生参加园艺作物生产、评价和销售中发现问题的过程，培养学生独立思考并提出解决办法的能力，从而引发学生进一步学习基础理论的兴趣；同时也使学生将逐步获取的基础理论与专业技能结合应用于园艺生产各个环节，是学生将理论知识和实验技术转化为自我专业素养的实践平台。经过九年的教学实践证明，虽然在学生对专业知识知之甚少时就让其参加专业实践可能存在一定的盲目性，但由于园艺专业技能的极强实用性，及较强的可操作性和园艺产品的观赏性等充分地激发了学生的兴趣，使之主动地去获取一些简单的专业基础知识，这也使学生在后期的学习中更容易理解和掌握专业基础理论和技能，同时也培养了学生吃苦耐劳的精神，因此对培养实用技能型卓越园艺专业人才具有良好的促进作用。

《园艺场地经营与管理》课程自2010年开课至今，亦连续为园艺专业九届学生开课，并于2013年获校级本科教学质量工程项目立项资助进行教学改革，主要研究与实践成果2016年获贵州省第二届教育科学研究优秀成果三等奖。通过九年的积累和探索，课程教学团队已对该课程的教学内容进行了以园艺产业链和地方特色产业为线索，对教学内容进行了系统化、实用化和地域化修订，并结合教学组织形式、教学方法等的改革和探索，取得了良好的教材研究与教学改革工作基础。为进一步加强本课程建设，促进实用技能型卓越园艺人才培养，以及推动教学改革成果应用，特编纂本教材。

本书将果树、蔬菜、观赏园艺植物的实践技能融为一体，覆盖面广，涵盖了园艺专业全部主干课程的实践技能，既全面又系统；同时，汲取了多年教学研究成果及园艺领域最新栽培管理技术，重在培养学生的专业素质、实践能力、创新能力和专业兴趣，是一本操作性极强的实践课教材。为了突出其实践性和可操作性，本书选用了大量地方性素材，直观生动，使学生根据教材内容可顺利进行田间操作。

本教材共分为三部分。第一部分是果树篇，主要内容以果树产业链为线索分为建园技术、果园管理技术、果园病虫害防治技术以及果实采收、商品化处理和贮藏保鲜技术四章，共35项实践技能；本部分由杨芩负责，其中杨芩编写（实践1～19）、邵显会编写（实践20～24）、张婷渟编写（27～35）。第二部分是蔬菜篇，主要内容为蔬菜场地规划建设、蔬菜田间管理技术、蔬菜设施栽培技术以及蔬菜采收、商品化处理和贮藏保鲜技术，共37项实践技能；本部分由田鑫负责，其中钟程编写（实践1～5）、蒋瑶编写（实践6～12）、田鑫编写（13～20）、李丽编写（实践21～29）、张婷渟编写（30～37）。第三部分为观赏园艺篇，主要内容为观赏植物繁殖技术、观赏植物的场园建设、观赏植物的栽培养护技术和观赏植物的产后技术，共35项实践技能；其中刘立波编写（实践1～15，22～29）、刘雅兰编写（实践16～21）、李丽编写（实践30～35）。在总共107项实践技能中每个项目3个学时，根据实践情况在校内卓越农林人才培养实训基地按照季节分次进行。

在编写中参考了国内外有关著作，由于篇幅所限不能一一列出，在此谨向有关老师、专家学者和单位表示衷心感谢。

在教材编写过程中，不足之处难免，敬请读者提出宝贵意见，以便再版时修订。

编　者

2019年6月

MU LU

目　录

第一部分　果　树　篇

第一章　建园技术 ……2

实践1　果树生产基地调查 ……2
实践2　果品市场调查 ……4
实践3　果园的规划和设计 ……5
实践4　山地果园土壤改良与梯田修筑技术 ……8
实践5　果树良种苗木的鉴定与检验技术 ……10
实践6　果树苗木的栽植 ……12

第二章　果园管理技术 ……16

实践7　果树基肥施用技术 ……16
实践8　果树的穴贮肥水技术 ……17
实践9　果树树势判断与估产 ……19
实践10　果树人工辅助授粉技术 ……21
实践11　果树的疏花与疏果技术 ……23
实践12　果树果实套袋与增色技术 ……25
实践13　果树修剪反应调查 ……26
实践14　果树的冬季休眠期修剪技术 ……28
实践15　果树的夏季生长期修剪技术 ……32
实践16　果树的高接换种技术 ……40
实践17　果园的土壤管理技术 ……41
实践18　果树的防寒技术 ……43

实践19 果园管理工作历的制订 ……45

第三章 果园病虫害防治技术 ……47

实践20 果园的冬季清园技术 ……47
实践21 常规农药的稀释与喷雾 ……48
实践22 诱杀、捕虫、杀虫器物的安装与使用 ……51
实践23 糖醋液的配制与使用技术 ……52
实践24 果蝇诱捕器的安装与使用技术 ……54
实践25 石硫合剂的使用技术 ……55
实践26 刮树皮技术 ……57

第四章 果实采收、商品化处理和贮藏保鲜技术 ……59

实践27 果实成熟度判断技术 ……59
实践28 果实采收及预贮技术 ……61
实践29 果实感观品质评价技术 ……63
实践30 果实分级与包装技术 ……65
实践31 果实涂蜡技术 ……66
实践32 果实催熟与脱涩技术 ……68
实践33 货架堆码技术 ……69
实践34 果实保鲜处理技术 ……71
实践35 冷库贮藏管理技术 ……74

第二部分 蔬 菜 篇

第一章 建园技术 ……78

实践1 蔬菜场地的规划布局 ……78
实践2 园地气候生态环境调查及适种蔬菜的筛选 ……82
实验3 蔬菜市场调查、种植计划、经济预算及收益预测 ……83
实践4 田间耕作机械 ……85
实践5 整地施肥 ……87

第二章 蔬菜田间管理技术 ……89

实践6 蔬菜种子质量及活力测定 ……89
实践7 蔬菜种子的播前处理及播种 ……91
实验8 蔬菜田间生长状况的记录 ……94
实践9 蔬菜苗期管理 ……95
实践10 蔬菜嫁接育苗技术 ……97
实践11 蔬菜的中耕、除草与培土 ……100
实践12 蔬菜的植株调整 ……102
实践13 蔬菜田间追肥技术 ……105
实践14 蔬菜田间灌溉技术 ……107
实践15 蔬菜病虫害防治 ……110
实践16 植物生长调节剂的应用 ……112
实践17 蔬菜的花果管理 ……114
实践18 蔬菜的收获及产量调查 ……117

第三章 蔬菜设施栽培技术 ……122

实践19 园艺设施设计规划 ……122
实践20 地膜铺设技术 ……126
实践21 温室（大棚）的设计 ……130
实践22 温室（大棚）的性能观测 ……131
实践23 蔬菜的育苗营养土配制及床土消毒技术 ……133
实践24 电热温床铺设技术 ……135
实践25 二氧化碳施肥技术 ……137
实践26 营养液配制技术 ……139
实践27 蔬菜无土育苗技术 ……141
实践28 蔬菜水培技术 ……142
实践29 芽菜的工厂化生产技术 ……144
实践30 蔬菜成熟度判断技术 ……146
实践31 蔬菜的采收及预贮技术 ……147
实践32 蔬菜感观品质评价技术 ……149
实践33 蔬菜分级与包装技术 ……151
实践34 蔬菜的催熟技术 ……153

实践35　蔬菜的愈伤技术 ……155
实践36　蔬菜保鲜处理技术 ……156
实践37　鲜切蔬菜处理技术 ……159

第三部分　观赏园艺篇

第一章　观赏植物繁殖技术 ……162

实践1　观赏植物的识别 ……162
实践2　观赏植物种子的识别 ……163
实践3　观赏植物播种育苗技术 ……164
实践4　观赏植物扦插繁殖技术 ……167
实践5　观赏植物分生繁殖技术 ……170
实践6　观赏植物嫁接繁殖技术 ……172
实践7　观赏植物压条繁殖技术 ……174
实践8　观赏植物容器育苗技术 ……177
实践9　观赏树木种实采收技术 ……179
实践10　观赏树木种实调制技术 ……181

第二章　观赏植物的场园建设 ……184

实践11　观赏植物的市场调查 ……184
实践12　种植苗圃建设 ……185
实践13　设施场地建设 ……186
实践14　周年生产计划的制订 ……187
实践15　观赏植物日常管理 ……188

第三章　观赏植物的栽培养护技术 ……190

实践16　观赏植物定植、移植技术 ……190
实践17　观赏植物的间苗 ……192
实践18　堆肥技术 ……193
实践19　营养土的配制 ……194
实践20　观赏植物的上盆 ……197

实践21 观赏植物的换盆 …………198
实践22 观赏植物的追肥 …………200
实践23 观赏花木的整形与修剪 …………201
实践24 绿篱的整形修剪 …………202
实践25 草坪草的修剪 …………205
实践26 观赏植物病虫害防治技术 …………206
实践27 除草技术 …………209
实践28 灌溉技术 …………212
实践29 大苗培育技术 …………218

第四章 观赏植物的产后技术 …………221

实践30 观赏树木的起苗、分级、统计、包装、假植与运输技术 …………221
实践31 鲜切花的采收技术 …………225
实践32 鲜切花的运输技术 …………227
实践33 鲜切花的分级与包装技术 …………229
实践34 鲜切花保鲜剂配制技术 …………232
实践35 鲜切花贮藏与管理技术 …………234

参考文献 …………237

第一部分

果 树 篇

YUANYI CHANG DI JINGYING YU GUANLI

第一章　建园技术

实践1　果树生产基地调查

一、目的要求

通过参观考察果树生产基地，深入了解果树生产发展现状、果园结构布局、生产设施及管理方法。根据调查材料和数据，对现有果园加以研究和分析，以便为果园管理和建园提出意见。

要求学会果园调查方法。应用相关的果树知识，对果园进行分析，提出存在的问题。

二、材料与用具

（一）材料

选附近管理正常的成年果园。

（二）用具

记载纸，皮尺，卡尺，计数器，锹，测糖仪，硬度计，计算机。

三、内容与方法

（一）调查原则

1. 调查时既要调查现状，也要了解历史，但要以调查现状为主。要实事求是，反映真实情况。

2. 要重点调查具有代表性的植株，也要注意到特殊性植株和新发现的问题。调查的株数应根据需要和条件而定，一般调查株数越多，得到的结果越准确。

3. 调查方法：通过访问，掌握部分历史资料。现场观察和调查，以取得第一手资料和数据。

（二）步骤和方法

1. 调查

（1）环境条件调查。

气候条件，重点调查：年平均温度，最高、最低温度，初霜期和晚霜期的时间；年降雨量，雨量分布情况；不同季节的风向风速。

土壤条件，重点调查：土层厚度（表土和心土），土壤肥力，土壤酸碱度，有害盐含量，地下水情况。

（2）果园基本情况调查。包括：果园面积，小区划分，道路设置；树种，品种，授粉树配置，砧木，树龄，栽植距离，栽植方式；防护林；水源，排灌系统；建筑物；机械化程度；果树缺株情况及果园树体整齐度的调查。

（3）树体调查。树体调查要有数据，以进一步找出果树的生长发育与环境条件和栽培管理的密切关系，从而为因地制宜地制定技术措施提出依据。选择果园主要树种、品种进行调查。调查重点包括：

①根系。根系分布的深度和广度，根系生长与施肥、土壤耕作和灌水的关系，嫁接部位的生长是否一致，亲和力等。

②树体结构。干高，干周，树高，树形，干高与树形、树高的关系。

③骨干枝多少。骨干枝角度，主枝与侧枝的从属关系，辅养枝的多少，结果枝组的多少及分布情况，偏冠情况等。

④树势。新梢长度（春梢、秋梢或一次枝、二次枝等）、粗度，节间长短，芽饱满程度，新梢成熟度（颜色）。

⑤叶。叶色，叶片厚薄，叶片大小。

⑥结果情况：平均结果年龄，最早结果年龄，结果部位，结果枝的衰老与更新。

⑦落花落果情况（生理落果和采前落果）。

⑧产量：几年来不同树种品种的平均亩产，最高株产，全园的平均亩产和总产量。果实大小（不同品种每斤平均个数或单果重），果色，果实硬度，糖酸含量，果汁多少，芳香及风味。

（4）病虫害调查。危害果树的主要病虫害，发生时期、危害程度及防治情况。

（5）主要栽培管理措施。土壤施肥或喷肥的种类、时期，灌水时期，土壤改良情况，绿肥的施用，整形修剪的主要特点和方法。

（6）其他方面调查。果树生理病害发生和发展程度，如何防治，有无病毒植株、冻害、抽条、日烧、霜害、涝害、风害、冰雹灾害等。

（7）社会经济情况。果树生产基地所在地区人口，劳动力数量和技术素质，当地经济发展水平，贮藏、加工状况，能源与交通状况，市场销售供求状况及果树发展趋势预测等。

（8）经常管理情况的调查。调查每种果树的用工、用料及成本核算。

2. 调查材料的整理及分析。材料整理是一项重要工作。把调查材料进行分门别类的统计，将得出的数据，结合访问了解的情况和栽培管理措施，进行分析，经过去粗取精、去伪存真，找出果树与环境条件和栽培管理的关系。

3. 调查总结。对果园的客观反映做出评论。评论要准确，要有理有据，好的方面要肯定，欠缺的方面和存在的问题要提出改进措施。

四、作业与思考

在调查的基础上，描述调查果园的基本概况与管理特点，说明当地的环境条件对果树生长发育的影响，并提出目前在建园和栽培管理方面存在的优缺点和问题；通过本次调查你有哪些体会，并对当地果树生产现代化与产业化发展提出自己的设想。

实践2　果品市场调查

一、目的要求

通过对当地果品市场调查，了解果品的质量、价格、流通、销售、市场信息、市场开发及果品生产与果品基地建设的关系等方面的知识。

二、参观调查地点

选择果品零售市场（零售店、摊贩、超市），大型果品批发市场（该项考察内容不包括加工产品）。

三、调查项目

（一）果品市场环境

了解当地果品批发市场的数量，所在地点，交通与果品运输状况，市场面积，影响市场销售的法律、法规。

（二）果品供给和货源

了解当地和周边地区果品生产基地、果园的数量与布局，栽植的树种、品种，栽培面积，新产品开发及上市情况。

（三）果品需求与消费

了解市场辐射地区的社会经济状况，居民收入，消费群体，消费习惯，居民家庭对各类果品拥有量与新的需求，消费倾向，购买动机，购买方式与时间。

（四）果品质量考察

了解进入果品市场的果品种类、品种、原产地、果品采收与贮藏时间、等级。观察果品外观质量（包括大小、形状、颜色、光泽、新鲜程度、病虫果等）。品尝果品内在质量（硬度、果肉质地、汁液、甜酸风味、苦涩味等）。了解市场对果品质量的检验标准、方法与手段，消费者对果品质量的反映。

（五）果品采后处理与包装

了解与观察果品采后处理状况（包括预冷、药剂处理、涂膜、催熟、洗涤、分级等）。观察运输包装状况（包括包装材料、包装造型、图案、商标、品牌条形码、重量、产地、执行标准等）。

（六）果品价格

了解果品的价格形成，即批发价格、零售价格、果品差价（包括购销差价、批零差价、地区差价和季节差价），同时还要了解果品价格的表示方法（如价格标签、条形码等），消费者对价格的反映。

（七）果品促销方式

考察果品市场的促销方式（包括广告、文字说明\陈列、橱柜、包装、广播电视、互联网途径等）。

四、作业与思考

在调查的基础上，充分对比分析调查结果，并提出自己的设想，写出不少于4000字的果品市场参观考察报告。

实践3　果园的规划和设计

一、目的要求

果园的规划设计是建园前的重要工作，要求学生结合本地情况进行果园设计。

通过实际设计，学会果园规划设计的步骤和方法。因内容较多，亦可安排在教学实习内进行。

二、材料与用具

（一）材料

选好附近要建园的场地作为实习对象。

（二）用具

做好测量和绘图等用具的准备工作，如水准仪，平板仪或经纬仪，标杆，塔尺，木桩，比例尺，三角板，方格坐标纸，铅笔，橡皮，绘图纸，记录纸等。

三、内容与方法

（一）果园的勘查

在建园以前，首先要对园地进行全面勘查；并了解园地边界、地形概貌，找出园地的特点，并对附近果园进行访问和调查。只有在这项工作调查的基础上，才能设计好新建的果园。调查的内容有以下几个方面。

1. 对自然环境条件的调查和了解

（1）土壤条件，挖土壤剖面，观察表土和心土的土壤类型和土层厚度。土壤酸碱度；地下水位。

（2）了解全年最高最低温度，无霜期，年降雨量和分布情况；不同季节的风向和风力。

（3）观察园地的坡向和地貌。调查园地植被。

（4）了解水源的位置和水质；原有建筑物的位置；四周的村庄，交通条件等。

2. 对附近果园进行观察了解

（1）各种果树树种和品种的生态反应，主要病虫为害情况，作为选择树种和品种参考。

（2）其他自然灾害：日烧、雹害、冻害、霜害、涝害等。

（3）观察了解防风树树种的生长情况，作为果园选择林木树种的参考。

3. 建园后的了解

对建园后当地人力、物力条件的了解。

（二）园地测量

用测量仪器测出园地的地形图，其中包站建筑物、水井等位置。并将野外测量的地形，回到室内绘出一定比例的地形图。

（三）绘果园规划图

在地形图上按一定比例绘出规划图（见图1-1），其中包括以下方面。

1. 小区

绘出每个小区的位置，并注明每个小区的树种和品种。

2. 道路

绘出主路、支路的位置和区内小路的位置。

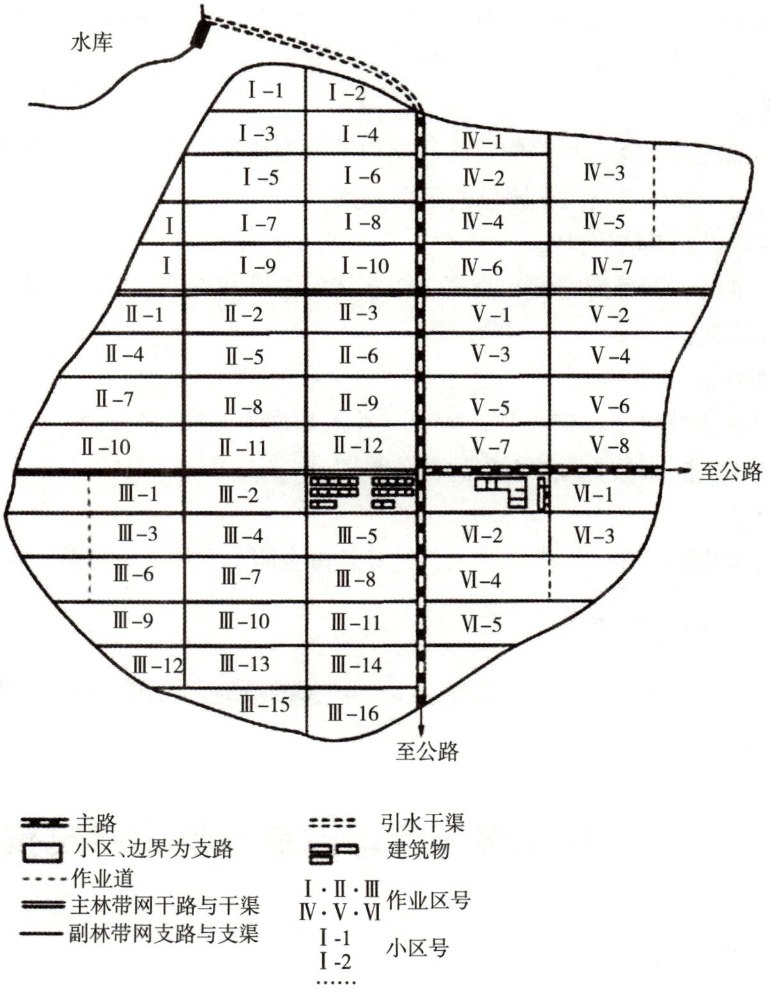

图1-1　果树种植园平面规划设计图例（山地果园）

3. 排灌系统

绘出主渠和支渠的位置，绘出主渠和支渠的剖面图，并附在果园规划图上。

4. 防护林的设置

绘出主林带和副林带的位置。绘出栽植方式图，并附在果园规划图上。

果园规划图绘好后，在图的一角注明：①小区的区号，每个小区的面积，树种、品种、株行距；②用图例表示道路、灌水系统、防护林、建筑物、水井的位置。

（四）写出果园规划设计书

主要是对规划进行说明，对施工的文字说明。其中包括以下方面。

1. 小区

每个小区的面积，树种和品种，授粉树的配置，栽植距离。栽植方式，每个小区的栽植株数。全园栽植果树的总面积、总株数；每个树种的总面积、总株数；早、中、晚熟树种和品种所占的比例。

2. 道路

说明主路、支路、小路的宽度，路边的行道树种，栽植距离，路边排水沟的宽度和深度。计算出道路占全园总面积百分数。

3. 灌水排水系统

说明主渠、支渠的宽度和高度，排水沟的宽度和深度。计算排灌系统占全园总面积的百分数。

4. 防护林

说明主林带和副林带行数，树种（乔木和灌木），栽植方式，距第一行果树的距离。计算防护林占全园总面积的百分数。

5. 建筑物

说明建筑物名称、面积、要求，计算其占全园总面积的百分数。

四、作业与思考

根据自己家乡实际情况，选择不少于40亩的坡地，绘出一份果园规划图，并写出果园设计书。

实践4　山地果园土壤改良与梯田修筑技术

一、目的要求

学会山地果园梯田的规划设计，初步掌握等高梯田修筑技术。

二、仪器与用具

可供修筑梯田的斜坡地。用具指南针，测高仪，手持坡度计，水准仪，测绳，木桩，挖掘工具。

三、实验内容

山地水土保持的方式很多，本实践只选做一种等高梯田。其施工可分三个步骤进行。

（一）测等高线施工前先测定等高线

1. 定基点：相邻两基点的水平距离就是今后梯田面的实际宽度。确定基点间的距离需根据坡度大小和树种行距的宽窄要求而定。如在地形或坡度变化较大的坡面定基点时，要选择有代表性的坡面（即能代表整个坡面的一般坡度），自上向下进行定点，打上木桩。

2. 测等高点：用测量仪器，向基点的两侧顺序定出与第一基点等高的所有水平点（为有利于排水，点间可保持0.2%～0.3%的比降）。点间距离一般以3～5m为宜。

3. 划等高线：由于坡面局部地形的变化缘故，在划定等高线时会产生曲度过大或造成等高线间的距离宽窄不一，故在实际划定时要进行调整，才便于施工。

（二）筑梯田壁和梯田埂

等高线划定后，开始施工的第一步是在等高线上筑梯田壁和梯田埂。梯田壁和梯田埂是防止山地水土冲刷的最重要部分。有石头来源的地方可用石砌。如果田土筑的土壁，要求层层夯实，并使梯田壁向内倾斜呈60°～70°，以防倒塌。南方多雨地区在筑梯田埂时，要根据历史上最大日降雨量确定其高度。筑埂要力求水平，并使梯田面向内倾斜5°，以防雨水汇集一处溢出，造成局部冲刷。

（三）平梯田面

平梯田面时，如山地土壤上下层肥力差异大，应将表土集中到梯田面中央，取心土筑壁，然后以梯田埂的水平线作标准进行平整。如表土与心土肥力差别不大者，则可直接进行平整。

（四）实习提示和方法

1. 本实习宜在果园规划设计实践的基础上进行。如有供修筑梯田的现场，可进行小面积的施工，否则可组织参观。

2. 本实习如受条件限制，可在校内或附近安排示范实践。

四、作业与思考

通过实践，完成一定的修筑任务，总结修筑等高梯田的技术要点，并以40亩坡地为例，结合当前两种以上的修筑方法，计算和比较修筑梯田的成本。

实践5　果树良种苗木的鉴定与检验技术

一、实验目的

本实践的目的主要是使学生掌握果树良种苗木的鉴定与检验方法。

二、实验原理

果树苗木是发展果树生产的基本材料。果树苗木质量直接关系到果园的经济效益和建园成本，对果树栽植成活率、经济寿命、生长结果、果品质量、抗逆性等都有重要影响。

果树种类繁多，生长习性各异，繁殖途径和方法也不同。有的是以嫁接繁殖方法为主（如梨、李、杏），有的以扦插方法为主（如蓝莓、葡萄等），有的以根蘖繁殖为主（树莓等）。因此，鉴定和评价果树苗木质量的指标也不尽相同。苗木品种鉴定，主要是通过对植株的形态特征、生物学特性等方面加以鉴定，必要时采用染色体观察、同工酶分析、分子标记等技术，确定品种的真实性和品种纯度，淘汰混杂变异类型。苗木检验是对引进、引出苗木的病虫害等检疫对象以及苗木的等级进行检验。检疫对象和苗木等级应根据国家或地区政府的有关法规执行。

三、材料及用具

（一）材料

各类果树品种的苗圃和苗木。

（二）用具

卡尺，米尺，标签，记录纸和笔。

四、实验内容

本实验进行实生砧桃、梨、柑橘良种苗木的鉴定和检验。每两三人一组。

五、方法与步骤

（一）品种鉴定

为保证良种的典型性和纯度，在良种繁育过程中除了在采种、采穗和繁殖过程中都应做好明确标志，繁殖后除绘制苗木品种分区种植图外，还要在生长期和起苗出圃期各鉴定一次。前者在停止生长到落叶前，枝叶形状有充分表现时进行鉴定，按品种为单位划分检查区。超过0.33 hm^2的选2个检查区，超过0.67 hm^2的选3个检查区，每个检查区内苗数以500 ~ 1000株为宜。在划定的检查区内，按确定的取样规划，划出取样点，受检查的株数不应少于检查区总数的30%。

熟悉预鉴定的品种的主要特征特性。选择其中容易区别品种的几项特征特性，如枝条颜色，皮孔特征，节间长短，分枝角度，叶片大小、厚薄，绒毛多少，芽的特征新梢停止生长早晚、落叶早晚等。

对取样点的植株进行典型性和纯度调查。把混杂的苗木系上标签，做好记录，统计百分率。

（二）种苗检验

包括引进苗木的检查和出圃苗木的检验。本实验只进行出圃苗木的检验。

苗木落叶前，调查主要的检疫对象。蓝莓的检疫对象有灰霉病（*Botrytis cinerea Pers.*）、僵果病（*Moni1ia Vaccinii-corymbosi*（*Reade*）*Honey*）、根癌病（*Agrobacterium tumefaciens*（*Smith et Townsend.*））、枯焦病毒病（*B1ueberry scoreh virus*）。具体方法见有关实验。

苗木出圃时，随机抽取30 ~ 50株，对苗木的根、茎等项目进行调查，并填入表1中。然后参照表2中“桃苗木质量标准”统计一、二级苗木各自百分率。

表1　桃苗木质量级别调查统计表

行号	株号	品种名称	根				茎			根皮与茎皮	整形带饱满芽数	接合部愈合程度	砧桩处理与愈合程度	苗木级别
			侧根数量	侧根基部粗度	侧根长度	侧根分布	高度	粗度	倾斜度					

表2　蓝莓苗质量标准

项目		分级	
		一级	二级
根	初生根数 初生根长 新茎粗 根系分布	5条以上 7cm以上 1.0cm以上 均匀舒展	3条以上 5cm以上 0.8cm以上 均匀舒展
叶	成龄叶柄 叶色	4个以上 正常	3个以上 正常
芽	中心芽	饱满	饱满
苗木	机械伤	无	无
病虫害	检疫病虫害	无	无

六、实验结果分析

（一）良种的典型性和纯度

通过调查统计出该苗圃品种纯度百分率，并分析产生品种混杂的原因，了解保证品种纯正的有效措施和方法。

（二）出圃苗木的检验

不同苗木级别所占的百分率可以反映出出圃苗木的总体质量。进而分析造成苗木质量下降的原因，以及培育优质苗木的方法和措施。

有条件的情况下，可以将调查时发现的问题和苗木对比情况拍成照片，以便相互交流。

实践6　果树苗木的栽植

一、目的要求

通过本次实践，深刻理解果树栽植成活的基本原理，学会果树苗木栽植的具体方法和技术，掌握提高栽植成活率的关键；并且能够熟练地综合应用各项技术措施缩短幼树缓苗期，促进其健壮生长。

二、材料与用具

（一）材料

蓝莓、梨、桃、杏、李、猕猴桃等一二年生嫁接苗，有机肥，过磷酸钙，秸秆，尿素，生根粉。

（二）用具

修枝剪，镐，铁锹，定植板，开沟机，挖穴机等。

三、内容与方法

（一）土壤改良

定植前应做好土壤改良。一般山地栽植，应首先做好水土保持工程，熟化土壤。沙地和盐碱地也应酌情进行改良。在土质条件太差的情况下，不要急于栽树，应提倡先改良土壤，营造防风林带，种植绿肥作物，提高土壤肥力。当土质转好以后再行栽植。

（二）测定植点

平地测定植点，按照要求的株行距，在测绳上做好记号，用拉绳法测定植点。首先在小区的四周定点，按测绳上的记号插木桩或撒石灰。如果小区较大，应在小区的中间定出一行定植点，然后拉绳的两端，依次定点。

（三）定植穴（沟）的准备

定植穴的大小，依栽植密度、土壤厚度、坡度大小、地下水位高低和环境条件而定。一般平地可挖0.8 ~ 1 m^3的栽植穴，土层瘠薄的山地宜挖大穴；当株距等于或小于2 m时，最好开挖深度和宽度均为1 m的定植沟。

开挖时间最好在夏季（秋栽）或秋季（春栽），为保证苗木准确定植，可使用定植板。将中央凹口处对准定植点，在定植板两端凹口处插上木棒。然后取掉定植板，开挖定植穴。挖坑时，应将表土和心土分别放置。要求穴壁平直，不能挖成上大下小。如果下层土壤具有沙石层或白干土层，必须全部取出置换好土。定植穴（沟）挖好后，应迅速回填。将秸秆、杂草或树叶等粗大有机物与表土分层压入坑内。为加速有机物分解和保持肥分的平衡，应在每层秸秆上撒施少量氮肥。回填时尽量将好土填至下层，每填一层踩踏一遍，填至离地表25cm左右时，撒一层粪；每株施优质腐熟农家肥20 ~ 25 kg，并掺入过磷酸钙或饼肥1 ~ 1.5 kg，与土壤混合均匀。回填完成后应及时灌水，使土壤沉实。

（四）苗木处理

应选择生长充实、根系完整健壮、枝干无伤害、芽体饱满、无病虫害的苗木。

凡根系不完整，侧根和须根较少，根系或枝条失水，均会降低栽植成活率。假植的苗木应在栽植前1 d取出，将根系放入清水中浸泡24 h，然后用100 mg/L生根粉溶液浸泡1 h。

生根粉应先用酒精或高度酒溶解。将苗木按大小和根系状况进行分级，对品种混杂或感染有根癌病、毛根病的苗木必须剔除。对苗木根系进行适当修剪，将病、枯根剪掉，断伤、劈裂根剪出新茬，以利根系的生发。

（五）栽植

将苗木按品种放在挖好的定植穴内。如果苗木多，不能在短期栽完，就应挖浅沟将苗木进行假植。栽树时，先将栽植坑适当修整，低处填起，高处铲平，深度保持25cm左右。并将坑中间培成小丘状，栽植沟培成龟背形的小长垄。然后拉线或用定植板核对定植点。将苗木根系舒展开，一人扶直苗木，另一人填土。如果栽植面积比较大，最好在小区四周设立标杆，并在两头有人照准，以确保栽后成行。具体的栽植过程可以总结为“三覆两踩一提”，即覆土时要先用混有有机肥料的表土，后填新土；待根系埋入一半时，轻轻提一下果苗，使根系自然舒展，并与土壤密接，然后踩实；然后再覆土和踩实；最后再覆一层土。达到苗木栽植后，嫁接部位要略高于地面，待灌水后，随土壤下沉，接口与地面持平即可（见图1-2）。

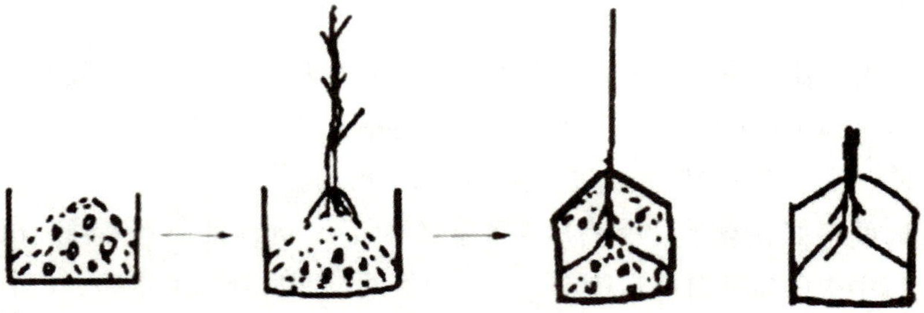

图1-2　果树定植过程演示图

定植矮化自根砧果苗时，为防止接穗生根，接口应高出地面10cm。定植矮化中间砧果苗时，以深栽为好（中间砧入土1/2～2/3），但应采用“深栽浅埋，分批覆土”的办法。首先回填灌水后的栽植坑，深度保持35cm左右，将苗木放入坑内，使中间砧1/2～2/3处与地面持平，然后填土栽苗，定植时土壤培至中间砧下接口处即可，踏实灌水，剩余部位暂不填土。进入7月，结合田间松土除草，给坑内填充湿润细土10～15cm，相隔25 d左右再用湿润土将整个定植坑填平。

（六）灌水与覆膜

栽后要立即树盘，待水渗下后，将地面整好，四周垫高，中间稍低，以便将来雨水流入根部。中间砧树只将坑内整平。然后，每株树以树干为中心，覆1 m^2地膜。将地膜中心捅一个小孔，从树干套下，平展地铺在树盘上，树干中央培拳头大小土堆，四周缝隙处用土压严，株距在2 m以下的密植园，可成行连株覆盖。

（七）苗干处理

根据不同果树的树形要求和苗木的质量进行定干，苗干上的剪口应及时涂漆保护。为达到快速整形的目的，在一些预发枝部位可以采用目伤的方法，或用牙签挑取少许发枝素软膏涂在需发长枝的芽体上。

（八）栽后管理

春季萌芽展叶后，应检查成活情况，及时补栽。风大地区，要立支柱进行防护。生长期经常抹除根部发生的萌蘖及整形带以下的萌芽。生长季前期注意及时中耕除草，追肥浇水，防治病虫害，后期要适当控制幼树旺长，以利安全越冬。在生长季还应根据苗木生长状况和整形要求进行必要的夏季修剪。

（九）提高栽植成活率的注意事项

1. 必须选择生长充实、根系健壮、无病虫害的苗木，栽植前应尽量保持苗木新鲜，根系保持湿润。凡根系干缩、枝干抽条，均会降低栽植成活率。

2. 定植穴要保证质量，并配合定植施入有机肥料，以利苗木迅速恢复生长。

3. 根系必须与土壤密接，防止根系翻出地面，暴露在空气中。在填土时一定要把土块打碎。

4. 栽后应尽量减少地面蒸腾，如遇干旱，应注意灌水。

四、作业与思考

调查新植幼树生长情况，总结分析幼树生长与栽植质量的关系。简述提高栽植成活率的关键。哪些措施有利于缩短缓苗期？

第二章 果园管理技术

实践7 果树基肥施用技术

一、目的要求

果树的施肥方法，直接影响肥效。因此，正确地确定施肥方法是很重要的。要求通过实际操作，进一步了解施肥方法与肥效的关系，并掌握土壤施肥和根外追肥的方法。

二、内容或原理

果树的施肥方法，应根据果树根系的分布、肥料种类、施肥时期和土壤性质等条件而定。

（一）土壤施肥方法

1. 环状施肥法：于树冠下比树冠大小略往外的地方，挖一宽30～60cm，深30～60cm的环状沟。将肥料撒入沟内或肥料与土混合撒入沟内，然后覆土。此法适于根系分布较小的幼树。基肥、追肥均可采用。

2. 放射状施肥法：于树冠下，以树干为中心，与树冠滴水线垂直呈放射状挖4～8条沟，沟宽30～60cm，沟深15～60cm。距树干越远，沟要逐渐加宽加深。将肥料施入沟内或与土拌和施入沟内，然后覆土。此法适用于成年树施肥。

3. 条沟施肥法：以树冠大小为标准，于果树行间或林间开1～2条沟。沟宽50～100cm，深30～60cm。将肥料施入沟内，覆土。如果两行树冠接近时，可采用隔行开沟，次年更换的方法。此法可用拖拉机开沟，适用成年果树施基肥。

4. 全国撒施法：先将肥料均匀撒于果园中，然后将肥料翻入土中，深度约20cm。当成年果树根系已布满全园时，用此法较好。

5. 盘状施肥法：先在树盘内撒施肥料，然后结合刨树盘，将肥料翻入土中。幼树施追肥可用此法。

6. 注入施肥法：即将肥料注入土壤深处。可用土钻打眼，深度钻到根系分布最多的部位；然后将化肥稀释后，注入穴内。适用于密植园。

7. 穴施法：于树冠下挖若干孔穴，穴深20～50cm。在穴内施入肥料。挖穴的多少，可根据树冠大小及需要而定。此法适用于追施磷、钾肥料或干旱地区施肥。

8. 压绿肥：压绿肥的时期，一般在绿肥作物的花期为宜。压绿肥的方法，可在行间或株间开沟，将绿肥压在沟内。一层绿肥，一层土，压后灌水，以利绿肥分解。

以上几种施肥方法的深度，在操作时要注意，基肥可深、追肥要浅。根浅的地方宜浅，根深的地方宜深，要尽量少伤根。施肥后必须及时灌水。

（二）根外追肥

将矿质肥料或易溶于水的肥料，配成一定浓度的溶液，喷布在叶面上，利用叶面吸收。一般矿质肥料、草木灰、腐熟的人尿、微量元素、生长素均可采用根外追肥。此法简单易行，用肥量少，发挥作用快，可随时满足果树的需要。还可与防治病虫的药剂混合使用，但要注意混合用后无药害和不减效。

1. 根外追肥的使用浓度应根据肥料种类、气温、树种等条件而定，在使用前可做小型试验。一般使用浓度为：尿素0.3%～0.5%；过磷酸钙1%～3%浸出液；硫酸钾或氯化钾0.5%～1%；草木灰3%～10%浸出液；腐熟人尿10%～20%；硼砂0.1%～0.3%。

2. 根外追肥的时间最好选择无风较湿润的天气进行，在一天内则以傍晚时进行较好。喷施肥料要着重喷叶背，喷布要均匀。

三、仪器或试剂

材料：幼年果园或成年果园，因地制宜地选用硫酸铵、尿素或腐熟的人尿，过磷酸钙或磷酸铵，草木灰或硫酸钾，硼砂等肥料。

用具：镐，锹，水桶，喷雾器，土钻。

四、实验报告要求

通过操作，体会几种施肥方法各有何优缺点。如何根据不同树龄、肥料种类、施肥时期采用不同施肥方法？为什么根外追肥要着重喷在叶背面？

实践8 果树的穴贮肥水技术

一、目的意义

了解果树穴贮肥水的意义，掌握穴贮肥水的技术要点。

二、材料与用具

作物秸秆、草绳、塑料薄膜、铁锹、水桶、化肥等。

三、实践步骤与方法

果树穴贮肥水是解决山区、干旱地区果园缺水缺肥矛盾的有效措施，具有投资少、效益高、操作简单易行等特点，发展前景广阔。

（一）处理草把

将作物秸秆（玉米、小麦、高粱、大豆等）、稻草或杂草切成30～35cm长的段，捆成直径为20cm的草把（扎2～3道），然后放在10%的尿素液或沼液或水中浸泡1 d，捞出待用。

（二）挖穴

早春根据树冠大小定挖穴数量，一般成年树可挖3～4个穴。穴位在树冠周围。穴直径一般为20～30cm，应略大于草把的直径；穴深35～40cm，要比埋入的草把高3～5cm。

（三）埋草把

将经充分浸泡的草把垂直放入穴内，再用100 g尿素、50～100 g磷酸二氢钾、50～100 g过磷酸钙与土壤混合均匀后填到草把子周围，踩紧踩实。草把子顶部覆盖2～3cm厚的土，然后浇水，每穴浇水5～10 kg。

（四）覆盖薄膜

用薄膜覆盖整个树盘，穴口比树盘低1～2cm。下次浇水时，用木棍戳孔，每穴浇水5～10 kg。需追肥时，把化肥溶于水中后再浇施。浇后用土块压孔，防止风吹减少水分蒸发。

（五）浇水追肥

从果树开始萌芽到新梢旺长期，每隔15 d左右浇1次水；秋季8～10月份，可视干旱情况每隔20 d左右浇1次水。每穴每次浇水量以5～10 kg为宜。除在埋草把时施肥外，分别在花前、坐果和新梢速长期结合浇水进行追肥，前期追肥以速效氮肥为主，每穴每次施尿素50 g；6月份以后适当增施磷肥、钾肥，每穴每次施入磷酸二氢钾50～100 g。

四、作业

总结果树穴贮肥水技术，试述其优缺点，写出实践报告。

实践9 果树树势判断与估产

一、目的和要求

通过实习，学习判断树势的方法和估产技术，为制订果园管理计划和修剪、疏花疏果方案提供依据。

二、材料用具

材料：蓝莓、梨、桃、枇杷等树种各若干株。
用具：钢卷尺，卡尺，计数器等。

三、内容或原理

（一）梨树树势判断

主要依据一年生枝的长度，成熟度，芽的大小和饱满度，节间长度，结果枝的种类和数量等，来判断树势的强弱。实际判断时，必须搜集多种数据，进行综合分析。具体的方法步骤如下述。

1. 田间观察调查：调查一个主枝上的骨干枝和大、中型枝组延长枝的长度，侧芽充实饱满及顶芽性质（花芽或叶芽）等，分别登记在表1所示中。

表1 一年生枝生长情况调查

年 月 日

品种	枝号	长度(cm)		顶芽性质(花芽或叶芽)	侧花芽数	备注
		春梢(一次枝)	秋梢(二次枝)			

2. 分析统计根据各枝条的特点进行分类，分别计算出各占百分数并登记在枝类调查统计表中。

枝条分类标准如下所述。

封顶枝：健壮幼树或结果树的封顶枝可分为长、中、短三类。枝条健壮，芽充实饱满，长度在5cm以下者为短枝；5～15cm者为中枝；15cm以上者为长枝。以上三种枝条，如顶芽肥大饱满为花芽者，则相应称为短果枝、中果枝、长果枝。

生长枝：健壮幼树的生长枝长度一般为60～100cm，而健壮结果树的生长枝，其长度通常应达30～60cm。调查时可分别记载春梢长度和秋梢长度，如表2所示。

表2 枝类调查统计表

年 月 日

品种	树龄	调查枝数	健壮生长枝%	长生长枝%	中生长枝%	短生长枝%	秋梢枝%	长果枝%	中果枝%	短果枝%

3. 判断根据表列项目，调查统计的材料，凡健壮生长枝数量多，比重大，长、中果枝多的，属树势健壮；凡健壮生长枝数量少，短果枝比重大的，则属树势衰弱。

（二）估产

估产计有休眠期估产、花期估产、幼果期估产及采果前估产等。今以花期估产为例，进行实习。

要使估产可靠，需要根据花芽数量（桃树则为长、中、短果枝的数量）、历年产量、树势强弱和管理水平等方面的材料。方法步骤如下所述。

1. 选择标准树：根据果园大小，品种排列情况，确定分区、分片或分品种进行。并确定是调查一条对角线、两条对角线，或是按不同地段、不同品种，选择有代表性的植株进行调查。

2. 调查花芽数量：每株调查一个主枝的花芽数，再推算出全树的花芽数。（桃树则调查长、中、短果枝数）。

3. 估计单株产量：花芽量多的树（桃树则为结果枝多的树）可根据历年的管理和产量情况及树势强弱，结合当时管理水平，确定其合理的负担量。一般上年产量较低，当年管理水平有所提高的，产量可以高些；反之，则应低些。

对于树势弱而花芽数量特别多的树，往往坐果率甚低，不能单纯地按照花芽数量估产。

花芽数量较少的树，根据不同品种的坐果率，计算每一花序可能的坐果数（桃树则按各类结果枝的留果数），推算全株的果实数量；然后再根据各品种的果个大小，推算出株产量。

4. 计算总产量：先将调查树分别按品种计算其平均株产量，乘以该品种的株数，则为某一品种的产量。各品种产量之和，即为全园总产量。

若面积较大或各区树龄不同，或树势差异较大的果园，则应分区或分片进行估产；然后再将各区、各片的产量相加，即为全园总产量。

四、实验报告要求

任选两个树种，写出树势判断与估产报告。

实践10　果树人工辅助授粉技术

一、目的和要求

通过对苹果、梨进行人工辅助授粉，达到提高坐果，改进品质，高产、稳产的目的。要求通过实际操作，掌握人工辅助授粉的方法。

二、仪器或用具

材料：选择梨盛果期树30～50株，划分成二片，其中一片授粉，另一片为对照。

用具：花药烘干室，要有加温设备（生火或用火坑），亦可用烘干箱或自制烘干箱，用灯泡加温；机动喷雾器，喷粉器，毛笔，小玻璃瓶，橡皮，白纸，手摇采药机，黑光纸等。

三、内容或原理

（一）采集花粉

一般以含苞待放的花蕾呈“气球期”为采集适期。将鲜花置于采集花药的手摇采药机内，用手摇动，使花药剥落；经过筛选，将花药放入干燥室内，薄薄地摊放在置有黑光纸的架子上，在常温20℃～25 ℃的条件下，经常搅拌；也可放在恒温箱内，使其干燥，花药裂开，再用细箩筐筛过，将花粉装在暗色纸瓶内。放冷晾在干燥处备用。

人工剥取花粉：如用量较少，亦可人工剥取花粉。梨采高位花，用镊子剥去花萼、花瓣，取下花药；也可两手握住花柄，两花相对旋转，使花药脱落，再用镊子除去杂质。花药的处理方法与采药机相同。

（二）稀释花粉的方法

为了节约花粉用量，应根据花粉发芽率加以稀释。常用的稀释量因授粉方法而异。一般人工点授为1∶10（花粉1份，稀释剂10份），机械喷粉为1∶（250~500），机械喷雾为1∶10000左右。

花粉具体的稀释方法分为粉剂与液剂两种。

粉剂的稀释：在人工点授或机械喷粉之前，按稀释比例分别称量花粉和稀释剂。稀释剂要就地取材（可用滑石粉、甘薯淀粉等）。先取花粉的几倍量稀释剂，与花粉充分混合搅拌均匀，作为母粉，再将母粉分成数份，与全部填充物分别混合均匀，放置一起，即可使用。

液剂的稀释：首先将花粉放入瓷盆内（切忌用塑料盆），加入少量水搅拌成粥状；再将其放入喷雾机带动的空水箱内，用水冲刷瓷盆多次；加足水量要用喷头把花粉搅拌均匀，不能使花粉浮在水面。

（三）人工辅助授粉的方法

各地采用的方法有人工点授（少量的可用花直接点授）、鸡毛掸子授粉、机械喷粉和机械喷雾等。

人工点授：可用毛笔、软橡皮、气门芯等用具进行。点授时每蘸一次花粉可授5~10朵，每花序点授1~2朵。

机械喷粉：一般可用农用喷粉器或特制的授粉枪进行。要手持摇把摇动。用力要匀，不得过快、过慢、过猛。喷粉时要顺风进行，使花粉均匀地落在柱头上。喷粉机距花的距离，视其喷粉中不使花序摇摆又稍有吹动为宜。

机械喷雾：小面积使用时可用手执喷雾器或超低量喷雾器，大面积使用时可采用机动喷雾器。喷雾时，将两个喷枪去掉喷头，放入花粉水悬液内，进行搅拌；利用另外两个喷头进行喷雾。一般20年生的大树，一分钟可喷两株，每株用花粉水悬液10~15 kg。

（四）人工辅助授粉应注意的问题

1. 人工辅助授粉应该重复进行。同一果园内，常因品种不同，开花的时期有所不同。为此，为了提高授粉的效果，应该重复进行人工辅助授粉，应于开花始期、盛花期各进行一次。

2. 花粉的准备一定要随用随配。不得提前大量配置，搁放于日光下、潮湿处或长期存放，以防花粉破裂，失去受精能力。值得提出的是，利用花粉水悬液进行喷雾时，要现配现用，在1 h内喷完，不宜搁放时间过长。

3. 配置花粉，机械喷粉、喷雾等项作业中，切忌使用塑料用具，以免器壁吸附，影响花粉浓度，降低授粉效果。如果在液体授粉时添加少量的硼（0.3%），则效果更好。

四、实验报告要求

根据试验要求完成花粉收集，预处理及授粉实践操作，撰写实验报告1份。

实践11　果树的疏花与疏果技术

一、目的和要求

盛果期的桃树若干株，疏果剪或修枝剪，套果袋，绑扎物及疏果药剂，喷雾器，天平，量杯等。

二、仪器或用具

盛果期的桃树各若干株，疏果剪或修枝剪，套果袋，绑扎物及疏果药剂，喷雾器，天平，量杯等。

三、内容或原理

（一）疏花疏果

1. 手工疏花疏果：手工疏花疏果方法很多，主要根据依树定产、按枝定量、看枝疏花、看梢疏果的原则。首先要根据树龄、树势确定具体单株的适当负载量、然后根据各主枝的大小、强弱来分担产量。一般强树强枝多留花果，病弱树、弱枝少留。果台副梢生长势强的多留，弱的少留或不留。有按距离留果；或按果枝比例疏果；或按副梢长度疏果。梢长的多留果，短的少留果。也可疏花序，其优点是：疏花序比疏果更能节约养分；此时叶片少而小，花序明显，且疏除全花序工作简便，工效较高；按枝组类型合理负担，果实分布均匀，符合营养物质的分配规律，有利于形成花芽，克服大小年。现将其步骤和方法简述于下。

（1）根据树冠大小、树势强弱和花芽多少，参照估产情况，大体确定该树的预计产量。然后根据该品种的坐果率高低和果个大小，推算出实现预估产量需要保留的花序数量，并为了预防意外损失，多留10%～20%。

（2）根据树的大、中、小型枝组的数量，结合各类枝组的实际大小，确定各类枝组应当保留的花序数量。

（3）按各类枝组应留的花序数，再参照枝组的具体情况，灵活掌握。强枝组适当多留，弱枝组少留。枝组的中上部适当多留，中下部少留。留下的花序要分散均匀。

（4）具体到花序的去留上，则留强壮果枝的花序，疏除弱果枝的花序。疏花序时，要将全花序的花蕾疏净，保留莲座叶。

（5）注意事项：若树上的花芽分布不均时，花序多的大枝上适当多留，以保证株产量。

疏花疏果时，应按主枝顺序依次进行，以免漏枝。每留一花序，可放入衣服口袋1个幼果或花蕾。疏完一主枝后，计算口袋中幼果（花蕾）数，即可知道该主枝已留多少花序（或果数）。疏完全树将各主枝疏、留花序数相加，则得出全树疏、留花序（果）数。如留量尚过多，则再根据各主枝情况疏到预定应留数。

无论疏花、疏花序或疏果，均应在花梗或果梗中间剪断，勿伤花台或果台，保护好留下来的莲座叶和附近的花序或果实。

2. 桃树人工疏花疏果。

（1）按大枝、枝组依次进行，以防漏枝。对一个枝组来说，上部的果枝多留，下部的果枝少留；壮枝多留，弱枝少留。先疏双蕾双果、病虫果、萎缩果、畸形果，后疏过密果、小果等。

（2）各类果枝的留果标准，一般为长果枝3～4个，中果枝2～3个，短果枝1～2个，花束状果枝1个或不留。上层枝、外围枝或大、中型枝组的先端长果枝，可以多留果（5～7个）。采果后，将之疏去，用下边的长果枝代替之。

也可疏蕾，各类果枝的留蕾数量，应提高1～2倍。

3. 药剂疏花疏果。应用药剂疏花疏果国内外已用于生产，其用法可参考生长调节剂的配制和应用的内容。

（二）套袋

1. 套袋一般用旧报纸制成。根据果实大小，将纸裁成8～12开，对折，粘成长方形袋。在袋口中央剪一长2cm左右的裂口。也有做成口窄底宽的梯形袋的，可以节约纸张。此外，还可就地取材，利用其他材料制袋。

2. 扎口材料。麻皮、塑料条、细铁丝等。

3. 套袋的时间和方法。一般在最后一次疏果之后，病虫开始危害果实之前套袋。具体方法以桃树为例。先把袋口吹开，套入幼果，袋口中央的裂口对准果柄所附着的枝条，并将之嵌入裂口，然后用麻皮等绑扎袋口即可。一般一袋套一果。

四、实验报告要求

掌握桃疏果、套袋操作技术要领，撰写实验报告1份。

实践12　果树果实套袋与增色技术

一、目的意义

掌握果实套袋技术；掌握果实去袋技术。

二、材料与用具

纸袋，凳子，梯子等。

三、步骤与方法

（一）防治病虫

套袋前1～2d全园喷一遍高质量的杀菌剂和杀虫剂，以有效地防治病虫。药剂可选用喷克600倍、70%甲基托布津800倍，吡虫啉等。

（二）纸袋选择

红富士苹果宜选用外灰内红的双层袋，如小林袋、佳田袋、凯祥袋等；金冠苹果宜选用单层袋。梨宜选用内袋黑色、外袋浅黄褐色或灰色的双层袋。葡萄应选用半透明纸质专用葡萄袋。为降低成本，树冠内膛果和下部果可采用塑料袋。

（三）套袋时期

一般情况下，苹果套袋时期应选择在果实生理落果后的6月份；梨在5月上、中旬疏果结束后进行套袋；葡萄一般在葡萄生理落果（坐果后15 ～ 20d）后进行套袋；桃在盛花后30d内定果套袋，6月中旬前基本结束。套袋时间应在晴天11:00点之前和15:00点之后进行为宜。一个果园所有果实全部套袋，以便管理。

（四）套袋方法

套袋应在早晨露水干后进行。选定幼果（穗）后，左手托住纸袋，右手撑开袋口，令袋体膨起，手执袋口下2～3cm处，套入果实（穗），使果柄置于袋的开口基部（勿装入叶片、枝条），从袋口两侧依次按“折扇”方式折叠袋口于切口处，将捆扎丝扎紧袋口于折叠处，使幼果（穗）处于袋体中央而悬空，以防止袋体摩擦果面，不要将捆扎丝缠在果柄上。套袋时用力方向要始终向上，用力宜轻，以免拉掉幼果（穗）；袋口要扎紧，以免害虫爬入和防止纸袋被风吹落。另外，树冠上部及骨干枝背上裸露果实应少套，避免发生日烧病。套袋先上后下、先里后外。

四、作业

总结果实的采收技术，写出实习报告。

实践13　果树修剪反应调查

一、目的和要求

通过冬季修剪处理，调查其修剪的反应，为验证修剪技术措施提供参考。要求通过实习，学会调查果树修剪反应的方法，初步了解果树冬剪反应规律。

二、仪器或用具

材料：生长健壮的枇杷树（亦可用其他树种）。

用具：米尺，卡尺，修枝剪，手锯，铅油，标签，铅笔，记录本。

三、内容或原理

（一）发育枝的修剪反应：在一株生长健壮的苹果树上，选生长势、方位、角度、长度、粗度相近似的一年生发育枝若干枝，供作不同程度的短截处理。处理前每一枝条用铅油编号或挂标签，并测量其长度、粗度（距基部着生处2cm）。剪截处理分留撅（极重截，剪留基部瘪芽，长约5cm），剪留全长1/3（重截），剪留全长1/2（中截），剪留全长2/3（轻截）及缓放（即不剪截，亦可作对照用）。每处理30~50枝。至秋季落叶后，对各处理枝萌发新梢数量、长度、粗度分别进行调查测量，数据写在记录本表格内（见表1~表3）。统计整理调查数据，分析对比不同修剪处理的萌芽率、成枝率（长度15~20cm以上枝条百分数）、枝条总生长量。

（二）徒长枝的修剪反应：选取枝条和处理方法以及剪后反应进行测量调查。调查内容可参照发育枝所列项目。

（三）秋梢枝的修剪反应：选枝应注意点同发育枝。处理可分：剪留盲节，秋梢上剪留1~2个明显芽；缓放不剪。调查内容同发育枝。

其他类型枝条的处理方法和数量可根据具体情况和需要进行处理。

表 1　发育枝修剪处理基本情况调查

年　月　日

枝号	1	2	3	4	5…n
长度(cm)					
粗度(cm)					
总芽数					
剪留芽数					
方位、角度					

表 2　发育枝修剪后剪口发枝情况调查

年　月　日

项目 \ 剪口下枝次序	1	2	3	4	5…n
长度(cm)					
粗度(cm)					
顶、腋花芽数					

表 3　果树树体修剪反应调查

年　月　日

树号	发枝量				坐果情况		长势		定位叶面积	单位叶面积	叶片含水量
	枝数	长枝数%	短枝数%	果枝数%	成花数	座果数	长枝数	长枝平均生长量			

四、实验报告要求

对所处理各类枝条的修剪反应规律加以小结，提出各处理方法在冬剪时应注意的事项。

实践14　果树的冬季休眠期修剪技术

一、目的要求

通过本次实习，掌握果园群体结构、个体结构判断的方法和步骤，能够独立制订修剪方案，学会果树冬季修剪的基本方法和技术，能够熟练地综合应用修剪措施，达到合理调整果树生长和结果的目的。

二、材料与用具

（1）材料：梨、桃、猕猴桃、蓝莓、葡萄等结果期果树。

（2）用具：枝剪刀，手锯，拉枝绳，铁锤，人字梯等。

三、内容与方法

（一）修剪方案的制订

1. 果园基本情况调查

首先应该对果园面积、覆盖率、整齐度、树龄、品种、历年产量、管理情况、病虫害种类及防治情况等，进行详细的调查和了解，初步判断果园产量水平和管理水平。

2. 树势及花量调查

对果园植株树势进行调查，以作为确定适宜修剪量的重要依据。对果树成花量进行普查，分别估算出不同花量植株所占比例（花量够用或花量不够用）。在此基础上，预测明年产量情况。

3. 整形修剪存在问题

详细观察果园的群体结构和果树个体结构，了解整形修剪基础和现状，根据丰产园和特定树形的基本要求找出该果园在整形修剪方面存在的主要问题。

4. 写出修剪方案

明确此次修剪要解决的主要问题，修剪原则、方法和注意事项，如何对各种树势不平衡的情况进行处置，并制订出不同品种树的修剪细则。集中培训，统一修剪人员的认识。

（二）树势及树体结构判断

1. 树势判断

（1）外围发育枝长度和粗度。根据不同树种、品种的特性和不同年龄时期的特点进行判断。

（2）春秋梢比例。根据不同年龄时期外围发育枝春、秋梢的长度进行判断。

（3）枝条成熟情况。根据枝条木质化程度进行判断。

（4）芽子饱满程度。根据不同节位花芽和叶芽的发育状况进行判断。

（5）营养枝与结果枝的比例。根据全树或典型部位营养枝和结果枝的数量进行判断。

2. 群体结构的判断

（1）果园整齐度。根据果园缺株情况、果树相对大小进行判断。

（2）果园覆盖率。根据果树面积占果园总面积的情况进行判断。

（3）果树交接程度。根据果树株间和行间交接的情况进行判断。

3. 个体结构判断

（1）干高。根据栽植方式、栽植密度和树形要求等进行判断。

（2）树高。根据不同株行距、不同树形要求和年龄时期进行判断。

（3）骨干枝数目。根据不同树形对不同年龄时期骨干枝数目的要求进行判断。

（4）骨干枝大小。根据栽植密度、株间和行间枝头搭接程度，上下层骨干枝的比例，骨干枝与中心干粗度比例进行判断。

（5）层间距。根据不同树形、不同年龄时期骨干枝间距以及枝头的间距进行判断。

（6）骨干枝角度。根据不同树形对骨干枝角度的具体要求进行判断。

（7）辅养枝。根据不同树形、不同年龄时期辅养枝应该着生的部位及其允许存在的数量进行判断。

（8）结果枝组。根据不同树形、不同年龄时期结果枝组的要求进行判断，包括结果枝组与着生基枝的关系，大、中、小型结果枝组的比例以及在骨干枝上的分布格局、密度、形状等。

（三）冬季修剪常用方法

1. 短截

如图1-3所示，短截即指剪去一年生枝的一部分。一般短截对枝条生长有局部刺激作用，可促进剪口以下侧芽萌发，促生分枝。短截程度不同，反应也不一样。一般可分为轻短截（剪去1/5～1/4）、中短截（剪去1/3～1/2）、重短截（剪去2/3～3/4）和极重短截（基部留1～2个瘪芽）。

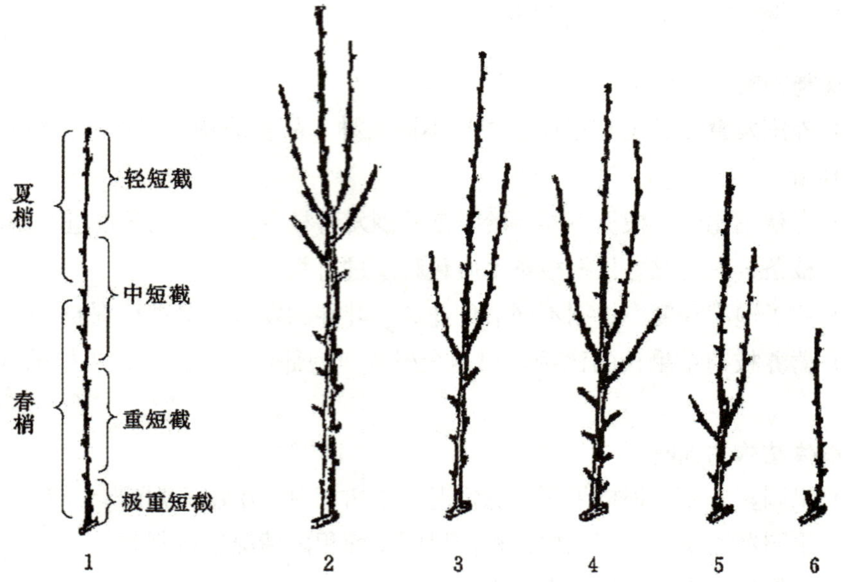

图1-3　短截方法及表现

1. 短截方法；2. 轻短截；3，4. 中短截；5. 重短截；6. 极重短截

2. 戴帽

戴帽即在春秋梢交界处轮痕上部短截。因剪口下是瘪芽，多萌发出中、短枝，能缓和长势。此种剪法多用于骨干枝或大枝组主轴背上的徒长枝。如进行一般短截，长出的枝条往往过旺，既不易形成花芽，又影响通风透光。此时可采用戴帽修剪，结合生长季节疏剪强枝、环剥和扭梢等方法，可以培养出理想的小型枝组。

3. 回缩

对多年生枝剪截叫回缩或缩剪。一般结果期树应用较多。主要目的是改变枝条方向，恢复树势，促进枝条后部发枝等（图1-4）。

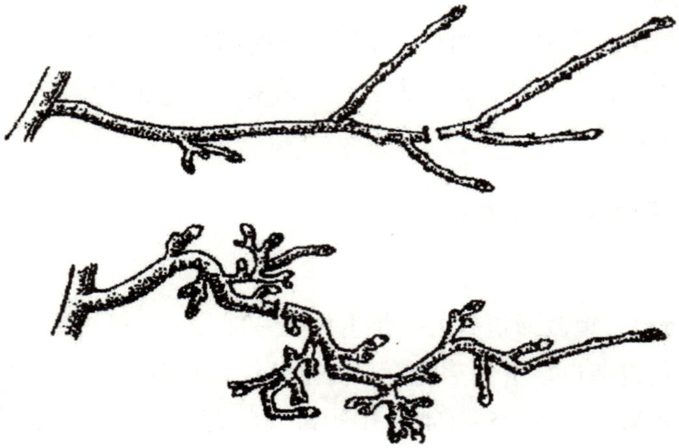

图1-4　缩剪方法

4. **疏枝**

疏剪即把枝条从基部去掉。疏剪可改善树体的通风透光状况，增强同化效能。一般对全树起削弱生长作用，原因是减少树体总生长量，对局部有促进作用。但比短截作用小，而影响的范围比短截广，其效果与修剪量的大小和被剪去枝条的强弱有关。如疏去强枝，留下弱枝，或疏枝过多，对树势和枝势有明显的削弱作用。如疏去弱枝，可使养分集中，增强枝势。疏枝有削弱母枝枝势的作用，减缓加粗生长，故常作为调节树体和局部势力的手段，达到平衡树势的目的。注意在一株树上需要疏除较多大枝时，要逐年控制，分期疏除，切忌一次造成伤口过多，严禁造成对口伤和距离很近的上下同侧伤（见图1-5）。

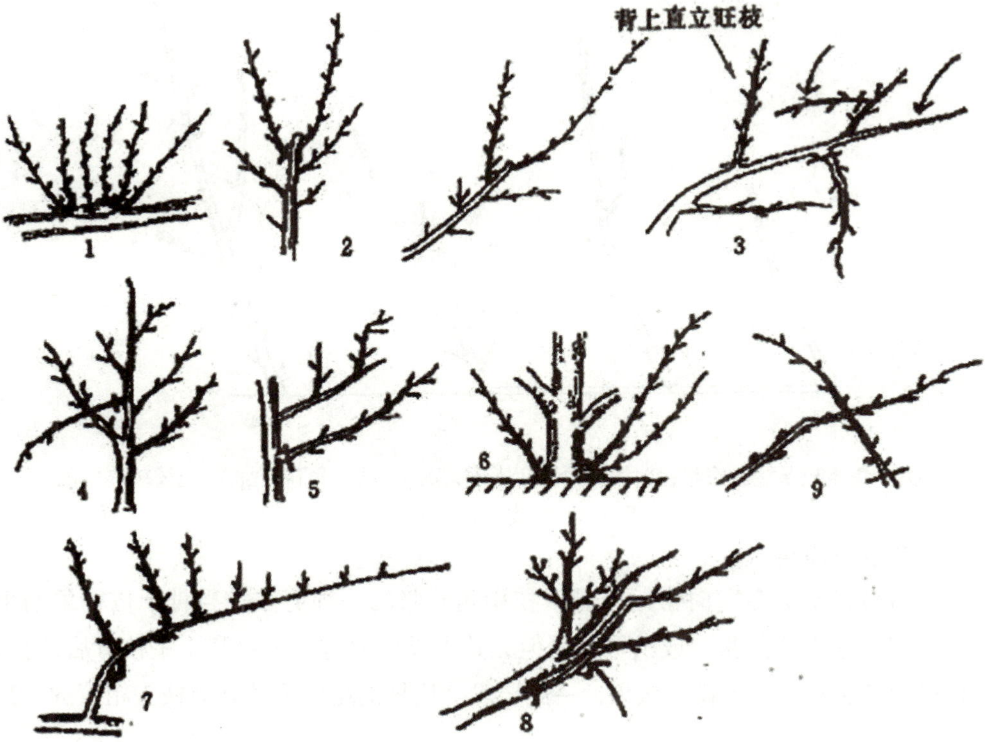

图1-5 疏枝方法

①丛生枝疏除；②竞争枝疏除；③下垂枝疏除；④逆行枝疏除；⑤平行枝疏除；⑥萌蘖枝疏除；⑦背上直立枝疏除；⑧过密枝疏除；⑨交叉枝疏除。

5. **缓放**

即不剪截，可利用单枝生长势逐年减弱的特性保留大量枝叶，避免剪截刺激而旺长，有利于营养物质积累，形成花芽，可使幼旺树或旺枝提早结果。长放后的主要反应是分散营养，削弱顶端优势，提高萌芽力及缓和生长势。缓放枝枝叶多，生长势缓和，停止生长早，既有利于通风透光，又有利于营养积累和花芽分化，因而结果早。缓放由于萌芽力强，中短枝多，有利于营养积累，有利于母枝和根系生长。缓放多用于平斜下垂枝，而直立旺长枝缓放后加粗快，顶端优势强，分枝少，容易出现树上长树的现象。因此，一般应缓放长势中庸的枝条，使其抽生中、短枝，有利于结果。为了减少总修剪量，增加分枝，有时也缓放一些强旺的直立枝，但必须改变枝向，并配合扭伤、环剥等措施，才有利于削弱枝势，促进花芽形成。实施缓放修剪时应注意：缓放效果有时需连放数年才能表现出来。因此，对长势较旺、不易形成花芽的品种必须连续缓放，待中后部形成花芽，或开花结果后再及时回缩，培养成各类结果枝组（见图1-6）。

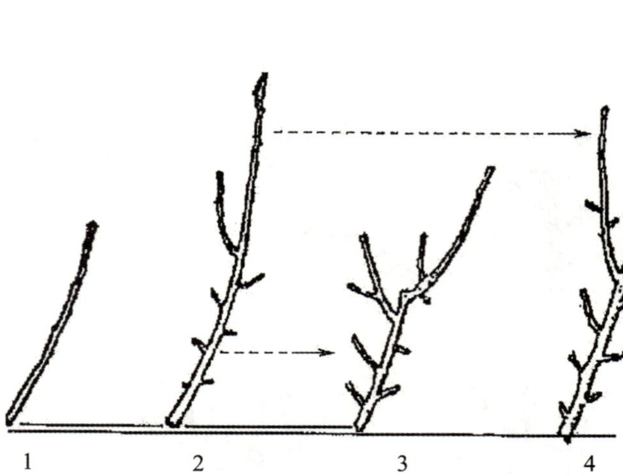

①:一年生枝条缓放当年;②:缓放第二年表现;③:缓放后回缩表现;④:连续缓放表现。

图1-6　缓放培养结果枝组图

6. 背后枝换头

背后枝换头为冬剪时常用于骨干枝梢角开张的一种剪法。当骨干枝梢角偏小，又难以用其他方法开张，或虽可开张但无其生长余地时，则可利用主枝背后适宜的分枝进行换头。为保证换头效果，一般要求背后枝的粗度要达到原枝头粗度的1/2。

四、作业与思考

根据实际情况，写出实习果园的修剪方案；简述冬季修剪的主要方法和作用。

实践15　果树的夏季生长期修剪技术

一、目的要求

学习果树生长发育规律及果树树体结构；学习果树夏季生长期修剪对果树生长

结果的影响。通过本次实践，掌握果树生长期修剪的方法和作用，掌握主要果树夏季修剪的时期和基本技术措施，并能够熟练地应用综合修剪措施，达到合理调整果树生长和结果的目的。

二、材料与用具

（1）材料。

梨、蓝莓、桃和葡萄植株。

（2）用具。

修枝剪，芽接刀，环剥刀，环剥器，塑料薄膜，铁锤，拉枝绳或铁丝。

三、内容与方法

（一）梨树生长季修剪方法

1. 春季修剪

（1）刻芽。春季萌芽前后，在枝条芽的上方0.5cm处横刻宽0.2cm、长为枝圆周的1/2，伤口深达木质部；或用小钢锯条轻拉一下，只伤皮层而不伤木质部（见图1-7）。刻芽时要注意一次不可刻得太多，一般10～15cm刻1个；还要注意春季西北风多且大的地区，气候干燥，刻伤时迎风面易将芽子抽干，故刻芽可以推迟到5月上中旬进行。但此时刻伤发出的枝条生长较弱（见图1-8）。

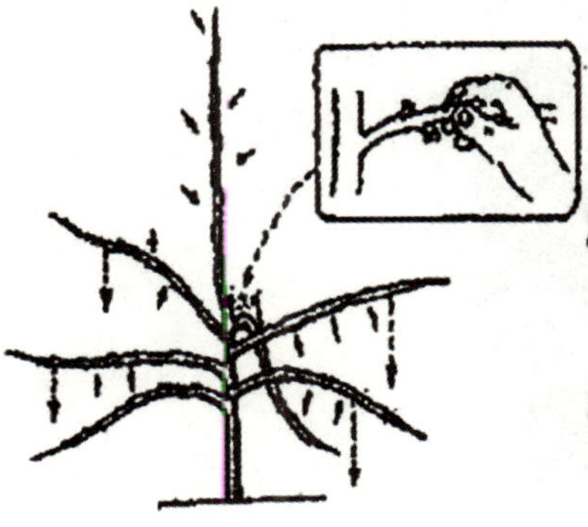

图1-7　刻芽

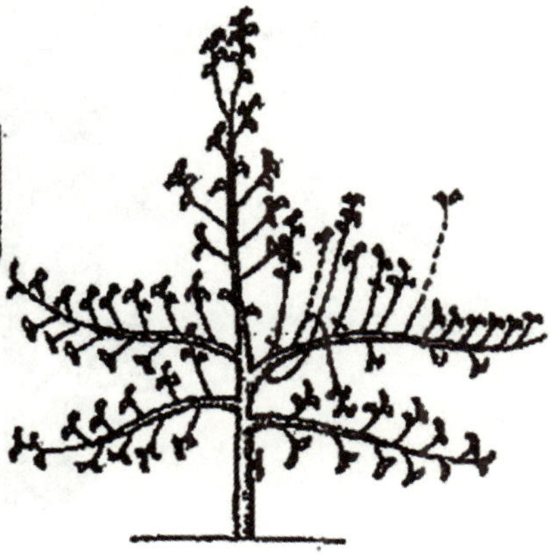

图1-8　刻芽反应

（2）抹芽。叶芽萌动后至新梢5cm以下时，将枝条上萌发的密生的和无用的芽从基部抹除。对象主要是剪、锯口附近丛状芽，大叶芽枝的顶芽，骨干枝背上的密生芽及拿枝、拉枝后弓背处萌发的芽。

（3）花前复剪。多于花序露出至花序伸长期进行。复剪的对象主要是冬剪时不好辨认花芽的枝条，对过多过密的花芽以及串花枝和带腋花芽的枝条要疏剪或缩剪，主要目的是准确地调整花芽留量和枝果比例，节省树体养分，控制大小年结果，提高果品产量和质量。

对萌芽力弱的品种，在冬剪的长枝于发芽后进行复剪（二次剪）。剪除枝条顶端萌发的芽，可促使下部增加萌芽数而成中、短枝，有利于促进后期形成花芽。

（4）扭枝。对于未结果的多年生旺枝或直立枝，在发芽后，将基部扭转180°，使树皮显现纵裂，木质部有微裂声为止，然后回转原处。这样处理后，生长势迅速缓和，当年即可形成多数花芽，第二年则可结果。

（5）环割。用刀或锯在枝干环切1圈，深达木质部。对生长势一般的树，可环割1圈；强旺树和旺枝，可1次割2圈，圈距以10cm为宜。落果率高的品种花期环割可明显提高坐果率。

2. 夏季修剪

（1）摘心。摘心的对象是主枝延长枝、内向枝、徒长枝、果台枝、结果枝上抽生的强枝以及可利用的竞争枝。摘心时间因对各种枝条处理的目的和要求不同而异。新梢旺长期摘心可促生二次枝，有利扩大树冠。新梢缓慢生长期摘心，可促进花芽分化。生理落果前对果台副梢摘心可提高坐果率。对徒长枝多次摘心，可使枝芽充实健壮，提高越冬性（见图1-9）。

图1-9　摘心示意图

（2）扭梢。将旺梢向下扭曲，改变枝条方向。应选择适宜时期在枝条半木质化部位扭。可以缓和枝势，改变局部光照条件，促进花芽形成（见图1-10）。

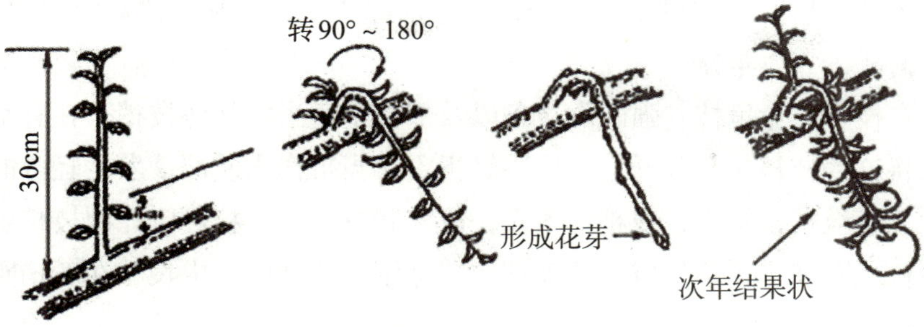

图1-10　扭梢及其效果

（3）拿枝软化。用双手对旺梢从下到上轻轻折伤，使木质部和皮层有一定损伤，但响而不断，并压平其角度或改变其生长方向。具有缓和生长势，促进营养积累，提高萌芽率，促进中、短枝和花芽形成的作用（见图1-11）。

图1-11　拿枝及其效果

（4）环剥。将枝干的韧皮部剥去一圈皮层，可暂时切断营养物质向下运输的通道，有利于剥口上部枝叶营养积累，是促进花芽形成、控制树冠、减少落果、促进果实膨大的有效措施。具体应用时必须注意以下5个问题：一是环剥对象要选壮、旺树或大枝；二是环剥时期不同其效果也不同；三是环剥宽度为枝径的1/10左右，操作时刀口锋利，注意保护形成层，减少木质部损伤，剥口应包好防止虫害；四是环剥要与其他措施（如变向、喷肥等）相互配合使用，以提高效果；五是环剥次数可根据树势而定（见图1-12）。

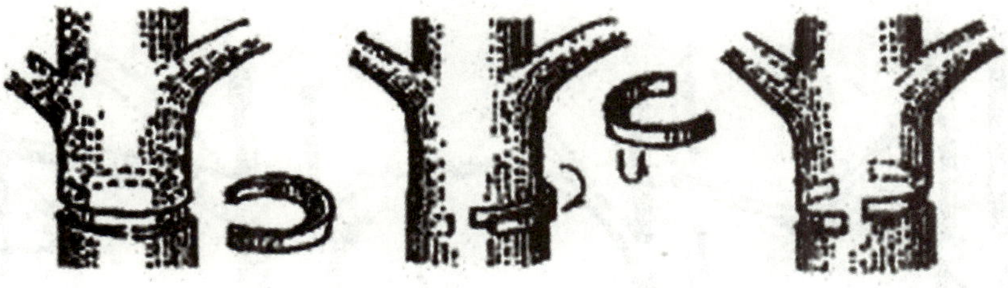

图1-12　环割方式

（5）疏枝。树冠内部过密无用的枝条应全部疏去，以利于树冠内部通风透光，同时减少消耗，节约养分。

（6）拿枝。对竞争枝、强旺的枝条以及部位不适当的其他枝梢，在有空间可以利用时，将这些枝梢从基部开始，用手轻折。适当折伤木质部，发生轻微的折裂声使之软化，直至枝条折平，或梢部下垂，改变其方位。拿枝可以控制枝梢生长，促进萌发短枝，有利于花芽形成。休眠期在花芽刚要萌动前，生长季在新梢刚开始木质化时进行。

（7）曲别枝。将直立旺长的枝条或多年生枝压平，别在附近平斜或横生的枝下。为了加大刺激力度，有时在曲别枝前拧伤或折伤基部（俗称大张嘴），可获得更好的效果。具体应用时要注意一株树上曲、别枝不宜过多，而且曲、别枝应尽力向树冠有空间的地方引导，不要横向曲别，以免树冠紊乱（见图1-13、图1-14）。

图1-13　曲枝

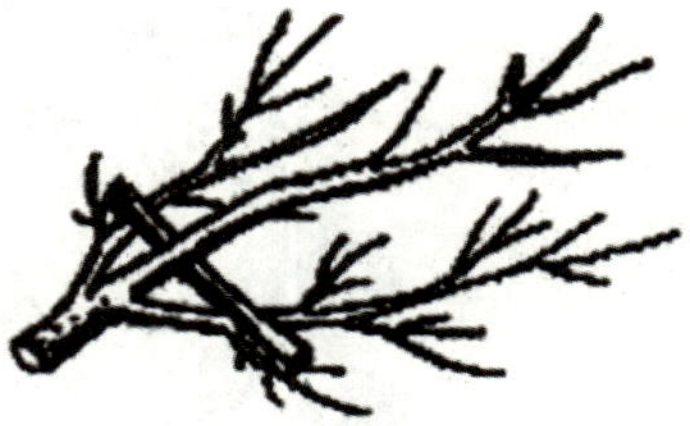

图1-14　别枝

3. 秋季修剪

（1）拉枝。在地上钉撅或在树上寻找适宜部位，用铁丝、布条或尼龙绳等将枝条角度拉开。木橛长度一般要求50cm以上，以防浇水后弹起。拉枝可以改变枝向，扩大树冠，缓和树势，改善光照，增加枝量，尤其是增加中、短枝数量，对促进花芽形成有重要作用。拉枝的角度不同，其效果也不一样，一般密植树可拉70°～90°，辅养枝拉角要大于骨干枝。为了平衡树势，较大的骨干枝拉角可以大一些，较小的骨干枝拉角可小一些。枝条应拉成线形，不可拉成弓形。拉枝时还应注意枝条的方位，拉枝处要防止铁丝或绳绞溢枝条（见图1-15）。

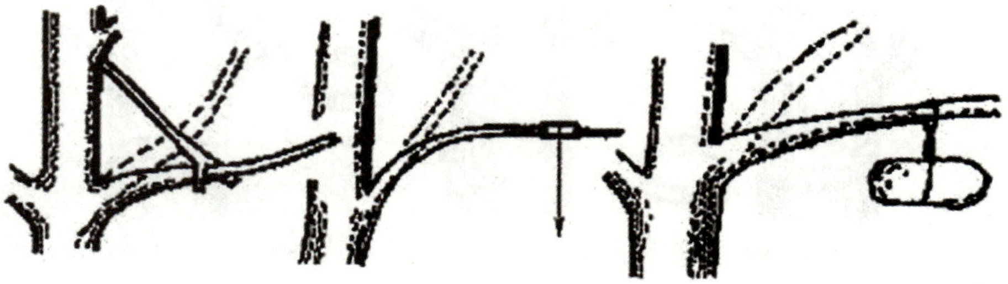

图1-15　撑枝与拉枝

（2）打梢尖。主要是针对幼旺树而采取的一项技术措施，一般于9月下旬对尚未停长的所有嫩梢进行打尖，目的是强制其停止生长，以利枝条的充实。

（二）桃树生长季修剪方法

1. 春季修剪

（1）抹芽。宜在新梢长到3cm前进行。抹除对象主要是剪口下的双芽、三芽或其他竞争芽；剪口或锯口下的密生芽、丛生芽；内膛或其他部位的无用徒长芽以及小树主干上发生的萌蘖。

（2）除梢。当新梢长到15cm以上时，为调整骨干枝延长枝的方向和开张角度，可疏去周围有影响的枝条，还应及时疏除树冠内无用的徒长枝。

（3）花后复剪。对冬剪时剪留过长的结果枝进行缩剪，已经坐果的回缩到坐果部位，无果的枝条短截变成预备枝，防止结果部位外移。

2. 夏季修剪

（1）摘心。在新梢迅速生长期进行。主侧枝延长梢在40～50cm时摘心，促发副梢。选方向、角度适宜的作延长枝，加速整形。对未发生副梢的竞争枝亦应进行摘心，控制其生长。

（2）扭梢。当新梢长到30cm左右时，将背上直立徒长枝从10cm左右处半木质化部位扭下，副梢过旺者可连续扭梢2～3次。

（3）剪截。已发副梢的竞争枝可留1～2个副梢剪截。内膛无用的直立旺枝在有空间时可摘心或留1～2个弱副梢剪截。为加大骨干枝角度，可利用延长枝背下的副梢换头。在新梢缓慢生长期对徒长性果枝进行剪切，可控制其生长。一般剪去未木质化部分即可。

（4）疏枝。疏除树冠内过密枝、交叉枝和无用的直立旺枝，解决通风透光。

3. 秋季修剪

（1）拉枝。拉枝是缓和树势、提早结果、防止枝干下部光秃的关键措施。按树形要求开张骨干枝角度。直立大枝必须拉开到有空间的部位。

（2）主副梢打尖。幼树和易受冻害的品种，对尚未停止生长的新梢，将主梢和副梢不充实的部分剪掉。

（三）葡萄生长季修剪方法

1. 抹芽

抹芽在定梢芽眼萌动后开始，一般分2～3次进行。第一次在芽刚萌发时，凡是双芽或多芽选留最健壮的1个主梢，其余均抹去。但在负载量不足时，可适当留少量双芽。另外，将位置不当、方向不好的芽梢除去。凡多年生蔓及近地面处萌发的潜伏芽，一般无花序，除作主蔓更新填补空缺外，一律尽早除去（见图1-16）。

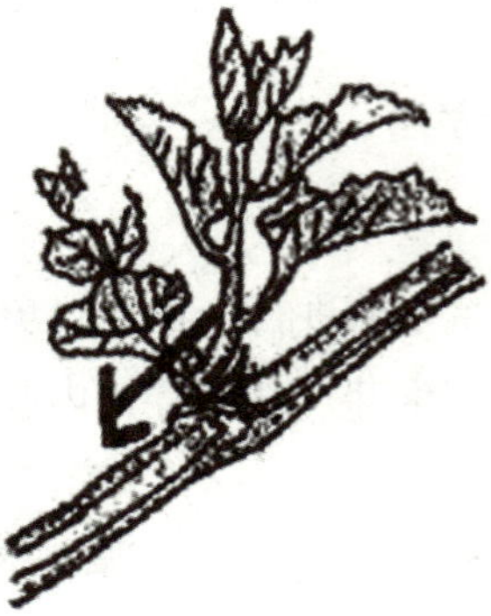

图1-16　抹芽

第二次抹芽在新梢露出花序时（5～10cm）进行，按整形修剪和植株新梢负载量要求确定去留。

第三次是对前两次未除净或后发生的幼芽进行抹除。一般篱架每隔10～15cm留1个新梢，棚架每平方米留15～20个新梢。原则上是留结果枝，去生长枝；留壮枝，去弱枝。短梢和枝组上，则留下位枝，去上位枝。

2. 主梢摘心

结果枝摘心可在花前5～6d至始花期之间进行，花序以上留4～6片叶摘心较为适宜。发育枝则可留10～12片叶摘心（见图1-17）。

图1-17　摘心

3. 副梢处理

将结果枝花序以下各节萌发的副梢全部疏去。花序以上各节萌发的副梢，每次留1叶反复摘心，在4次副梢处全部摘除，只留3次副梢的1个叶片。另一种处理方法是，结果枝顶端留1个副梢，在7月一次摘除；也可留6～7片叶摘心，连续对发生的2、3、4次副梢同样摘心，7月摘去所有4次副梢。对生长较弱冬芽不易萌发的品种，除保留顶端1～2个副梢、在2～3节处摘心外，其余副梢全部疏除，以节省人工。发育枝在5节以下萌发的副梢，全部疏去，5节以上的副梢，也留1叶摘心，处理同结果枝。

4. 花序及掐穗尖

根据树势及结果枝的强弱，适当疏去部分过多花序可使生长与结果得到平衡。在开花前一周左右将花序顶端掐去其全长的1/4～1/5左右，可以促进果粒的发育，保证果穗紧凑。同时，可顺便去除副穗，以保持穗形美观（见图1-18）。

5. 果穗整修

对果穗紧密、有小粒和青粒的品种或为达到增大果粒的目的均可在果粒迅速膨大前进行疏粒。另外，生长季还应在下午某穗梗柔软时，结合绑蔓进行顺穗，使果穗自然下垂生长（见图1-19）。

6. 除卷须

卷须缠绕到果穗、枝蔓、叶片上会造成枝梢紊乱，木质化后不易除去，不仅影响采收和修剪，在生长过程中也消耗不少养分和水分。因此，必须及时除去。一般随摘心、绑蔓、去副梢等管理工作时顺便摘去卷须（见图1-20）。

7. 绑蔓

葡萄植株出土后及时绑老蔓，根据树形的要求使枝蔓均匀分布在架面上，长梢应弓形引缚，以利各节新梢生长均衡。在绑老蔓的同时进行一次复剪，将冬剪时遗漏的病残枝、过密枝除去，以调节植株芽眼负载量。绑新蔓一般在新梢长到20～30cm时开始，整个生长期随新梢的加长不断绑梢，一般需绑3～4次。绑蔓时要做到新梢均匀排列，以充分利用架面。绑缚时应防止新梢与铁丝接触以免磨伤。架面铁丝处要固定死，以免移动位置，扰乱枝蔓在架面上的分布。新梢处要求绑松，以利新梢加粗生长。

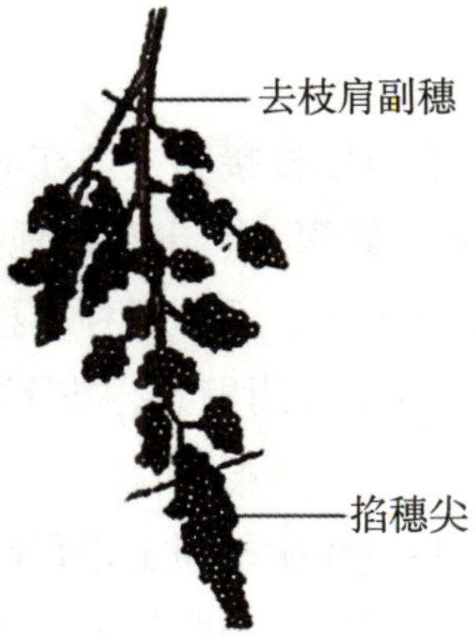

图1-18　花序整形

图1-19　疏果粒

图1-20　去卷须

8. 留萌蘖

老树需要更新时，应有计划地在多年生枝干或根干上选留一定数量的萌蘖，以作为更新时的预备蔓。

9. 摘叶打梢

当果实着色后，摘除果穗附近部分已老化的叶片，改善果穗的通风透光状况，促进果实着色，提高产量与品质。但摘叶不能过多、过早。晚秋可剪去枝蔓前端不充实的部分，以促进剩余枝条的成熟和芽的分化。

四、作业与思考

调查不同梨、桃、蓝莓品种背上枝扭梢成花的效果，填写调查表。简述桃、枇杷、蓝莓、猕猴桃、葡萄生长季修剪要点。观察分析同一类型修剪方法在不同树种上的反应。

实践16　果树的高接换种技术

一、目的和要求

果树高接可以提高寒地果树栽培中一些优良品种的抗寒性，并能高接换种，使劣种变优种。通过实际操作，使学生学会高接方法，掌握高接技术。

二、仪器或用具

材料：接蜡，塑料薄膜条，优种果树的接穗，作高接用的苹果、梨或杏的植株等。

用具：芽接刀，切接刀，修枝剪。

三、内容或原理

1. 高接的时期和方法。高接时期分为春季和夏秋季。春季以枝接为主。在萌芽后至开花前后嫁接成活率较高，但接穗必须贮放于冷凉处（如深井、土窖、地窖、冷库）保持未萌发状态。夏秋季多采用芽接法。可根据不同地区、不同树种品种和树龄枝龄，确定当地最适宜的嫁接时期和方法，高接时，春季多用劈接、皮下接、舌接法。

2. 高接的部位。一般按树龄确定高接的部位，通常在3~4年生幼树上进行高接时，多在中心干和主、侧枝上进行嫁接。在中心干上嫁接的部位，多距最上一个主枝30~50cm处进行。在主枝上高接，多距该主枝基部20~30cm处进行。在侧枝上高接，多距该侧枝基部15~20cm处进行。其他辅养枝如进行高接时，多距该辅养枝基部15cm左右处进行。

5年生以上的树，宜采用多头高接。即在树冠的1～3年生枝上，距该枝母枝15～20cm处进行高接。中心干的延长枝，应在最上一个分枝的上方，距该分枝40cm左右处进行高接。各级骨干枝的枝头应在该枝头最上一个分枝的上方，距该分枝30cm左右处进行高接。

风大地区，接芽或接枝应接在迎风方向。采用芽接方法时，还要根据品种和枝条的生长势，确定接芽的具体高接位置。一般生长直立的品种和枝条，多接在枝条背下或两侧。生长开张的品种和斜生的枝条，多接在枝条的两侧。生长极开张的可接在背上。

采用芽接法，在当年新梢上嫁接最好，成活率较高。枝接在2～4年生枝上嫁接成活率较高。在5年生以上的大枝嫁接时，可根据砧穗粗度，采用单穗接、双穗接或四穗接。

四、作业与思考

撰写实验报告1份，回答果树为什么要高接？高接在生产上有何意义？你在高接实习时，有些什么经验和教训，有哪些改进意见？接后4～5周，检查成活率，并比较各种高接方法的优缺点，并分析其原因。

实践17 果园的土壤管理技术

一、目的要求

果树是多年生植物，一旦定植就要在同一地点长期生长结果，对土壤养分及一些特殊离子的选择性吸收往往造成营养失衡。根系分泌也可以显著影响根系环境，因此，对土壤进行科学管理，可以改善根系所处的环境，保持土壤肥力，保证植株健壮生长发育。

通过本实践，要求了解我国现行的果园土壤管理制度，掌握各种果园土壤管理制度的原理和具体操作方法。

二、材料与用具

（一）材料

作物秸秆、杂草等有机物料，尿素等氮肥或复合肥，牧草种子、绿肥种子或花生等矮秆豆科作物种子，地膜。

（二）用具

铁锹、镐、锄、耙、旋耕机等整地机械，小推车或拖拉机等运输机械。

三、实习内容与方法

（一）土壤改良

1. 果园土壤的深翻熟化

（1）果园土壤深翻的时期。

一般而言，一年四季均可深翻，但要考虑当地气候条件，如温度、空气湿度、风、降水等，以及劳动力安排。各地区深翻都有习惯采用的时间，主要为春夏秋三季。春季深翻顶浆进行，此时土壤刚刚解冻，宜疏翻，但在春风大、空气干燥的地区不宜春翻。夏季深翻一般在根系前期生长高峰已过、雨季来临以前进行。秋季深翻一般在早中熟品种采收后结合秋施基肥进行，为最适宜的深翻季节。

（2）果园土壤深翻的方式方法。

扩穴深翻：俗称放树窝子，即由定植穴向外深翻，3～4次将全园土壤深翻一遍。适用于幼树和劳动力较紧张的果园。

隔行深翻：亦可隔株进行。即先在一个行间深翻，留一行不翻，两三年后再翻。

全园深翻：将定植穴以外的土壤一次深翻完毕，适用于挖定植沟定植的密植园。

在我国深翻一般采用人工进行，幼龄树行间深翻和全园深翻的可以采用深耕犁，但易伤根过多。深翻沟要离树干1m以外，以免伤大根。深翻时表土、心土要分开堆放，回填时先在沟地铺作物秸秆、杂草等有机物料，再把表土与有机肥等混合均匀填入沟内，心土撒开风化，易积水的地块在沟上起15cm的垄。

深翻的深度：一般要达到60～100cm，土壤疏松、质地均匀的地块可浅些，深翻40～50cm即可；底层为薪板层或半风化母岩的地块应保证100cm以上，以最大限度加厚土层。地下水位较高的果园深翻时不应深于雨季地下水位的最上线。

每次深翻沟要与以前的沟或定植穴衔接，不得留下隔离带。深翻时要注意保护根系，暴露出的根要随时用土盖上，以免风干。粗度在1cm以上的根尽量不要弄断；而粗度在5～8 mm的根可适当修剪，促进根系更新。

2. 果园土壤的客土改良

主要为掺沙和压土，生产上一般采用压土法。

（二）果园地面覆盖

地面覆盖可以保水防旱，保持土温稳定，减少水土流失。草腐烂后可增加土壤有机质含量。用草要因地制宜、就地取材，各种作物秸秆、杂草均可利用。地面覆盖适用于山岭地、砂壤地，不适于黏土地。

覆草前先整好树盘，浇一遍水，将草均匀铺好，厚度20cm左右。零星压些土或石块，防止被风刮走。若草未经腐熟，要追施一次速效氮肥，以补充前期微生物自身繁殖对氮肥的需求，避免引起土壤短期缺氮。

（三）果园地膜覆盖

覆膜一般在早春进行，先整平树盘，浇一次水，追一次速效性肥料，喷除草剂，铺上地膜并将四周用土封严。

地膜可以沿行向覆盖，也可以只覆盖树盘；进入雨季将膜撤掉，次年重新覆盖。地膜覆盖适用于各种土壤。

（四）果园间作与生草

果园在幼龄期树冠没有交接时可以在行间间作其他作物，但树干周围1m以内不得种植间作物，要给果树留出足够的生长空间。间作物的选择原则是矮秆、浅根、生育期短、需肥水较少且主要需肥水期与果树生长发育的关键时期错开，不与果树共有危险性病虫害或互为中间寄主。以绿肥作物最理想，其次为矮秆的豆科作物。不宜间作秋菜，以免引起果树贪青徒长和加重大青叶蝉为害。

生草也是间作的一种，为国外普遍采用的果园土壤管理方式。在我国适于贫瘠、土层深厚、易水土流失的园片，最好有灌溉条件，在草和果树生长关键宜时期要追肥。果园生草主要在行间、株间树盘外进行，以禾本科、豆科草为宜。可以条播，也可撒播。草长到30cm以上即可收割，割下的草覆在树盘，割后保留10cm。

四、作业与思考

结合生产实践操作，分析山岭薄地果园如何为果树根系创造良好的生长发育条件。幼龄果园间作比较普遍，生产中如何解决间作与果树生长发育的矛盾？

实践18　果树的防寒技术

一、目的与意义

掌握果树防寒技术。

二、材料与用具

1. 材料。不同年龄时期的果园，干草或其他作物秸秆，细麻绳，生石灰，动物油脂、石硫合剂原液，食盐等。

2. 用具。修枝剪，水桶，铁锹等。

三、步骤与方法

（一）树干涂白

1. 配置涂白剂。将水、生石灰、动物油脂、石硫合剂原液和食盐按18 ：6：0.1 ：1 ：1的比例混合即可，也可简单地用水、石灰和食盐按比例混合。

2. 涂白时间。涂白在秋季果树落叶后进行，上冻前完成。若为防止大青叶蝉产卵，则要在初箱前进行。

3. 涂白方法。涂布时自上而下进行，要涂得均匀，尤其枝杈夹角处、伤口部位、树干基部更要仔细涂。

（二）树干绑草

入冬前对树干和大的枝杈用稻草或其他作物秸秆等包裹，可很好地防止枝干冻害。包草时一定要将根颈部位也包住，并在基部培土压风，防止根颈部位透风受冻，最好也将主干和大的分杈处包严，避免大枝分杈处受冻。

（三）培月牙埂

入冬前在植株的西北侧，距植株根颈处30cm左右，培一高50cm、长1 ~1. 5m的月牙形土埂，可有效提高地温，防止冻害。

（四）埋土防寒

1. 时间。落叶后至土壤封冻前。

2. 方法。在一年生幼树一侧基部培一个高度10cm左右的土堆（枕头），将修剪后的幼树压倒，使其基部树干“枕”在“枕头”上。从行间取土，将枝干掩埋严紧，埋土厚度20 ~ 30cm。

3. 注意问题。弯压树干时用力要匀，要缓，防止树干劈裂。

四、作业

总结果树埋土防寒技术。

实践19 果园管理工作历的制订

一、目的和要求

制订果园管理工作历，是果树生产中的一项重要工作，因此，要在学好果树栽培学的基础上，结合实习或生产实习，学会领导组织果树生产。

要求根据指定实习的果园的生产情况、环境特点、人力物力条件，制订出果园的周年工作历。

二、内容或原理

1. 制订每项管理的技术措施，必须有的放矢。一定要在总结过去果园管理经验的基础上，结合当年的生育情况和存在的问题，找出矛盾，提出解决途径和制订出既有先进指标的管理技术水平，又切实可行的周年果园管理工作历。工作历可按月、按旬或按周制订。

2. 一个大果园，树种多，树龄、树势、株产均不一致，因此，必须根据不同情况，按区、片，制订不同的技术措施。

3. 对结果树要求提出产量和质量的指标。要有技术要求，保证措施和检查制度。

4. 工作历是果园管理的计划和目标，因此，制订工作历要求具体、详细，并有成本核算，包括每项技术措施的具体要求，用工、用料要订出数量，以便做好准备。

工作历主要内容包括以下方面。

1. 土壤管理

（1）施肥包括施基肥、追肥的时期，肥料种类，施肥量，施肥方法。

（2）灌水排水时期、方法及要求。

（3）中耕除草时期，深度；使用除草剂的种类、时期及方法。

（4）深翻和改良土壤的时期和方法。

（5）修整渠道，包括修整主渠、支渠、毛渠的时期和要求。

（6）修树盘的时期和要求。

（7）种植绿肥种类；播种和翻耕的时期和方法要求。

2. 树体管理

（1）整形修剪，包括冬季修剪和夏季修剪的时期和重点要求，并附修剪方案。

（2）人工授粉的时期和方法。

（3）疏花疏果，人工疏花疏果的时期和要求；药剂疏花疏果的时期、种类、浓度、喷布要领。

（4）果实套袋数量、时期和要求。

（5）吊枝和顶枝时期和方法。

（6）高接和桥接时期、品种及方法。

（7）刮树皮和涂白时期和要求。

（8）补树洞和伤口的治疗时期、方法和要求。

（9）葡萄出土上架的时期和要求。

（10）葡萄抹芽、疏枝、绑蔓的时期和要求。

（11）葡萄下架培土防寒的时期和要求。

（12）果树防寒时期、方法和要求。

（13）防晚霜时期和方法，预测预报和措施。

3. 采收、分级包装和贮藏

（1）采收不同树种、品种的采收时期和要求，预计产量和对品质的要求。

（2）分级确定不同树种和品种的分级标准。

（3）包装器材的准备、数量、包装方法和要求。

（4）贮藏时期和要求。

4. 病虫害防治

（1）配制石硫合剂原液计划用量、配制方法和原液的要求浓度。

（2）防治病虫害的对象、发生时期、防治方法，喷药种类和浓度。

5. 其他

（1）检修农具和机械的时期和数量。

（2）清洁果园的时期和要求。

（3）果园补栽树种和品种数量，补栽方法和要求。

（4）防护林的管理包括修剪，灌水，病虫害防治和补栽等。

三、作业与思考

制订一份果园（幼龄园、结果园、盛果园）的管理工作历。你制订的果园工作历中，哪几项技术措施是重点，为什么？

第三章 果园病虫害防治技术

实践20 果园的冬季清园技术

一、目的要求

对蛰伏在果树的树枝、树干的缝隙中和芽腋间的各类病菌、病毒以及在果树越冬的成虫、虫卵等的发生源进行清除。如不清除这些病、虫的发生源，来年病菌和虫口基数将成倍扩大，病虫害将更严重，会降低来年果树的产量和果实的品质。要求加强果树栽培管理，保护果树安全越冬，减少来年病菌和病虫的虫体基数，减轻和杜绝果树的病虫害，提高产量和果实品质。

二、材料用具

1. 材料：选附近管理正常的成年果园。

2. 用具：修枝剪，钢锯，嫁接刀，修枝锯等。

三、实践内容

（一）主要技术要点

1. 采果后要结合冬剪，剪除密生交叉枝、枯枝、病虫枝以及衰退枝，留6~10cm枝桩以促吐新梢。然后把落叶、烂果、病虫枝等清理出果园，集中销毁，同时清除果园所有杂草，清理排水沟，树干和主枝用石灰浆涂白。

2. 及时施肥以利树势恢复。在采果前7d或者采果后一周内及时施肥，以促树势恢复，采果后用0.01%天丰素，98%磷酸二氢钾等叶面喷施，有条件的可在采果后进行灌水施肥，主要以施速效肥为主，如人粪、钙镁磷肥等以促进树势尽快恢复，为来年的挂果打下基础。

3. 在清理完杂物的基础上进行药剂清园。可在地面上撒上3%呋喃丹3kg/hm和石灰粉。叶面喷施高浓度药剂：可用50%胶体硫300倍+30%乙酰甲胺磷（农尔旺）600倍+40%氧化乐果500倍混合喷施，以杀灭越冬虫螨。

（二）步骤和方法

1. 待树上的叶子落光后，彻底清扫落叶、落果和杂草，摘除僵果，集中处理（集中起来以后用土简单压一下，分堆均匀分布在果园四周，明春预防倒春寒可用），在来年萌芽前烧毁或深埋（太早易损伤益虫，太晚害虫也出蛰）以消灭在其上越冬的病虫害。

2. 结合冬春修剪，剪除树上的病枝和虫枝，改善果树的通风透光性能，调整果树营养供给，提高果树的抗病能力。

3. 早春果树萌芽前喷施3～5波美度的石硫合剂。喷施时要求对果树的枝干全部均匀细致，这样可有效铲除病菌害虫、虫卵，对生长期病虫害发生严重的果园最为明显。

四、作业与思考

1. 你认为清园有必要吗？为什么？
2. 清园应注意哪些问题？

实践21　常规农药的稀释与喷雾

一、目的要求

学会常规农药的稀释，初步掌握常规农药的喷雾方法。

二、材料用具

1. 材料：选附近管理正常的成年果园。
2. 用具：喷雾器，药桶，塑料瓶，手套等。

三、实践内容

（一）常规农药的稀释

1. 农药浓度的几种表示方法

（1）百分浓度：一百份药液中含农药的份数或一百份药肥液或药肥粉中含药肥的份数，如2%的尿素表示在100kg尿素溶液中有2kg尿素98kg水。表示法：%

（2）倍数浓度：指一份农药（原农药加工品量）的加水（稀释剂的量）倍数。常用重量来表示，如：配置700倍的50%的多菌灵，是用一份50%的多菌灵加700份

水搅拌而成。表示法：1 : X

(3) 百万分浓度：一百万份药液中含农药的份数。表示法：PPM

(4) 波美度：专门表示石硫合剂浓度的。表示法：°Be

(5) 量式与倍数组合：专门表示波尔多液浓度的。倍数指的是硫酸铜与水的比例，量式指的是硫酸铜与生石灰的比例，即1 : X。

组合起来表示法有四种：等量式（1 : 1）、半量式（1 : 0.5）、倍量式（1 : 2）、多量式（1 : 3～1 : 5）。

例如：150倍等量式波尔多液表示为 1 : 1 : 150

150倍半量式波尔多液表示为 1 : 0.5 : 150

150倍倍量式波尔多液表示为 1 : 2 : 150

2. 农药浓度表示方法之间的换算

(1) 百分浓度与百万分浓度之间的换算

百万分浓度=百分浓度÷10000

(2) 百分浓度、百万分浓度与稀释倍数之间的换算

$$稀释倍数=\frac{原药浓度}{释后药液浓度}$$

$$稀释倍数=\frac{释后药液浓度}{原药浓度}$$

3. 农药的稀释计算

(1) 求稀释后药液浓度及原药用量、需加水量

① 公式一。

原药浓度×原药液量 = 稀释后药液浓度×稀释后药液量

(根据溶质在加水前后不变的化学原理)

由公式一变形可以得出两个新的公式，即：

原药浓度×原药量 = 稀释后药液浓度×稀释后药液量

稀释后药液量=原药浓度×原药量÷稀释后药液浓度

=（原药浓度÷稀释后药液浓度）×原药量

= 稀释倍数×原药量

稀释倍数在100倍以上时，稀释后药液量中原药量可忽略不计，即稀释后药液量等于稀释加水量，因此上述公式可变形为：

（稀释倍数在100倍以上时）稀释加水量=稀释倍数×原药量

同理，当稀释倍数在100倍以下时，因为加水少，所以为达到精确，稀释后药液重量必须减去原药重量，而得出稀释加水量。（稀释倍数在100以下时）

稀释加水量 = 稀释倍数×原药量 – 原药量

= （稀释倍数 – 1）×原药量

由此，农药稀释计算的公式又有下式。

② 公式二：（稀释倍数在100倍以上时）

稀释加水量=稀释倍数×原药量

③ 公式三：（稀释倍数在100倍以下时）

稀释加水量=（稀释倍数 – 1）×原药量

公式二和公式三分别由公式一得出。

④ 公式四：波美度的计算

重量稀释加水量=（原液波美度 – 稀释液波美度）÷稀释液波美度

（二）常规农药的喷雾

（1）喷雾法是最常见的施药方法，即以一定量的农药与适量的水配成药液，用喷雾器械将药液喷洒成雾滴。此法适用于乳油、水剂、可湿性粉剂、可溶性粉剂和胶悬剂等农药剂型，既可作茎叶处理，也可做土壤处理。按每亩喷洒药液量的多少区分为几大类：高容量喷雾、中容量喷雾、低容量喷雾、很低容量喷雾、超低容量喷雾。

（2）喷雾时注意的问题

A.注意提高药液的湿展性能。在喷洒农药时，乳油、油剂在植株上的黏附力较强，而水剂、可湿性粉剂的黏附力较差。从提高药效出发，在喷施杀虫双、二甲四氯、草甘膦等农药时，可加少量中性洗衣粉作展着剂，提高药剂的湿展能力。在一些除草剂中，加入适量的硫酸铵，可提高展着能力，如二甲四氯加0.5%硫酸铵后，吸收时间从24 h减少到10分钟。

B.应重视稀释药液的水质。水的硬度、碱度和混浊度对药效有很大的影响。当水中含钙盐、镁盐过量时，可使离子型乳化剂所配成的乳液和悬液的稳定性受到破坏。

C.要防止农药中毒。在喷雾过程中，雾滴常随风飘移，污染施药人员的皮肤和呼吸道。因此，施药人员要做好安全防护工作，对高毒农药如甲基1605、甲安磷等不能细喷雾。有些农药毒性高，如杀虫双、杀虫环、杀虫脒等，在人口密集地区使用时要格外注意。

D.注意提高喷雾质量。喷雾法一般要求药液雾滴分布均匀，覆盖率高，药液量适当，以湿润目标物表面不产生流失为宜。防治某些害虫和螨类时，要进行特殊部位的喷雾。如蚜虫和螨类喜欢在植物叶片背面为害，防治时，要进行叶背面针对性喷雾，才能收到理想的防治效果。

四、作业与思考

1. 果园需喷0.025%（原药浓度50%）的氧化乐果药液2000kg，需用50%的氧化乐果原液多少千克?

2. 有效成分80%的晶体敌百虫2.5kg，需配成0.05%的浓度，需加水多少?

3. 农药喷雾时应该注意那些问题?

实践22　诱杀、捕虫、杀虫器物的安装与使用

一、目的意义

了解和掌握黑光灯及粘虫板的安装与使用。

二、材料与用具

黑光灯，粘虫板，绳，铁丝等。

三、实践步骤与方法

（一）黑光灯的安装与使用

1. 黑光灯的结构。黑光灯发射的紫外光能诱引多种昆虫，是一个安全、经济、简便和有效的果树诱虫器。其设备由交流电源、黑光灯管及配件、防雨罩、挡虫板、灯架等几部分组成。黑光灯管外形及结构与普通日光灯管相同，一般为20W或40W。黑光灯配件包括整流器、继电器和开关。防雨罩是防止黑光灯管及其配件进水的设备，在灯管及其配件的上方。挡虫板可用玻璃板等硬质透明东西制成，长度与灯管长度相同，每只灯管的挡虫板有3～4片。

2. 黑光灯的安装。安装时，黑光灯可置于果园中央，灯架可用木杆、竹竿、铁制三脚架制作，要高出树冠。灯下（ 与灯的底面距离约5cm）要放置一个水面较大的容器，并放入适量洗衣粉或杀虫剂。第二天早上清理害虫。

3. 注意问题。黑光灯的诱出效果与气候条件有关，在无雨、无风（或有微风）的情况下，诱获量较多；在大雨或火风时诱获量很少。所以，应视天气情况决定是否开灯。在正常情况下，各种昆虫在夜间的活动规律不尽相同。因此，应全夜开灯。

（二）粘虫板放置与使用

利用害虫的趋黄性，自制黄色诱板插在蔬菜地里，将以蚜虫为主的趋黄性害虫进行诱杀，达到不施或少施农药防治的目的，是无公害蔬菜生产防治蚜虫和病毒病最有效的措施之一。

在棚内设置粘虫板，对潜叶蝇、白粉虱、蚜虫等害虫进行粘杀。

1. 制作粘虫板。先制作黏着剂，将黄油和机油按照1：3的比例混合好。然后取不用的黄色鱼鳞袋（化肥袋、塑料袋都行），将其剪成50cm×25cm的小片，并用水浸透，稍晾一会或用力甩几下（不滴水即可），然后用刷子将混合油涂在上面，正、反面都涂严。

2. 放置粘虫板。用细绳系住两角，吊在蔬菜地竹架的钢丝上，每15m^2左右用一张，一般每亩用50张左右，悬挂高度以高于蔬菜10cm为宜。

3. 注意问题。使用过程中，要随蔬菜的长高而提升粘虫板高度；当蔬菜生长较高时，可将粘虫板悬挂于蔬菜之间及害虫最密集的地方。蔬菜苗定植后马上要挂上粘虫板，以控制害虫的繁殖数量和蔓延速度。每张粘虫板可使用半年以上。当粘虫板不再粘虫时可在正反两面再涂一遍黏着剂，继续使用。

四、作业

总结黑光灯的安装与使用，以及粘虫板的放置与使用，写出实习报告。

实践23　糖醋液的配制与使用技术

一、目的要求

学会糖醋液的配制并学会使用。

二、材料与用具

1. 材料：红糖，醋，酒，水等
2. 用具：锅，各种容量瓶，塑料瓶等。

三、实践内容

（一）实验原理

有些虫子对糖醋的味道有趋性，利用这一趋性可将虫子诱集起来杀灭。在大自然中，昆虫与昆虫、昆虫与植物之间的联系在很大程度上是依靠化学物质传递信息。昆虫趋化性是昆虫通过嗅觉器官对于化学物质的刺激所产生的反应。生产上人们常利用昆虫的这种趋性来防治害虫。糖醋液可以诱杀对糖醋酒等气味有一定敏感性的昆虫，如梨小食心虫、梨大食心虫、金龟子、卷叶蛾、小地老虎、黏虫、金龟子、鳞翅目类害虫。同时，糖醋液还能很好地预防主要害虫的发生情况，为害虫的及时药剂防治提供依据，并且不存在农药残留，不污染环境，对人畜安全。

（二）步骤与方法

（1）配方一：红糖5∶醋20∶水80。

（2）酸方二：红糖1∶醋4∶酒1∶水16。

（3）配制方法：先把红糖和水放在锅内煮沸，然后加入醋闭火放凉，再加入酒搅匀既成，所以可以理解成糖衣包着的炮弹。

（4）将配好的糖醋液放置容器内（瓶和盆），以占容器体积1/2为宜。害虫对容器颜色有一定的辨别能力，利用颜色来诱引就可以起到双重的效果。害虫最喜食花朵，再是果实，叶次之。若把容器颜色模拟成花或果实颜色，诱杀的效果成倍地提高。瓶口径以10cm左右为宜。瓶子可用废旧农药瓶制作，颜色可选择有色瓶，或用颜料染成，或用有色纸糊成。瓶子悬挂的位置对收虫效果也有一定的影响。瓶子需挂于树冠外围的中上部无遮挡处，这样容易被远距离的虫子发现。最后得注意风向，需挂在当地常刮风向的上风，或注意经常按风向移动瓶子的位置。

（5）糖醋液的使用：每667m²果园挂10～20个为宜，高度为1.5m左右，定时清除诱集的害虫，每周更换一次糖醋液。害虫填满后倒掉重换糖醋液。树上用完后，糖醋液不能直接倒入土壤，要埋入地下。

（三）改进后注意事项

（1）加大容器口径。糖醋液是靠挥发出的气味来诱引金龟子的，盛装糖醋液的口径越大，挥发量就越大，所以瓶口应是直敞开或向外敞开的，这样便于金龟子的扑落，增加收虫量。从实践中得知，瓶口径以10cm左右为宜。

（2）改变瓶体颜色。金龟子对颜色有一定的辨别能力，那么利用瓶色来诱引就可以起到双重的效果。观察证明，金龟子最喜红、黄、橙、紫色，蓝、绿次之，白色最差。瓶子可用废旧农药瓶制作，颜色可选择有色瓶，或用颜料染成或用有色纸糊成。

（3）改变悬挂位置。瓶子悬挂的位置对收虫效果也有一定的影响。瓶子须挂于树冠外围的中上部无遮挡处，这样容易被远距离的虫子发现。再者得注意风向，须挂在当地常刮风向的上风，或注意经常按风向移动瓶子的位置。另外，金龟子危害的季节气温较高，蒸腾量大，应及时添加糖醋液和清除虫尸。

四、作业与思考

糖醋液能诱杀哪些昆虫？糖醋液使用应该注意哪些问题？

实践24　果蝇诱捕器的安装与使用技术

一、目的要求

要求学会果蝇诱捕器的安装与使用技术。

二、材料用具

1. 材料：选附近管理正常的成年果园。
2. 用具：诱捕器相关零件、竹子，铁锹，刀具等。

三、实践内容

（一）诱捕器的组成：诱捕器和诱捕剂（见图1-21）

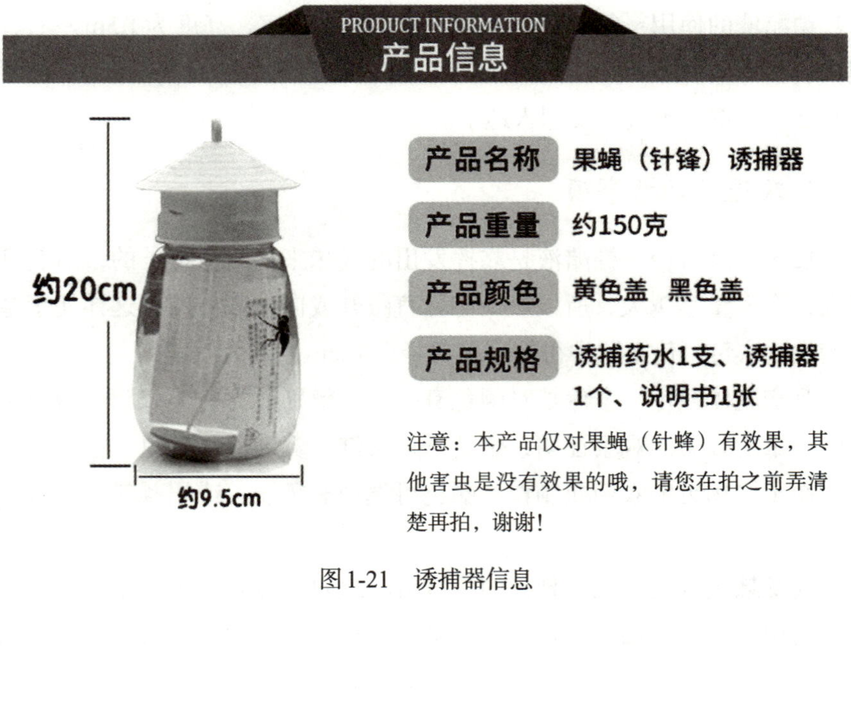

图1-21　诱捕器信息

（二）诱捕器的安装

如图1-22所示。

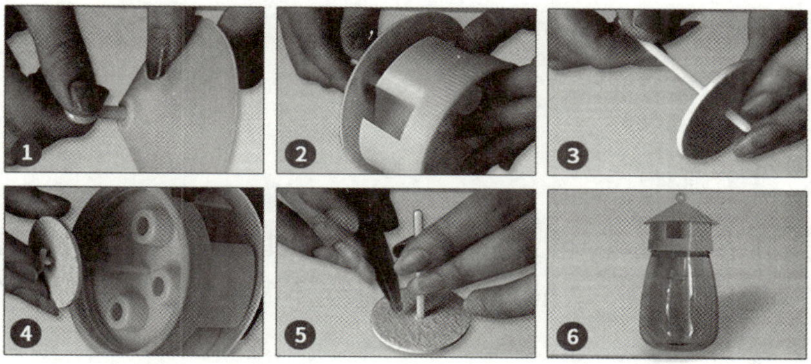

图1-22 诱捕器的安装

（三）诱捕器的放置图

诱捕器的放置如图1-23所示。

图1-23 诱捕器的放置

四、作业与思考

你还能设计一个能诱捕果蝇的诱捕器吗？此诱捕器对蚊子和苍蝇有效吗？

实践25 石硫合剂的使用技术

一、目的要求

学会石硫合剂的配制并学会使用。

二、材料与用具

1. 材料：石灰、硫黄、水。
2. 用具：锅、搅拌棒、各种容器等。

三、实践内容

（一）实验原理

石硫合剂是一种既能杀菌又能杀虫、杀螨的无机硫制剂，防治病害主要是保护作用，对人、畜毒性中等，对植物安全、无残留，不污染环境，病虫不易产生抗性。

（二）熬制方法

石硫合剂配置比例一般按石灰、硫黄、水的比例为1：2：10，即熬制一锅石硫合剂用生石灰1kg，硫黄2kg，水10kg可得到10多千克的石硫合剂。老方法是先将石灰水烧开，再加硫黄粉，连续再熬制1 h即成。从配料到烧火最后熬好要花2～3个小时，而且质量不易控制。笔者采用先将2kg硫黄粉用热水调成糊状和10kg水一起倒入锅内边搅拌边加热；至锅中浆液开始沸腾，再把1～1.5kg生石灰倒入。注意：一定要用生石灰块，粉状石灰已回潮，化学成分变成氢氧化钙和碳酸钙，熬出成品呈黄绿色，药效很低。生石灰块不要一次倒入，以免药液剧烈沸腾溅出锅外。随着石灰不断加入，石灰、硫和水产生剧烈的化学反应，生成多硫化钙，药液也逐渐变成红褐色。再用中火熬10分钟，边熬边搅拌、边加水以补充蒸发掉的水量。待药液表面有层薄冰似的红褐色透明晶体析出，药液即熬好。也可用棍子蘸点药液滴入冷水中，药液能迅速散开表明反应已经结束。熬制时间过长反而影响质量。整个过程仅需1 h左右，比老方法节省了一半多时间。新方法加入石灰时硫黄浆液温度已达100°，反应时温度高，缩短了反应时间，反应更充分。药液浓度比老方法熬制要提高5波美度以上。新方法熬制具有省工、省火、省时并药效浓度高，产品质量稳等诸多优点。

（三）使用方法

过去药液熬好后要用波美比重表测度数，再通过公式计算使用时的加水量，农民朋友很难掌握。现在按新法操作能保证药液浓度在25%以上，再加上用药量有一定范围，因此在使用时可省去计算程序，只需按在果树发芽前一喷雾器水（约10kg）加入药液2kg，发芽后一喷雾器加药0.2～0.3kg即可。用药非常安全、方便，配制也简单了许多。老药新用，既经济又适惠，在有机农药对环境污染越来越大的今天，重新启用传统的无机农药，既能保药效，又能降污染，还能较好地解决病虫抗药性问题。石硫合剂这个古老的农药品种定能为新农村建设做出更大的贡献。

四、作业与思考

石硫合剂有什么优点和缺点？石硫合剂能杀死哪些害虫？熬制石硫合剂应注意什么问题？

实践26　刮树皮技术

一、实践目的

学会刮树皮技术并掌握果树刮树皮的原理方法。

二、材料与用具

1. 材料：选附近管理正常的成年果园。
2. 用具：修枝剪，钢锯，嫁接刀，修枝锯等。

三、实践内容

（一）实践原理

刮除老树皮可减少害虫潜藏处所，减少病害的发生，促进弱树形成层和木栓形成层的发育，使生长势恢复。木本果树随着树龄的增长，外皮层木栓化增厚、翘裂。生长旺盛的树，木栓形成层生长快，翘皮易于自然脱落；一旦生长衰弱，老皮就不易脱落，残存树上而成为病虫潜伏、产卵和越冬的场所。

（二）刮树皮技术要点

1. 刮皮对象。刮皮的对象是有粗老翘皮和病斑的梨、苹果、枣、栗等树种的成年大树，幼树一般可不刮皮，病害较严重且当年产生较多新粗皮的果园，上年刮过的树当年仍应再刮。对不易刮皮的果树，比如裂缝较深的老树和刮皮后容易流胶而影响树势的桃、杏、李和柿树等，不宜刮皮，可用撬皮或擦刷树皮的办法，把病虫清理出来。

2. 刮皮时间和部位。一般情况下，“小寒大寒，树皮刮完”，最迟也要在萌芽以前刮完。传统的刮皮方法是在休眠季节将主干的粗翘皮刮掉。但通过调查研究发现，在粗皮中越冬的害虫绝大部分集中在主干以上、各主枝中部以下的粗皮裂缝之中，而大部分的害虫天敌如食螨瓢虫等则集中在主干粗皮处越冬，害虫在主枝上的越冬数量远远超过在主干上的数量。为保护天敌和消灭害虫，刮皮时应重点刮主干以上、各主枝中部以下的粗老翘皮，以主枝为主。

3. 刮皮方法。刮皮要掌握好深度，遵从“小树弱树宜轻，大树壮树宜重，露红不露白”的原则。虫伤或机械创伤等伤口是最易感染病菌和害虫最爱栖息的地方，所以应先刮净腐皮朽木，再用不太锋利的刀具轻轻地把粗皮、翘皮刮掉。要注意的是刮皮深度要合适。刮深了伤害嫩皮，损伤树势；刮浅了起不到防治病虫害的作用。对于感染腐烂病的树，树皮要用刀刮净，以见红色内皮为宜。刮树皮时一定要仔细、全面、彻底，刮面尽量平滑，不留毛茬，不留缝隙。刮时一定要用托盘接住刮除物，比如病虫类、叶蝉等。

四、作业与思考

哪些果树需要刮皮，哪些果树不需要刮皮？刮皮应注意哪些问题？

第四章 果实采收、商品化处理和贮藏保鲜技术

实践27 果实成熟度判断技术

一、目的要求

掌握判断果实成熟度的方法，了解成熟期果实外观、内质的变化。

二、材料及用具

（一）材料

苹果、梨。

（二）用具

果实比色板，手持折光仪，硬度计，榨汁机，碱式滴定管，锥形瓶。

（三）试剂

0.1 mo1/L NaOH溶液，1%酚酞试剂。

三、实验原理

果实在成熟过程中其生物学特性会发生一系列的变化，可以通过果实表面色泽、果实硬度、主要化学物质含量的变化、果梗脱离难易程度、果实形态、生长期和成熟特征来综合判定其成熟度。首先，一般果实成熟前，果皮中叶绿素含量较高，果皮呈绿色，成熟后果皮表面色泽会由绿色逐渐转变为果实固有的颜色。其次，果实的硬度会随着果实成熟度的增加果肉变软而逐渐减小。同时，果实的成熟与其所含有的一些化学物质含量的变化有关，如可溶性固形物含量、可滴定酸含量、固酸比、淀粉等，这些化学物质含量变化情况可以作为衡量果实成熟的依据，随着成熟度的增加，可滴定酸含量逐渐降低，而可溶性固形物含量逐渐增加。此外，果树有一定的生长时期和成熟特征，果实成熟时，可以通过果树从开花到成熟的时间以及成熟时的外观特征来判定。加之，果实成熟时果梗与果枝间形成离层，

果梗更易脱落，因此果梗脱离难易程度也可作为判定成熟度的特征之一。

四、内容和方法

（一）观察果皮底色

果实在成熟时会呈现出它固有的颜色。一般果实未成熟时果皮主要累积叶绿素，呈现青绿色。随着果实成熟度增加，叶绿素逐渐分解，类胡萝卜素、花青素等逐渐形成，表皮绿色减退，果实表现出其固有的颜色。将实验材料对照果实底色比色板进行比色，得出相应的数字级别。但果实表皮颜色的变化，除与自身的成熟度有关外，还与其生长的环境有关，所以只能作为确定成熟度的参考指标。

（二）果实硬度的测定

果实的硬度是指果肉抗外界压力的强弱，抗压力越强，果实的硬度越大；反之，硬度越小。一般未成熟的果实硬度较大，随着成熟度增加，果肉变软，硬度下降。果实硬度的测定采用手持硬度计。

1.去皮。将苹果和梨各取四个对称面，将果皮削掉。

2.对准测定部位。将手持硬度计压头与待测果面垂直放置。

3.加压。一手握紧果实，另一手持硬度计缓慢加压，直到果肉切面到达压头刻度线为止。

4.读数。读出硬度计上显示数据，即为果实的硬度。

（三）果实可溶性固形物含量、可滴定酸含量的测定

随着果实成熟，其主要化学物质的含量会发生变化，可根据这些成分变化来判断果实成熟度，常用的指标有可溶性固形物含量、可滴定酸含量、固酸比。

1. 果实可溶性固形物（TSS）含量的测定

采用手持折光仪。先将仪器用蒸馏水进行校准调零，取1～2滴果汁于折光仪镜面上，合上盖板，读数。

2. 可滴定酸（TA）含量的测定

采用酸碱滴定法。取5 mL果汁于三角瓶中，加入2滴酚酞试剂，用0.1 mo1/L NaOH溶液滴定，直至呈淡红色为止。记录下NaOH用量，重复3次计算公式为

$$TA(\%)=\frac{V\cdot C\cdot K}{W}\times 100$$

其中，V为滴定时消耗氢氧化钠的体积（mL）；C为氢氧化钠溶液的浓度（mo1/L）；W为样品体积（mL）；K为换算为适当酸之系数（按苹果酸计算，K为0.067）。

3. 固酸比

$$固酸比 = \frac{可溶性固形物含量}{可滴定酸含量}$$

五、作业与思考

1. 撰写实验报告一份，对实验结果进行分析讨论。
2. 选取一种果实，综合分析其成熟度的判断标准。

实践28　果实采收及预贮技术

一、目的要求

了解果实适时采收和预贮的目的和意义，掌握果实采收的方法，以及采后进行预贮处理的作用及技术要求。

二、实践内容

（一）果实采收

果实采收是生产的最后一个环节，也是采后贮藏的第一个环节，直接影响果实的贮运损耗、商品性能和贮藏效果，因此应选取最佳的果实采收时间和采收方法。

1. 适时采收

果实需在适宜的成熟度时进行采收，采收过早果实的大小、重量不达标，果实的风味、色泽和品质也不佳；采收过晚果实已过熟，则不宜贮运、不耐贮藏。采收时间的确定应综合考虑果实的特点、采收用途、运输距离和时间的长短、贮藏方法等因素。一般在生产地销售的果实，可适当晚采，需远距离运输、销售的则早采；对于有呼吸高峰的果实，则应在达到生理成熟或呼吸跃变前采收，如香蕉、猕猴桃。

2.采收方法

果实的采收有人工采收和机械采收两种方法。

（1）人工采收

人工采收具有灵活性强、机械损伤小的优点，鲜销和长期贮藏的果实一般采用此法，它也是目前世界各国采收果实的主要方法。具体的采收方法应根据果实的不同特点来定，同一棵树上的果实采摘顺序一般是由外向内、从下往上。如柑橘、葡萄等果实的果柄与枝条不易分离，多采用复剪法，并用采果剪进行采收，即先将果实从距离果蒂1cm果柄处剪下，再齐萼剪平，使其保留完整萼片，且在存放时不易刮伤、碰伤其他果实。苹果和梨等成熟时果梗易脱离果枝的果实，采收时用手握住果实，往上一托，即可自然脱落。成熟时较软的果实，如杏、水蜜桃、蓝莓等，采收时应注意避免划伤果实表面，可戴上手套小心托住果实，左右摇动或旋转使其脱落。采收香蕉时，应先切断假茎，让母株缓慢倒下，按住蕉穗切断果穗，不要擦伤、碰伤。此外，当同一株果树上的果实成熟度不一致时，可分批采收。

（2）机械采收

机械采收具有省时省力，提高采收效率，降低采收成本等优点。适用于成熟时果梗与果枝之间易形成离层的果实种类，一般采用强风压或强力振动机械，使得果实脱落到柔软的传送带或帆布袋中，并自动将果实运送到分级包装机内。但机械采收的果实易发生机械损伤，影响果实商品性、运输和贮藏效果，因此目前机械采收主要用于成熟度相对一致，采收后即进行加工的果实，如苹果、葡萄、柑橘、矮丛蓝莓等。此外，为了便于机械采收，采收前可喷施果实催熟和脱落剂，以提高采收效果，如使用乙烯利、萘乙酸等。

（二）预贮技术

新鲜的果实采收后含有大量的水分和热量，并持续进行呼吸作用，必须及时降温，排除田间热和过多的水分，并愈合采收过程中造成的机械损伤，才能提升果实的贮藏性。预贮是果实采后重要的预处理环节，一般用于含水量高、生理作用旺盛的果实。如不经预贮直接入库贮藏或运输，就会增大库内或运输车内温度和相对湿度，导致果实大量腐烂。

果实的预贮方法有晾晒处理和低温预贮。晾晒也称贮前干燥或萎蔫处理。如柑橘，在采收后，采用分筐或摊放的方式，在干燥、通风良好、温度较低、无阳光直射的场地内存放。若是形小、皮薄的果实，可装筐呈品字形堆放，注意通风；形大、皮厚的橘果，因散热、失水、果皮软化都较慢，可在地面摊放。柑橘的预贮时间因品种而异，一般3～5d；果大、皮厚的品种，可预贮半个月左右。

低温预贮是果实在冷藏前置于略高于冷害临界温度下贮藏一段时间，以增强果实抵御低温冷害能力的一种贮藏方法，这一技术的关键要素是预贮温度与贮藏温度的温差及预贮温度下预贮时间的长短。适当的预贮处理可有效减轻桃、葡萄、杧果、梨、猕猴桃、枇杷等果实的低温冷害症状和腐烂。如黑宝石李可采用8℃预贮结合MA包装5 d后再进入0℃冷藏，可以延缓果实品质的下降，有效改善黑宝石李的贮藏性能。

三、材料用具

（一）材料

选附近管理正常的果园，如蓝莓园、柑橘园、桃园等。

（二）用具

枝果剪，塑料筐，塑料薄膜。

四、作业与思考

思考和整理一种果实的采收技术和预贮方法，包括采收期的确定、果实成熟的特征、采收前的准备、采收方法及注意事项，以及选取合适的预贮的方式和环境条件。

实践29　果实感观品质评价技术

一、目的要求

了解主要果实感官品质的构成和鉴定的主要内容，能够正确描述果实的外观、质地、风味，综合评价果实的感官品质。通过实践学会正确使用糖度计、硬度计、游标卡尺等仪器。

二、材料和用具

（一）材料

苹、梨、香蕉、柑橘、柚子、葡萄等常见水果。

（二）用具

游标卡尺，手持折光仪，果实硬度计，电子天平，水果刀等。

三、内容与方法

（一）外观品质评价

1. 色泽：重要的果实外观品质。观察果实底色的色泽饱满程度，是否达到成熟果实所特有的色泽。记载颜色的种类、深浅以及占果实表面积的百分数。可通过色差仪测定果皮L^*值、a^*值、b^*值和饱和度℃。

2.大小：可用果径或重量表示。果径指果实最大横切面的直径，重量可用单果重或者单位重量的产品个数来表示。

3. 形状：用果形指数表示，果形指数＝果实纵径／横径。果形端正的果实发育正常，品质好。

4. 缺陷：果实表面缺陷主要有果锈、斑点、裂果、病害、虫害伤、日烧、机械伤等。果锈指果面上网状或块状锈斑，锈斑颜色浅、不明显、不粗糙、不超过等级标准规定范围的浅色锈斑可认定为轻微果锈。病害指引起果实腐烂、影响食用价值的病害，如杧果炭疽病、苹果轮纹病和苦痘病等。日烧指果实受强光照射造成的损伤，致使果皮出现发白、变褐的斑块。

（二）质地评价

1. 果实硬度。使用硬度计测量果实硬度。

2. 脆性和纤维量。纤维素含量高、果胶含量低的果实脆性低；含量适中，果实脆嫩，品质好。可通过品尝感受果实脆性。

3. 可食率和出汁率。可食率等于可食部分重量占总果重的百分比。出汁率为榨出果汁重量占总果重的百分比。

（二）风味评价

1. 甜度。甜味主要与果实含糖量有关，可用手持折光仪测定可溶性固形物含量。

2. 酸味。果实的酸味与糖酸比或含酸量有关。可采用酸碱滴定法测定果汁中可滴定酸含量。

3. 苦味和涩味。苦味与果实中生物碱或葡萄糖苷有关，涩味主要是可溶性单宁引起。

四、实验步骤

1. 拟定评分标准。不同果树的种类、品种的果实特点不同，鉴定重点各有侧重，应参照果实感官品质商业标准制定评分标准，对各因素在品质评价中所起的作用给予不同的加权系数，经评价后使结果数量化，再经统计分析果品间的差异。

2. 样品准备。每种果实随机挑选不少于20个（串）果，单果编号排列测定。

3. 根据评分标准和记载项目按次序测评：

（1）果实外观品质观察和测定。包括色泽、大小、形状、有无缺陷；

（2）果实质地评价。如硬度、脆度、韧性、沙性、可食率、出汁率等；

（3）果实风味评价。如甜味、酸味、苦味、涩味以及香气等。

五、作业

选取两种果品进行感官品质鉴定，制定评分标准并进行评分和评价。

实践30 果实分级与包装技术

一、目的要求

通过果实的分级和包装，可使产品达到标准化，提高商品价值，保证果实的安全运输和贮藏。通过本实践了解果实分级和包装的目的和意义，理解果品分级的国家标准，掌握主要的果实分级方法和包装技术。

二、材料和用具

（一）材料

红富士苹果。

（二）用具

游标卡尺，电子天平，等级标签，塑料筐，纸箱，包裹纸，抗压托盘，称垫物，选果板。

三、内容与方法

（一）分级

分级是根据果实的大小、色泽、形状、成熟度、新鲜度、质量、病虫害和机械伤等商品性状，按照国家标准或其他标准进行严格挑选、分级，除去不符合标准的部分，便于果实包装和运输的一种商品化处理技术。通过分级挑选，可剔除残次品果实，实现按级定价、优质优价，提高果实商品品质。

国外果实等级标准分为国际标准、国家标准、协会标准和企业标准，我国则分为国家标准、行业标准、地方标准和企业标准。水果分级标准因不同种类和品种而异，目前常用的方法为在大小、色泽、形状、成熟度、新鲜度、质量、病虫害和机械伤等商品性状已符合商品要求的基础上，再根据果实大小进行分级，即果实横径最大部分分为若干等级，果形不整齐的种类可用重量来分组。

分级通常在采后进行，将有病虫害、机械伤、畸形等的残次果剔除后，清洗干净，按照分级标准进行分级。分级的方法主要有人工分级和机械分级两种。人工分级普遍采用两种方法：一是凭借工作人员的丰富经验，从外表进行判断，这种方法受主观意识影响较大，故而存在偏差；二是选用果板分级，根据果实大小和着色面积进行分级。人工分级的优点在于可减少果实的机械损伤，缺点是工作效率低。机械分级在果实表面色泽、表面完整性等外观检测方面效率更高，有形状分选装置、质量分级装置、颜色分选装置和综合分选装置等。

（二）包装

包装是采用适当的材料或容器使果品在贮运和销售过程中保持其鲜活度和完整性，是果品标准化、商品化，保证安全运输和贮藏的重要技术手段。包装的容器和材料种类很多，容器主要有筐类、纸箱、塑料箱、网袋，包装材料有包裹纸、抗压托盘、称垫物等。

四、实验步骤

1. 查找鲜苹果的国家分级标准（GB/T 10651-2008），整理出红富士苹果等级规格标准和等级色泽要求。

2. 整理和挑选。剔除有机械伤、病虫害、外观畸形的果实，检查果实是否满足国标中质量方面的基本要求，即具有本品中固有的特征和风味，具有适于市场销售或贮存要求的成熟度，果实完整、新鲜洁净无异味和不带有非正常的外来水分。

3. 人工分级。根据分级标准，采用选果板、卡尺等工具对果实进行分级，分出优等品、一等品和二等品，并贴上相应等级标签。

4. 包装。将不同等级的苹果单果用塑料网兜包裹，分别装入不同的纸箱。在纸箱内衬PE保鲜袋，底部铺设抗压托盘，将苹果整齐排列在托盘固定的凹坑中，并用隔纸板将单果隔开；每箱铺设两层，层与层之间用抗压托盘隔开，最后将纸箱封口处用包装胶带固定。

五、作业与思考

查看苹果机械分级和包装的自动化流程，了解机械分级原理，并撰写报告一份。

实践31　果实涂蜡技术

一、目的要求

了解果实涂蜡的原理，学习掌握果实涂蜡的技术方法。

二、实验原理

涂蜡是果实采后商品化处理的重要环节，是提高商品品质的重要手段。果实采收后仍是鲜活的有机体，继续进行呼吸作用，会消耗养分和水分，使果实商品性下降。涂蜡也称涂膜、打蜡，是利用蜡液或水果被膜剂，覆盖在果实表面；可减少水分损失和微生物的侵染，抑制气体交换；使果实保鲜、耐贮，并可改善外观品质，增加果实光洁度和亮度，大大提高果实的商品价值。

果蜡在商业上已广泛应用于苹果、梨、柑橘、油桃等产品，使用的涂膜剂大多数以石蜡和巴西棕榈蜡为主要材料，石蜡可以减少果实表面水分流失，巴西棕榈蜡能增加光泽度。可食性涂膜因具有良好的透气性、阻水性、无色、无味、无毒的优点，近年来在国内外也得到广泛的应用，包括多糖膜、蛋白质膜、脂质膜和复合膜。发达国家的果蜡制备和保鲜技术研究较为成熟，大多数国家和地区都有自己的果蜡专利产品。目前国内外市场上应用较广泛的果蜡包括壳聚糖果蜡、虫胶蜡、纳米硅基氧化物（Si Ox）、保鲜果蜡、CCF果蜡等。

三、材料和用具

（一）材料

苹果、柑橘。

（二）用具

商业蜡，棉布，塑料网套，柑橘塑料包装袋，纸箱。

四、实验步骤

1. 蜡液的选择。蜡液必须是食品级，所用原料为可食用的，或正规厂家生产经过市场认证的成品果蜡。在蜡液的性能上，应能够保证处理后果实表面的光泽度，且能降低果实的失重率，防止水分流失。

2. 果实涂蜡前处理。首先进行选果，剔除有机械伤、病虫害、畸形、残次的果实，用清水清洗后晾干。

3. 上蜡。蜡液处理有人工和机械两种方式，人工上蜡用海绵或棉布蘸上蜡液均匀涂于果实表面。商业上一般采用机械上蜡，有大型的水果采后生产线和小型的打蜡机，果实通过机器时，有毛刷涂蜡或直接喷蜡。

4. 涂蜡后的管理。将打蜡后的苹果用塑料网套包装后装入纸箱，柑橘用塑料包装袋单个包装后装入纸箱，在常温下贮藏。每隔两天观察果实表皮变化情况，观察是否发生皱缩、干瘪、病害，同时测定果实失重率、好果率。

实践32　果实催熟与脱涩技术

一、目的要求

通过本实验了解果实催熟和脱涩的原理，掌握果蔬常用催熟和脱涩的方法，并观察比对各方法技术催熟及脱涩效果。

二、材料和试剂用具

（一）材料

绿香蕉（未催熟处理），柿子（未脱涩）。

（二）试剂

乙烯利，石灰。

（三）仪器

恒温箱，干燥器。

三、内容与方法

（一）香蕉催熟

采用乙烯利催熟的方法。将乙烯利配制成1000～2000mg/kg的水溶液，取已长到六七成熟的香蕉浸泡在乙烯溶液中，随即取出晾干，后装入PE袋中置于25℃恒温箱中，观察香蕉脱涩及色泽变化。同时，设置对照组，将同样成熟度的香蕉置于清水中浸泡后取出晾干，后置于同样环境中。

（二）柿子脱涩

1. 温水脱涩：取10个未脱涩柿子置于容器中，加入45℃的温水将柿子淹没，置于恒温箱中保温，40℃，处理14 h，取出检查柿子还有无涩味。如未脱涩，再继续处理6～10h，并继续观察，脱涩即可取出。

2. 混果脱涩：将10个未脱涩柿子和2个苹果混在干燥器中密闭，置于20℃恒温培养箱中，经4～7 d后，取出柿子检查脱涩效果及品质变化。

3. 石灰水脱涩：取石灰0.3 kg，倒入10 kg水混匀，静置5 min，取上清液并将

10个柿子混入，经4～7 d取出，检查脱涩效果及其品质。

4. 乙烯利脱涩：将10个柿子浸泡在250～500mg/kg的乙烯利溶液中1min，取出室温下晾干，装入PE袋中，置于20℃恒温箱中，经3～5d取出。

5. 真空包装脱涩：通过真空包装柿果实，使其在贮藏过程中处于低O_2高CO_2、有一定湿度的环境中，从而减少柿果中乙烯的产生和营养成分的消耗，使涩味消失。将10个柿子用0.1mm的聚乙烯膜（PE）袋进行单果包装，然后抽真空，保持真空度为0.08 MPa，常温贮藏，经3～5d取出。

四、结果与分析

催熟（脱涩）前后果实品质比较

果实名称	处理方法	处理时间	果实变化情况（涩味、脆度、果皮颜色等）

五、作业

1. 分析对比不同催熟脱涩处理方法的效果和果实品质的变化。
2. 设计两种果实的催熟和脱涩流程。

实践33　货架堆码技术

一、目的要求

通过本实验了解货物堆码的技术原理，掌握果蔬常用的堆码方法。

二、实验原理

随着社会和经济的发展，人们对鲜食果蔬的需求不断增加，低温冷藏库和冷藏运输工具的应用也越发广泛。温度是影响果蔬冷藏的重要因素，贮藏环境内温度分布均匀度会影响贮藏效果，而货物的堆码方式则会影响冷库或冷藏箱内实际降温过程和温度分布均匀度。合理的货物堆码方式有利于果蔬贮藏或运输中的有效保鲜。

三、材料和用具

（一）材料

柑橘、葡萄、苹果等常见水果。

（二）用具

塑料转运筐，纸箱，温度记录仪，托盘。

四、内容与方法

堆放的总要求“三离一隙”。“三离”指的是离墙、离地、离顶。一般产品堆放时也应距墙20～30cm。离地指的是产品不能直接堆放在地面上，用垫仓板或托盘架空可以使冷空气能在垛下形成循环，保持贮藏环境中各部位温度均匀一致。应控制堆的高度不要离顶部太近，一般原则是离顶部0.5～0.8m，或者低于冷风管道送风口30～40cm。

“一隙”是指垛与垛之间及垛内要留有一定的空隙，使冷空气进入垛间和垛内，能有效避免货物内部呼吸热的积聚。垛内留空隙的多少与垛的大小、堆码的方式密切相关。一般来说，间隔距离越大，间隙内空气流通量越大，降低货物内部呼吸热的速度越快，温度场分布越均匀合理；但是当增大到一定程度，会形成局部低温漩涡区，不利于冷空气的循环流通。因此，在实际贮藏和运输过程中，应综合考虑货物与顶部、下部以及壁面的间距，及货物装载的稳定性，选择合适的中间间隔。

常见的货物堆码方式有重叠式、压缝式、通风式、旋转交错式、纵横交叠式等垛型。

重叠式堆码：各层码放方式相同，上下对应，层与层之间不交错堆叠，便于人工和机械操作。承压能力大，但稳定性较差，易发生坍塌。

压缝式堆码：一层横放，一层直放，两层横直交错的堆垛方法。即上层包装压在下层两箱缝上。稳固，不易倒垛。

通风式堆码：即“品”字形堆码方式，咬合效果好，利于空气流通和循环，能快速降低产品产生的田间热。

旋转交错式：第一层相邻的两个包装体互为90°，两层间堆积又相差180°，两层之间咬合强度高，货体的稳定性较好，不易塌垛，但堆积的难度较大。

纵横交错式堆码：一层横向放置，另一层纵向放置。每层间有一定的咬合效果，但咬合强度不高。适合自动装盘堆码操作。

五、实验步骤

1. 根据贮藏水果类别和冷库大小设计货物堆码要求。确定包装容器、货位、堆码形式、堆码数量以及堆码高度。

2. 将水果装入包装容器（纸箱或者转运筐）中，选取两种堆码形式进行堆码。

3. 在码垛的上部、中部、下部放置温度记录仪，观察不同堆码方式各部位的温度变化情况，同时观察冷库的温度变化情况。

4. 对比两种堆码方式的贮藏效果。入库后，定期检测不同堆码方式各部位水果的质量损失率，观察果皮皱缩、病害发生情况，测定好果率。

六、作业及思考

撰写不同堆垛方式对果实贮藏效果的影响及对比分析报告。

实践34 果实保鲜处理技术

一、目的要求

了解果实贮藏保鲜的目的和意义，掌握果实主要的保鲜处理方式和方法。

二、实践内容与方法

（一）物理保鲜技术

1. 低温贮藏保鲜

温度是决定果实采收后贮藏品质的决定因素之一，温度越低，果实的生理代谢活动越弱，能有效延缓果实品质下降。低温保鲜技术首先通过确定果实的冰点，再加上配套的自动化的制冷设施，降低贮藏环境温度，以抑制果实采后生理活动，从而到达保鲜的目的。低温保鲜是市场上最主要的果实保鲜技术，具有便于使用、保鲜效果好、保鲜时间长等特点。不同果实对温度的敏感性不同，最适贮藏温度也不同，贮藏温度并非越低越好。温度低于最适贮藏温度，果实易发生冷害，温度过高则会缩短贮藏时间。常见果实的低温贮藏条件如下表所示。

表1　常见果实的低温贮藏条件表

产品	冷藏温度／℃	相对湿度／%
苹果	−1～4	90～95
杏	−0.5～0	90～95
桃	−0.5～0	90～95
西洋梨	−1.5～0.5	90～95
雪梨	0～1	90～95
青香蕉	13～14	90～95
龙眼	1.5	90～95
荔枝	1.5	90～95
杧果	13	85～90
柑橘	4	90～95
猕猴桃	0	90～95
枇杷	0	90
蓝莓	0	90～95

2. 气调贮藏保鲜

气调贮藏是目前较为先进的贮藏保鲜技术之一，它通过调节O_2浓度、CO_2浓度、乙烯浓度等，配以适宜的低温来降低果蔬呼吸代谢，抑制微生物侵染，最大限度地保持果实原有风味和品质，延长其贮藏寿命。气调贮藏效果较好的果实有苹果、猕猴桃、桃、香蕉等。

自发气调包装是采用塑料薄膜对果实进行包装，通过果实自身的呼吸作用，逐渐使包装内变为高CO_2低O_2浓度的气体环境条件，从而抑制有害微生物繁殖，延缓果实呼吸消耗进程，达到保鲜目的的一种保鲜技术。因其便捷、环保、适于运输、能延长货架期等特点，近些年在国内外果蔬保鲜中被广泛应用。常见的包装保鲜膜有聚乙烯（PE）薄膜、聚氯乙烯（PVC）膜、聚丙烯薄膜、聚烯烃膜（PO）等，贮藏效果与薄膜厚度、膜透气性有关。

3. 低剂量辐射保鲜

目前采用较多的辐射保鲜方法是紫外线杀菌和超声波处理。短波（190～280 nm）紫外线可以破坏细菌的DNA和RNA结构进而杀死细菌，可降低贮藏期间果实病害的发生，从而延长果实的贮藏期。超声波处理可杀灭病原菌的同时，对果实进行机械清洗除尘，主要利用原理是超声波处理产生空化作用，使果实表面产生局部的高压和高温，生成自由基，形成过氧化氢，杀灭病原菌。

（二）化学保鲜技术

1. 涂膜保鲜

该方法是利用蜡液或水果被膜剂等容易成膜的物质，覆盖在果实表面，干燥后形成均匀的膜，抑制果实呼吸作用，减少营养物质损耗，增加果蔬表面光洁度，隔离微生物侵染，从而提高果蔬品质，延缓果蔬后熟老化，达到保鲜的目的。具体方法可参见实践31。

2. 1-甲基环丙烯（1-MCP）保鲜

1-甲基环丙烯是一种乙烯受体抑制剂，对于呼吸跃变型果实保鲜效果显著。它以不可逆的方式与乙烯受体蛋白结合，阻断乙烯与受体结合，抑制果实的呼吸跃变、呼吸强度、乙烯生成速率等生理生化反应，从而延缓果实衰老进程。

3. 乙烯吸收剂保鲜

乙烯吸收剂主要通过吸收果实贮藏环境中的乙烯，降低O_2的含量或脱除过多的CO_2而抑制果蔬的后熟，以达到保鲜的目的，常与薄膜包装一起使用，保鲜效果较好。常见的乙烯吸收剂主要分为物理吸附剂与化学反应剂两部分。物理吸附剂主要是一类具有多孔结构的矿物质、活性炭、分子筛以及合成树脂等物质，常作吸收乙烯的载体。乙烯化学反应剂是指与乙烯反应，能够使外源乙烯被脱除的一类物质。常见的有高锰酸钾、过氧化氢和过氧化钙等。

三、材料和用具

（一）材料

苹果，香蕉，猕猴桃，蓝莓等。

（二）用具和试剂

低温贮藏库，PE保鲜袋，1-MCP，高锰酸钾。

四、实践步骤

果实保鲜方式和方法较多，可选取以上方法中的一种或综合几种方法，本实践以香蕉贮藏保鲜技术为例。

香蕉属于热带水果，是典型的呼吸跃变型果实。由于商业需求和后熟的特点，贮运的香蕉在七八成成熟即采收，常采用低温贮藏的方式保鲜，但香蕉既怕冷又怕热，对低温十分敏感，容易发生冷害，一般贮藏温度为11℃～13℃。

1. 采收处理。去轴留梳后，剔除有机械伤、病虫害的蕉果，随后进行清洗和杀菌处理，将香蕉置于45%咪鲜胺水乳剂450～900倍液浸果2min后晾干。

2. 包装。将纸箱内衬0.03～0.04mm厚的聚乙烯薄膜袋，10kg一袋，将香蕉整齐堆放在纸箱内，扎口。为防止贮藏过程中袋内乙烯和CO_2的积累，造成果实成熟速度加快以及高CO_2浓度伤害，在袋内放置乙烯吸收剂和CO_2吸收剂。本实践采用吸收饱和的高锰酸钾碎砖块200g和消石灰100g。

3. 低温贮藏。将包装好的香蕉置于12℃的冷库内，注意箱体的堆码，同时设置对照，即常温贮藏方式，将同样数量的香蕉置于常温条件下，观察对比两种不同温度贮藏，香蕉的耐贮性差异。

五、作业和思考

对比分析低温贮藏和常温贮藏香蕉果实的贮藏时间、转色期、品质的差异。

实践35 冷库贮藏管理技术

一、目的要求

了解冷库降温的原理，冷却系统的类别，掌握消毒、温度控制、湿度调节和定时通风等主要管理技术的要点。

二、冷库降温原理

冷库是在有良好隔热性能的库房内，配备制冷系统，将库内温度、湿度等环境条件稳定地控制在产品贮藏的最适状态。制冷系统是在一定的压力和温度下使制冷剂、液态制冷剂气化，吸收周围环境中的热量，使之降温，同时通过压缩机的作用，将气化的制冷剂加压并降温，使之液化进入下一个气化过程。冷库冷却系统一般分为直接（蒸发）冷却系统、盐水冷却系统、鼓风机冷却系统。

三、实践内容

冷库的管理主要包括消毒、温度控制、湿度调节和定时通风等环节。

（一）消毒

冷库在使用前后需进行全面消毒，防止有害微生物污染引起冷库中果蔬腐烂变质。常用的消毒方法有以下几种。

1. 乳酸消毒。将浓度为80%～90%的乳酸和水等量混合，比例为1m^3库容：1mL乳酸混合液，将混合液加热蒸发，闭门熏蒸6～24h，然后开库使用。

2. 过氧乙酸消毒：采用加热熏蒸法，用量为20%的过氧乙酸每1m^3库容用5～10mL，因过氧乙酸有腐蚀性，用时应注意对器械、冷风机和人体的防护。

3. 漂白粉消毒；将含有效氯25%～30%的漂白粉配成10%的溶液，用上清液按 $1m^3$库容40mL的用量喷雾。使用时注意防护，使用后库房必须通风、换气、除味。

4. 硫黄熏蒸消毒：用量为 $1m^3$库容用硫黄5～10g，加入适量锯末，置于陶瓷器皿中制燃，密闭熏蒸24～48h后，彻底通风换气。

（二）温度

冷库的温度控制包括入库期间快速降温、贮藏期间维持温度稳定和库内稳定场均匀。

1. 入库期间快速降温。入库产品的品温与库温的差别越小越有利于快速将贮藏产品冷却到最适贮藏温度。延迟入库、库温下降缓慢，会缩短贮藏产品的贮藏寿命。要做到温差小，就要从采摘时间、运输以及散热预冷等方面采取措施。

2. 贮藏期间维持温度稳定。要维持温度的稳定，除了配备与库容相当的精准制冷设备和采用隔热性能良好的隔热防潮层，还要根据冷冻机的制冷能力合理安排每天的入库量，通常不超过库容量的10%。入库时，最好将果蔬尽可能分散堆放，以使其迅速降温，当降到某一要求低温时再将产品堆垛到要求的高度。

3. 库内稳定场均匀。可在库内安装鼓风机械，或采用鼓风冷却系统加强库内空气的流通，利于温度均匀分布。此外，要科学堆码。堆码的原则是保证库内空气循环较好，在使各部位温度均匀一致的前提下，尽可能多地存放产品，且方便产品进出。

（三）湿度

相对湿度是某一温度下空气中水蒸气的饱和程度。空气温度越高则其容纳水蒸气的能力越强，贮藏产品失重会加快。冷库的相对湿度一般维持在80%～90%时，才能使贮藏产品不致失水萎蔫。要维持冷库的高湿环境，可在冷库中安装加湿设备，如喷雾管道，将水以雾状微粒喷到空气中去，或者给产品采用塑料薄膜包装。

（四）通风

果蔬产品在贮藏期间会释放出许多有害物质，如乙烯、CO_2等，当乙烯积累到一定浓度后，会促进果实成熟衰老，CO_2浓度过高容易引起产品生理失调和品质劣变，所以冷库需要通风换气。冷库一般选择在气温较低的早晨进行通风换气：雨天、雾天等外界湿度过大时不宜通风，以免库内温湿度的剧烈变化。

四、材料和用具

（一）材料

苹果，香蕉，梨等。

（二）用具和试剂

低温贮藏库，PE保鲜袋，乳酸，硫黄等。

五、作业思考

选取一种果实设计低温贮藏管理技术方案，并对比果实贮藏效果差异。

第二部分

蔬 菜 篇

YUANYI CHANG DI JINGYING YU GUANLI

第一章　建园技术

实践1　蔬菜场地的规划布局

一、目的要求

通过本次实验，掌握蔬菜场地规划的一般方法，以及大棚、温室的规划与建设要求。

二、实践内容

（一）调查原则

塑料大棚和日光温室是利用“温室效应”原理来进行蔬菜生产的，同时在设计上考虑到采光与保温的要求，努力提高塑料大棚和日光温室的采光和保温性能。蔬菜种植园应根据用途及规模来安排规划的内容。

以露地生产为主的种植园在规划上主要考虑种植园的地理位置、交通条件、种植园内道路及相应灌排系统；以大棚生产为主的种植园在规划上应考虑大棚的规模、类型、方位、棚群布局、道路及灌排系统；以日光温室为主的种植园在规划上应考虑日光温室的类型，日光温室群的布局、道路、灌排系统，办公室，仓库及加工车间；以现代化温室为主的种植园在规划上应考虑现代化温室的类型、规模、布局、加降温系统以及道路、灌排系统，办公室，仓库，车库以及加工贮藏车间等；综合性种植园在规划上应考虑各种温室、大棚、露地种植的面积比例（依生产的蔬菜种类及市场供应而定）以及各附属设施的规划。

（二）步骤和方法

教师可根据实际生产情况选择1～2项内容进行实验。

1. 蔬菜种植园的设计

教师给出种植园的面积（长、宽），以及园中温室、大棚、露地的比例，种植园附属设施的种类及规模。

（1）先在设计图纸上划出园区的外框，然后将附属设施标出。

（2）根据各种设施的比例，确定布局。

2. 温室群的设计

（1）部位及走向。温室一般安排在园区的北侧，东西走向。

（2）温室规格。每栋日光温室的面积以300～800m^{2}为宜，东西延长50～100m，跨度6～8m，脊高2.7～3.5m。

（3）温室间距。温室间距可按下面公式计算。

①理论公式 $L=(D_1+D_2)\div\tan h9\times\mathrm{Cos}t9-(11+12)$

②经验公式 $L=(D_1+D_2)\times0.25\pm0.5$

式中，L为前后两排温室的间距；D_1为温室的脊高；D_2为卷起草苫的直径；$h9$为冬季上午9时的太阳高度角；$t9$为上午9时的太阳时角；11为后坡水平投影距离；12为后墙底宽。

（4）温室操作间。一般应在温室靠近道路的一端设置操作间，操作间规格以内净面积4m^2，长宽各2 m为宜。

3. 大棚群的设计

（1）部位及走向。大棚一般安排在园区的中、南部，亦可安排在园区一侧的北部，南北走向。

（2）大棚规格。每栋大棚的面积以300～800m^{2}为宜，南北延长40～60m，跨度依类型而定（见表1），棚间距2～4m。

表1　不同类型大棚的跨度和高跨比

类型	跨度(m)	高跨比
竹木结构大棚	12～14	1:(4.5～5.4)
钢材骨架空心式大棚	10	1:(3.8～4.8)
装配式薄壁镀锌骨架大棚	7～9	1:2.5

4. 供水系统

可按节水灌溉系统中的微灌系统进行设计，设计方法可参照实验26的相关内容。

5. 供电系统

主要供应照明、动力、电热加温的需要，在设计上应标明线路的走向及功率。

6. 交通系统

道路东西每四栋温室设一条南北主干道，每两栋温室间设一条南北次干道，南北每隔10栋温室设一条东西干道（见图2-1），干道宽6～8m，次干道宽3～6m。

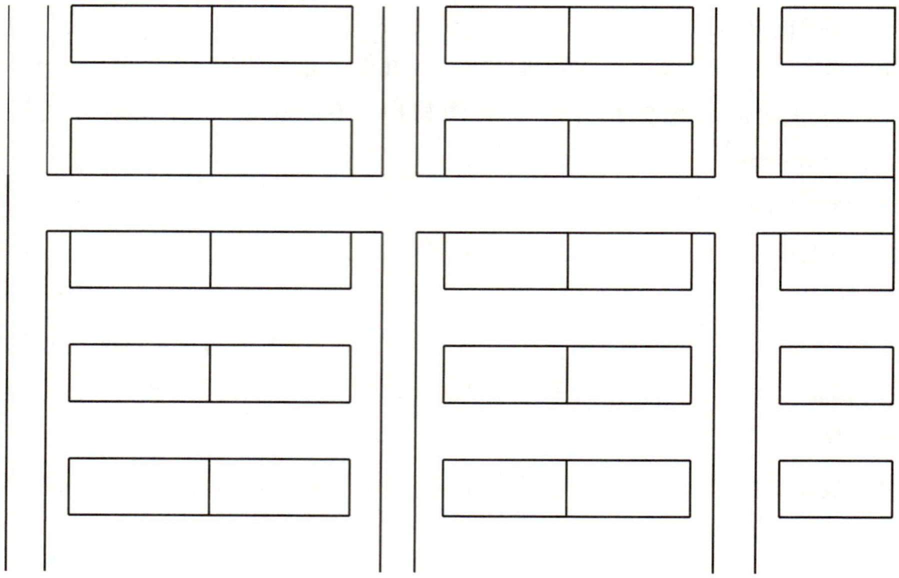

图2-1　温室群内道路示意图

（三）蔬菜种植园的调查

全班分成3～4个小组，以组为单位，对种植园进行调查。

1. 种植园的布局包括长、宽、道路、温室群、大棚群、露地及附属设施的大小、分布。

2. 大棚包括棚的大小（长、宽、脊高、面积），棚的拱杆、拉杆，压膜设施的用料规格及间距，棚门，放风口的设置部位及大小，棚的高跨比。

3. 温室包括坐落方位、规格（长、宽、高）、占地面积，栽培床面积，墙体（山、后墙）的厚度、高度，透明屋面及后屋面的角度、长度、用料及构成，立柱的高度、间距，拱杆的间距，高跨比，覆盖物（透明及不透明）的名称及规格（长、宽、厚），门的位置大小，加温设施的类型及设置。

（四）塑料大棚的设计与建造

1. 设计

设计方法及内容可参阅前一小节中有关内容。

2. 建造（以竹木结构大棚为例）

（1）埋立柱。按设计的部位，在头年上冻前埋好，入土深30～40cm。为增加立柱的牢固性，可在立柱下端钉一小横木，立柱纵向间距为2.5～3m。

（2）插绑拱杆。沿大棚两侧边线对准各排立柱对插两根拱杆，拱杆为宽4～5cm的竹片，插入土中30～40cm。两根拱杆在立柱的支撑下弯曲成弧形，在中间对接，接口要绑牢绑平。

（3）绑拉杆。棚架做好后，在距立柱上端10～15cm处纵向捆绑3～4cm粗的竹木拉杆，加固棚架，悬梁吊柱大棚的梁（即拉杆）应用直径6～8cm的竹木杆，相邻两行立柱间的拱杆用小吊柱支撑在梁上。

（4）扣膜。扣膜前先设好地锚，备好薄膜，一般用三块膜或四块膜扣法，两侧膜埋土20～30cm，两膜重叠20～30cm，膜扣好后及时加设压膜线。

（五）日光温室的设计与建造

1. 日光温室的设计

设计方法及内容可参阅（一）中有关内容，或选用当地的设计建造标准。

2. 日光温室的建造（以拱圆形钢筋结构日光温室为例）

（1）温室的规格（见图2-2）

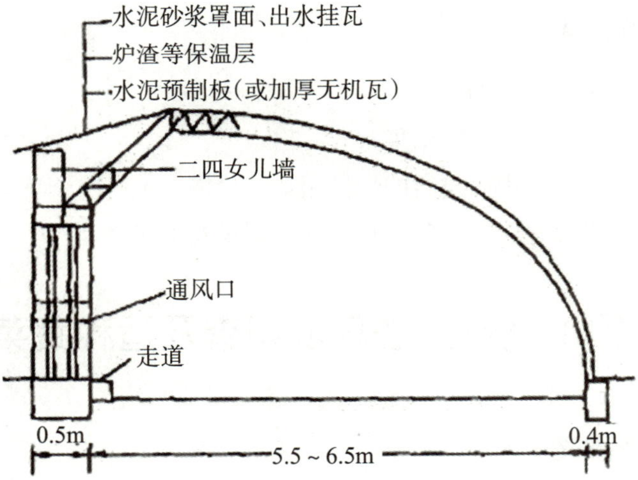

图2-2 拱圆形钢筋结构日光温室

（2）墙体的建造。地基应为30～50cm的石头或砖地基，地基上为双二四墙加一二墙空心形成的六〇墙或3个一二墙拉成双空心五〇墙，每隔1m有砖跺横拉连接，顶部3～5层砖封顶不做空心，并留钢筋预埋件。空心部分填充珍珠岩、锯末等保温材料。前墙基座深40cm、宽50cm，每3m留一个钢筋预埋件，作固定骨架用。

（3）拱架的安装。先在东西山墙贴墙固定安放两片钢筋拱架，以这两个钢筋拱架的顶端为基准，拉一条标准高度水平线。拱架的前端设一地梁（角钢），拱架后坡部分设两道天梁（角钢），分别焊接牢固。骨架前拱部分，分两道用直径12mm圆钢或12.7mm钢管横拉，与拱架下拱焊接，作为拉梁。

（4）搭后坡。后坡搭厚4cm、宽1m的自制水泥预制板，然后砌“女儿墙”，“女儿墙”为二四墙，高度低于脊高20cm。后坡顶上添炉渣或碎石等保温轻质材料，最后顶上用水泥沙浆抹光。

（5）上膜。采用三块膜扣法上膜。

（6）上草苫。草苫选用稻草苫或蒲草苫，上草苫从一侧开始，两苫重叠20~30cm，每块草苫下放两根绳子，作拉苫放苫用。

（六）观看蔬菜种植园规划与建设的录像资料。

三、材料用具

1. 种植园的设计用具：图板、直尺、计算器等。
2. 结构调查用具：皮尺、钢卷尺、测角仪等。
3. 蔬菜种植园实地。
4. 温室、大棚建造与施工的录像或光盘资料。

四、作业与思考

1. 绘制蔬菜种植园设计图。
2. 列表填写蔬菜种植园调查结果。
3. 列表统计大棚建造中各材料的规格用量及价格。
4. 列表统计日光温室建造中各材料的规格用量及价格。

实践2　园地气候生态环境调查及适种蔬菜的筛选

一、目的及意义

掌握园地小气候特点及其对作物生育的影响，并学会园地小气候的观测方法，为今后的研究及应用打下基础。

二、实验内容

1. 温、湿度分布

（1）在园地中部选一纵剖面，设五排测点，排与排间距相等，两边的一排距棚边0.5m，位置定后各测点插两根竹竿，以便设温度表。各排不同高度温度表的设置：感应球底部均距地面20cm，感应球顶部均距薄膜20cm；每排其余温度表按照上下两点间距，以平均距离设置一两个点；杆上每点均设1支干球温度表和1支湿球温度表。

（2）在园地1m高处选一横断面，按东、中、西和南、中、北设置7个测点。每测点设1台自记温度计和湿度计。

（3）在园地内按上一步骤的方法再确定7个测点，地面设地面温度表、最高最低温度表，并埋入5cm、10cm、15cm、25cm地温表。

（4）在露地相应高度应设对照测点各测点，设干湿球温度表或自记温度计和湿度计。观测时间：上午8：00、中午14：00、晚上20：00。

2. 光照

光照分布的测点选择、观测时间与温湿度观测一样，观测时间也可在正午进行。

3. 观测记载

各测点温度表读数时来回各读1次，光照强度来回各测1次，两次读数均记入表内并求出平均值。地温可只读1次。

温湿度日变化可记录园地1m高处的温湿度变化情况，记录2：00、6：00、10：00、14：00、18：00、22：00不同时间的温湿度。

三、用具

通风干湿球温度计、照度计、曲管地温表、地面温度表、最高最低温度表、自记温度计和湿度计（均为日记）、线绳、纱布、竹竿、钢卷尺、铁铲等。

四、作业与思考

1. 观测结果填入自制表格。
2. 根据观测温度绘制园地断面等温线图，并简述其分布规律。
3. 绘制园地断面图，标出各位置的光照强度，并标出露地同一时间的光照强度。
4. 简述园地内湿度分布及温室内湿度日变化规律。

实验3 蔬菜市场调查、种植计划、经济预算及收益预测

一、目的要求

对本地及周边蔬菜销售市场进行深入调查、认真分析和科学预测，据此制订来年蔬菜种植计划，是蔬菜种植户获得高效益至关重要的措施。

二、材料与用具

1. 材料

以当地市场作为市场调查对象。

2. 用具

记录本、笔、电脑。

三、实验内容与方法

（一 ）调查500km以内的蔬菜产销市场情况

据研究，目前国内蔬菜产地与销地的有效运输距离为500km，超过500km则蔬菜运输显著困难，运输成本明显增加，产销地之间蔬菜价格差异悬殊，其价格信息反馈也十分迟缓，一般不宜当作生产决策的依据。

（二）市场调查要多看、多问、多思

进行市场调查时，受调查的蔬菜经销商一般应不少于10家，且宜尽量选择了解进货量大的经销商的情况，并做好记录。调查范围包括栽培形式、栽培成本、产量和销售情况等。首先要询问当月的情况，搞清楚当月上市的蔬菜种类以何种形式栽培。如果是露天栽培，是否铺地膜；如果是设施栽培，是否选择了大棚、防虫网等。首先，每种栽培形式的成本是多少，产量有多高，是否运往外地销售，在外地销售情况如何，每次每吨运输费多少，运输安全性如何，等等；其次，要对本年度前几个月的蔬菜批销情况进行调查，并做好记录；最后，还要认真调查该市场前两年的销售情况，除了仔细询问市场里的经销商，直接获得蔬菜供求信息外，还应通过市场管理部门了解蔬菜批销的官方统计数据，使调查信息更全面、系统、准确。

（三）可参阅有关报刊、网络信息互相补充

菜农可订阅一些当地有关农业报刊，既可学到蔬菜栽培技术，又可了解有关专家和业内人士对蔬菜市场的分析。菜农只要将距离当地最近的批发市场蔬菜价格信息收集起来，与自己直接调查的结果相对照、分析，也可作为决策的依据，有条件的还可以在网上查询有关市场行情。

（四）对调查信息进行综合分析

调查结束后，要对所采集的信息进行综合分析。将各种数据分类整理，并算出平均值，其中销售价格和供求关系要重点统计。将数据分类整理后，如果发现当月蔬菜的市场售价较高，并且很畅销，那么可以初步考虑来年试种一茬上市。但市场变化往往变化莫测，切忌机械地将上年的市场价格用来指导安排下年的蔬菜生产。

（五）根据年间蔬菜价格走向做进一步判断

据研究，目前国内蔬菜价格走向可分为两种类型，一种是年间价格剧变式，一种是年间价格缓变式；年间价格剧变式的蔬菜价格变动超过30%，年间价格缓变式的蔬菜价格在15%以内浮动。

如果某种蔬菜在某蔬菜市场近3年同一时期的销售变动不超过15%，则可以判定这是典型的年间价格缓变式蔬菜类型，来年同时期的销售情况也不会有大的变化，种植计划可按此制订。这种情况主要表现在一些大宗的大路菜或技术含量较高的设施栽培方面，价格变动相对不大，如一般的辣椒、茄子、南瓜、冬瓜、豇豆以及大棚设施早春蔬菜种植等。

如果某种蔬菜在某蔬菜市场近3年同一时期价格变动超过30%，则可判定为典型的年间价格剧变式蔬菜。出现这种现象的原因在于：根据现有国情，短程的产地销蔬菜是蔬菜市场的运营主体形式，这种形式在目前运销条件下对菜农的反馈最为直接快速，并形成广泛影响，而这种价格反馈实际上属于市场的盲目调节，易导致大量菜农跟风。因此，一旦某种蔬菜在某一市场形成年间价格剧变式，它就会在未来至少3年内以这种形式运转，特别是一些市场需求不大的蔬菜种类，如大蒜、韭黄、生姜等，受需求所限，市场容易饱和。菜农要了解掌握其规律，既不盲目跟风，又能抓住契机，及时组织安排蔬菜生产，力争获取最佳种植效益。

四、作业与思考

根据当地蔬菜市场调查的实际情况，制订种植计划、经济预算及收益预测。

实践4　田间耕作机械

一、目的要求

掌握微耕机的使用方法及结构、功能。

二、实验内容

1. 微耕机的分类

（1）以配置动力的不同分为柴油机微耕机和汽油机微耕机。

（2）以耕作方式的不同分为前置式和后置式。

（3）以传动连接方式的不同分为直连式齿轮传动微耕机和皮带/齿轮传动微耕机。

（4）汽油发动机分为垂直轴式和水平轴式。

2. 特点及用途

（1）特点：动力小（动力功率不大于9kW），具有重量轻、体积小、结构简单、操作方便、易于维修、工作稳定可靠，使用寿命长、油耗低、生产效率高、可爬坡越埂、阶梯性强等特点。

（2）用途：广泛用于平原、山区，丘陵的旱地、水田，菜地的深旋耕、浅旋耕、犁耕、开沟筑垄。配上相应的发动机既可进行抽水、发电、喷药、收割、起垄、铺膜、扎孔、碎草、覆土培土、开深沟、施底肥，还可用作短途运输。

3. 结构

由三大部分组成，包括动力部分（为微耕机提供动力源的机械）、传动部分（将动力源输出进行转换的机械结构）、操作部分（控制整个微耕机的运行部分）。

4. 使用

（1）启动前的注意事项

① 检查发动机润滑油及油面高度是否符合规定要求；

② 检查发动机燃油及油面度是否符合规定要求；

③ 检查发动机油路是否有空气混入，如有，可以按规定先清理油路内的空气；

④ 检查变速箱内润滑油及油面是否符合规定要求；

⑤ 检查各操作系统手柄是否灵活和有无不到位情况并予以排除；

⑥ 检查各连接螺栓有无松动现象并排除；

⑦ 将变速操纵杆置于空挡位置。

（2）启动

① 按照发动机的规定步骤启动发动机；

② 发动机应在低转速无负荷情况下空转3min；

③ 发动机运转正常后才起步进行工作。

（3）停机

当需要发动机停机时，应先使发动机处于低速空转状态，必须离合器分离，用右手变速操纵杆推（或拉）到空挡位置，机器则不再运行。

（4）使用中的注意事项

不可在冷启动后，立即进行大负荷工作。新机器或大修后的机器应先在低速小负荷状态下磨合运转8h后，更换变速箱以及行走箱内机油后才能使用，避免长时间超负荷工作。在试车磨合期间更要避免超负荷工作，注意机器及各部件工作情况及声响。及时检查各连接处是否有松动现象，如有发动机异常现象应立即停机检查，排除故障。注意检查发动机、变速箱润滑油，不足时应立即补充符合要求的润滑油。禁止浇水的方法来冷却发动机，经常清除微耕机及附件三的泥垢、杂草、油污。

（5）汽油皮带传送机综评

优点：重量轻、易方便转运，制造成本低，可以减小传送带传递时对发动机的冲击力。

缺点：油耗高，动力本身稳定性差，采用皮带张弛离合，皮带抑制反折紧张，皮带持续发热，容易产生老化断裂，作业中易出现熄火或发动机输出的转速下降快等现象。

三、需用的仪器或试剂等

微耕机。

四、作业与思考

总结微耕机的使用要点。

实践5　整地施肥

一、实验目的

1. 掌握蔬菜种植地的土壤条件、耕作方法。
2. 根据各类蔬菜生长习性选择适宜的耕作措施。

二、实验原理

选择含有机质丰富的地块进行蔬菜种植。翻耕土壤可以使土壤疏松，有利于根系更好地吸收矿质元素，增加土壤的通透性。将土壤翻耕暴晒，可以杀死部分病原菌，对土壤进行杀菌消毒作用。

三、材料及用具

锄头。

五、方法与步骤

1. 分组进行翻耕种植地，学会正确使用锄头，将土壤中的土块和杂草去除，便于后续的蔬菜种子播种。

2. 平畦：将两根竹竿同时拴在同一条绳子上，将竹竿一端固定插入地块起点，用绳子沿地块拉紧呈一条水平直线后将另一根竹竿插入地块的终点，用石灰粉末对这条直线进行标记。

3. 不同种类蔬菜的生长习性不同，因而采用不同的类型的畦。

（1）低畦。畦宽1m，长6m，畦面平整，畦埂坚硬顺直。适宜生长耐涝性强的蔬菜，如蕹菜、芋头等。

（2）垄。垄距70cm，高15cm，要求垄直，垄背平。适宜生长抗旱性强的蔬菜，如番茄、茄子、辣椒等。

（3）高畦。畦底宽100cm，畦顶宽70cm，畦沟宽30cm。大部分蔬菜都适宜这种栽培方式。

六、实验结果分析

绘制种植图。

第二章　蔬菜田间管理技术

实践6　蔬菜种子质量及活力测定

一、目的要求

1. 对当季蔬菜种子类型进行调查，测定其品质及活力对农业生产具有一定的指导意义。

2. 掌握测定蔬菜种子的方法，应用已学的蔬菜学知识，对蔬菜进行分析，提出存在的问题。

二、实践内容

1. 种子纯度测定

（1）取样。将样品置于光滑平坦的平面上，均匀搅拌，然后耙平，使之呈正方形，画对角线将正方形样品分成四等份，除去上下对角线中的种子，将剩余种子混匀后再用划线法分离；如此重复，直到获得需要供试之样品重量为止。

（2）测定。根据种子大小，称出种子2份，每份50g（小粒种子）或500g（大粒种子）。仔细清除混杂物，然后称重计算。取2份种子，取其平均值作为被测种子的纯洁度。

2. 种子绝对重量（千粒重）

从纯净种子中不加选择地数出1000粒种子（大粒种子500粒），称重；重复一次，取2份种子，取其平均值作为被测种子的千粒重。

3. 种子发芽率及发芽势

（1）发芽床准备：在培养皿中铺放3层滤纸，滤纸浸湿，水量以培养皿倾斜而水不滴出为度。

（2）种子的准备：从纯净种子中按前述的方法取得平均样品，而后随机连续数取种子2～4份作为检验样品，每份种子50粒（大粒）～100粒（小粒）。

（3）播放种子：将种子均匀排放于发芽床中，培养皿上贴标签，注明蔬菜名称、重复次数、处理日期等。然后将种子放在适宜的温度和光照条件下，在恒温箱或温室内进行发芽。

（4）种子管理：发芽期间，每天早晨或晚上检查温度并适当补充水分、氧气，发现霉烂种子随时拣出登记。有5%以上种子发霉时，应更换发芽床。种皮上生霉时，可洗净后仍放在发芽床上。在恒温箱底部放一定期换水的水槽，利于保持箱内的湿度。

发芽情况统计：种子的胚根长大到种子的一半时可以认为是发芽的种子。凡有下列情况之一者，都作为不发芽的种子：没有幼根的种子或有根而无芽者；种子柔软、腐烂而不能发芽者；幼根和幼芽为畸形者；豆科中有些不发芽也不腐烂的硬粒种子。

4. 种子生活力

（1）取样：随机取两份吸水膨胀的种子和煮死的植物种子，每份100粒（大粒种子取50粒）。种子去皮，然后沿种胚中央准确切开，取一半放入培养皿备用。

（2）染色：将种子浸于红墨水（药水比为1：20）或0.5%～1%TTC试剂中，红墨水染色在常温下染色15～20 min，TTC染色于35℃～40℃恒温箱中染色40 min。

（3）统计生活力：取出种子反复冲洗，冲掉多余的红墨水或TTC，然后逐个检查染色情况，分别统计胚部呈红色或浅红色、未染色的种子数。其中红墨水未染色或TTC染红色的种子生活力强，红墨水染红色或TTC未染色的种子为死种子，胚部浅红色的种子生活力弱，但能发芽。

三、材料与试剂

1. 材料：各种当季蔬菜种子、瓜类和豆类蔬菜吸水膨胀的新种子和陈种子。

2. 试剂：TTC（2，3，5-氯化三苯基四氮唑）、红墨水。

四、仪器设备

恒温箱，棕色试剂瓶，刀片，剪刀，电炉，烧杯，量筒，培养皿，纱布，标签，毛巾。

五、作业与思考

1. 比较不同种类种子的生活力，说明生产上选种的依据。

2. 通过本次实验操作有哪些体会，在今后蔬菜种植中应注意哪些问题？

3. 完成以下表格内容。

表1　测定种子纯度和绝对重量记载表

种子名称	试样重量	纯种子重量	混杂物重量	纯洁度	绝对重量

表2 测定发芽势和发芽率记录表

种名	温度	发芽床	发芽试验天数的发芽种子数								未发芽率					发芽势			发芽率		
			2	3	4	5	6	7	8	9	霉烂粒	空粒	硬实粒	畸形	%	天数	%	%平均	天数	%	%平均

实践7 蔬菜种子的播前处理及播种

一、目的意义

1. 认识不同处理情况下对种子发芽和幼苗生长的影响。为使种子发芽更快更好，出苗整齐迅速，预防因种子带菌而引起苗期变化及病害。

2. 通过实践掌握常见的种子处理方法，为蔬菜种子播前处理提供参考。

二、材料与试剂

1. 材料：不同类型的蔬菜种子。

2. 试剂：1% $NaHCO_3$，1.5%～2%福尔马林，$CuSO_4$等。

三、仪器设备

鼓风干燥箱。

四、实验内容与方法

（一）蔬菜选种晒种

选种是为了提高种子的饱满度，增加千粒重，增强种子的生活力。晒种可促进种子后熟，提高种子的生活力和发芽势。

（二）蔬菜种子清洗

一般来说，在蔬菜种子的表面都有一层黏液层，因此，应该在播种前使用1% $NaHCO_3$（小苏打水）浸泡12～24h，并在期间反复搓洗，最后漂洗干净即可去掉黏液，从而能够保证种子快速地发芽。

（三）蔬菜种子消毒处理

播前对种蔬菜种表面进行消毒，有利于杀死蔬菜种子表面的病菌或虫卵，预防或减轻苗期病虫害的发生。主要有物理方法和化学方法，具体情况如下所述。

1. 物理方法

（1）日光消毒

将种子在太阳光下晾晒，利用阳光紫外线杀菌。

（2）干热消毒

先晒种使其含水量降至7%以下，再置于60℃鼓风干燥箱中处理1～2d，可让种子上携带的病毒钝化，失去其活力，增加种子活力，然后进行浸种催芽，可防治多种病害。

2. 化学方法

药剂的种类因种子的不同而不同。

（1）福尔马林：1.5%～2% 福尔马林浸泡1h，可以将种子表面的真菌性半点病杀灭，用40 %福尔马林100倍液浸泡20 min，然后取出用湿布盖好种子，闷2～3h，可以防治蔬菜苗期猝倒、番茄早疫病、茄子褐纹病等；福尔马林150倍溶液浸泡60 min，可以防止黄瓜枯萎病。

（2）$CuSO_4$：1% $CuSO_4$溶液浸泡种子5 min，可以将种子携带的炭疽病毒和细菌性半点病毒杀灭，可以有效地防治甜椒炭疽病和细菌性斑点病；

（3）NaOH或$HgC1_2$：2%NaOH水溶液浸泡种子20 min后，可以将番茄、辣椒病毒杀灭。$HgC1_2$1000倍液浸泡15 min，可以防止黄瓜炭疽病和角斑病；

3. 药品拌种消毒方法

一般用种子干重量0.3%～0.6%的杀虫剂，例如敌百虫、马拉硫磷等，拌和杀菌剂，例如百菌清、敌克松、多菌灵等，在浸泡后拌种。

如果使用种子重量0.3%～0.4%的Cu_2O或者70%敌克松粉剂拌种，可以有效地防治苗期猝倒病；用70%敌克松粉剂拌种可以有效地防治番茄、辣椒、茄子立枯病和菜豆炭疽病，而预防菜豆叶烧病可以使用50%福美双拌。

拌种方法是将种子和药粉配好，装入一个可密封的瓶子。将瓶子密封起来，连续摇动5min。在每种药液处理结束之后，应该将种子用清水反复冲洗干净，然后在进行下一种药剂处理，这样可以避免药害的产生。如果上面几种方法都使用，那么对种子的消毒将十分彻底。

（四）蔬菜种子浸种

浸种是为了在短期内让种子吸收足够的水分，以便迅速地萌动和发芽，同时，也可以起到防治病菌的作用，增强种子的抗性。特别是韭菜、冬瓜、茄子、辣椒、芹菜、胡萝卜等表皮又厚又坚硬的种子，更加需要浸种这一道工序。

浸种需要使用清洁的水和整洁的、不带油污的器具，薄皮种子要求水温在28℃~30℃之间，浸泡至种子没有硬心为标准。例如，白菜、萝卜、甘蓝等十字花科的种子需要3h浸泡时间，番茄、南瓜、黄瓜等种子需要6h的浸泡时间，冬瓜，丝瓜，苦瓜、芹菜、辣椒等种子需要24h左右的浸泡时间；黑籽南瓜、葫芦需要48h的浸泡时间。

浸泡结束后将种子捞起，然后晾干，这样做可以有效地将种子表面和内部携带的病原菌杀死。NaOH溶液消毒可以与浸泡种子同时进行，方法是将种子放进种子量五到六倍的水中，水温控制在55℃，浸泡时间为10~25 min。一边浸泡，一边向同一个方向搅拌，之后要把水温迅速降到30℃左右，转为浸种。这种方法可以有效地防治番茄早疫病、茄子褐纹病、甜椒炭疽病、黄瓜角斑病、芹菜斑枯病。如果是番茄浸种，水温应控制在52℃，时间控制在25 min。甜椒、黄瓜、茄子浸种水温应控制在48 ℃，浸泡时间应控制在12 min。芹菜浸种水温应控制在48 ℃，时间控制在25 min。如果使用浸种，水温应控制在75℃~85 ℃，水量控制在种子量的四倍到五倍，边浸泡边搅拌，等到水温降低至30 ℃，时间的控制要根据种子的种类和饱满程度而调整。直到种子膨胀，没有硬心。浸种后将种子捞出，晒干，就可以播种了。

（五）蔬菜种子催芽

在浸种过后，有些种子还应该进行催芽工作。催芽工作可以将种子出苗时间缩短，将虫、鸟、鼠对种子的危害降低。方法是用纱布将浸泡好的种子包好，保持25℃~30℃恒温，每天用温水淋洗一次，每4~5h将包松一次，有利空气流通。

等待种子上有50%的露白，就可以进行播种工作了。如果种子量比较多，那么，可以和一定量的清洁湿润的木屑或者细河沙混合，之后再进行催芽工作。催芽时应该使用比较低的温度，以免种子消耗养分过多；萌芽时温度要相对提高一些，使其出芽一致；出牙之后，要将温度降低，以免徒长。如果遇到雨雪天气或者其他原因不能立刻播种，应该将种子盖上并移到低温条件下，抑制胚根的生长。为了提升发芽率，促进种子发芽，在催芽的时候可以使用药剂和微量元素同时进行处理，一般使用0.1%的硫脲和5~10mg的赤霉素进行处理。除此以外，在催芽时采用变温处理法可以提升出苗率和增强幼苗的抗性。例如将番茄种子浸泡4h后，每天用15℃~48℃的高温，0~2℃的低温进行处理后，幼苗的出苗率和早期产量可以增加21%以上，并且幼苗整齐。

四、作业与思考

1. 分析影响浸种时间长短的因素。
2. 浸种催芽过程中需注意哪些问题?

实验8　蔬菜田间生长状况的记录

一、目的要求

蔬菜果园的规划设计是建园前的重要工作。要求学生在学完《果园建立》的基础上，结合本地情况进行果园设计。通过实际设计，学会果园规划设计的步骤和方法。因实习的内容较多，亦可安排在教学实习内进行。

二、材料与用具

（1）材料

不同类型蔬菜。

（2）用具

做好测量等用具的准备工作，如皮尺、游标卡尺、卷尺、经纬仪、标杆、木桩、比例尺、三角板等。

三、实验内容与方法

（一）蔬菜幼苗植株形态观察

观察不同类型蔬菜的叶形，叶片着生方式，测定不同蔬菜幼苗植株株高、叶长、叶宽，叶展、叶片数量，特别注意同一科的蔬菜差异。

（二）蔬菜田间管理技术

蔬菜出苗后间苗时间的把握，间苗次数，间苗需保证的植株密度，最后定苗确定的株行距。根据不同科属的蔬菜，不同品种管理技术均有不同。

表1　植物学形态观察

名称	植物1	植物2	植物3
学名			
生长型			
茎上刺毛			

续表

名称	植物1	植物2	植物3
茎横断面形状			
不定根有无			
叶片形状			
裂叶深浅			
叶面刺毛			
花的类型			
花冠类型			
花冠开裂深浅			
雄花大小颜色			
雌花大小颜色			
子房位置类型			
果梗粗细长度			
果梗基部膨大与否			
果实类型			
果实形状			
果实表面状况			
胎座类型			
种子的主要特征			

四、作业与思考

1. 不同类型蔬菜田间管理技术的差异是什么?
2. 画某一种果实的横剖面图，并注明各部位名称。
3. 在田间练习植株调整方法。

实践9 蔬菜苗期管理

一、目的要求

了解蔬菜培育苗的意义，了解掌握蔬菜苗期湿度管理技术和抗性锻炼技术，完成温度、光照、水分、抗性锻炼等苗期管理的全过程。

二、材料与用具

（1）材料

蔬菜幼苗。

（2）用具

铁锹、桶等。

三、实验内容与方法

（一）温度管理

1. 苗期

苗期温度的一般规律是“三高三低”，即“白天高，晚上低；晴天高，阴天低；出苗前、移苗后高，出苗后、移苗前和定植前低”。

2. 缓苗期

“高温、高湿、适当的弱光”，一般3～5d。对于喜温蔬菜，土壤温度在18～20℃以上，白天温度25℃～28℃，夜温20℃（不应低于15℃）；对于喜冷凉的蔬菜相应降低3℃～5℃，土壤温度在18℃～20℃以上，白天温度25℃～28℃，夜温20℃。

3. 成苗期

降低夜温防止徒长。对于喜温蔬菜，白天温度25℃，夜温12℃～14℃；对于喜冷凉蔬菜，白天温度20℃，夜温8℃～10℃。

4. 定植前7d

降温控水，锻炼秧苗。喜温蔬菜的夜间温度7℃～8℃，个别的如番茄、黄瓜温度可控制在5℃～6℃；喜冷凉蔬菜的夜间温度为1℃～2℃，甚至短时间的0℃低温。

（二）光照管理

应保持透明覆盖物的清洁，增加光照强度。黄瓜8h短日照利于花芽分化，其他种类蔬菜应尽量延长日照。日照长短通过草帘揭放的早晚来调节。

（三）水分管理

1. 根据蔬菜的种类进行调节

秧苗生长速度快，根系比较发达，吸水能力强的蔬菜，如甘蓝、番茄等，为防止徒长，水分控制应较严格。

秧苗生长速度慢，育苗期间需要保持较高温度和湿度的蔬菜，如茄子、辣椒等，应满足他们对水分的要求，水分控制不宜过严。

生长速度开，叶片蒸腾量大，二根系较弱的蔬菜，如黄瓜等，应保持较高的土壤湿度和较低的空气湿度时，整个苗期不宜多次获大量浇水，以免造成徒长或沤根。

2. 根据幼苗生育阶段进行调节

秧苗不同阶段的水分管理有所不同。

"高温、高湿、适当的弱光"，一般3～5d，对于喜温蔬菜，土壤温度在18℃～20℃以上，白天温度25℃～28℃，夜温20℃（不应低于15℃）；对于喜冷凉的蔬菜相应降低3℃～5℃，土壤温度在18℃～20℃以上，白天温度25℃～28℃，夜温20℃。

3. 根据天气进行调节

根据天气变化进行水分管理的原则是晴天浇水，阴天蹲苗；土温低时少浇水，必要时少浇水，必要时浇温水；育苗后期温度升高，每次浇水量宜多，间隔时间要长，苗床南侧床温低，浇水量宜少；苗床北侧和中部床温高，浇水量宜大。

4. 根据秧苗的生长情况调节

当秧苗色泽灰暗，心叶色泽较深，子叶不舒展并稍有下垂等缺水的生态指标时，需要补充水分；反之，叶片大而色淡，叶片薄时，是水分偏多的生态表现。浇水应在晴天上午进行。在低温期最好浇温水，以便降低低温和减少苗期病害发生。

（四）施肥管理

当床土营养不足时，应进行跟外施肥。一般2～6叶期，在晴天上午喷0.2%尿素、0.1%～0.2%磷酸二氢钾、0.2%～0.3%过磷酸钙溶液。

四、作业与思考

完成此过程，加强分苗后的管理，并说明苗期如何确定？如何判断壮苗、徒长苗和老化苗？

实践10　蔬菜嫁接育苗技术

一、目的要求

蔬菜生产中由于土壤带菌而引起的蔬菜病害发病率较高，严重影响蔬菜生产，尤其是瓜类、茄果类等果菜类蔬菜，因病害造成的减产更为普遍。嫁接育苗技术是把栽培的蔬菜嫁接到抗病性强的枕木上，利用根系发达、抗寒、耐热、耐热、耐湿和吸肥力强等特点，能使嫁接的蔬菜生长健壮，对不良环境抵抗能力增强，从而达到增产的目的。嫁接是减轻土壤传染病害的有效措施，可以有效防止连作障碍。通过本实验，掌握几种主要蔬菜的嫁接原理和方法，完成嫁接过程。

二、材料与用具

（1）材料

黄瓜、茄子、西瓜等。

（2）用具

接穗、竹签、双面刀片、嫁接夹、营养钵、喷壶、塑料小棚等。

三、实验内容与方法

（一　）砧木的选择

1. 选择原则

（1）砧木与接穗的亲和力强，保证存活率；

（2）砧木的根系发达，吸肥水能力强，以达到增产的目的；

（3）砧木的抗逆性强，以保证早熟稳产；

（4）不影响嫁接蔬菜原有品质，或对嫁接蔬菜品质影响不大。

2.. 选择类型

（1）黄瓜的砧木是黑籽南瓜。

（2）西瓜的砧木是葫芦或黑籽南瓜。

（3）茄子的砧木是野生红茄。

（4）番茄的砧木是野生醋栗番茄。

（二）黄瓜、西瓜嫁接技术

1. 插接法

（1）播种。在正常的温光条件下，砧木和接穗浸种催芽后，同时播种（当温度低时可提前，具体情况去做预备试验，西瓜砧木较接穗早播3～4d）。接穗播在沙箱里，应适当稀播，以550～70g/m^{2}播种量为宜，砧木播于直径为12cm的营养钵中，每钵播1粒出芽的种子，按正常管理。出苗后必须注意防止接穗和砧木幼苗徒长，并加强对幼苗在嫁接前的锻炼。

（2）嫁接时期。让接穗的子叶充分展平尚未长出真叶，而砧木的子叶展平，心叶长1cm时（约播种后10～12d）就可以嫁接。

（3）嫁接。嫁接前请准备好锋利的刀片和自制的竹签，竹签长6cm，一端削成30°楔形，顶尖粗细与接穗下胚轴相同，长短为5～6mm，此即竹签孔的深度，也是接穗切面的长度。嫁接时先用刀片切掉或用竹签挑掉砧木的生长点和真叶，然后用竹签从顶部切口处、两片叶之间、下胚轴的一侧向下呈45°朝另一侧斜插5～6mm深的小孔。再用刀片在接穗子叶下5mm处，以30°角削成楔形，随即将接穗插入砧木的孔内，使两对子叶呈十字形以增大受光面积。

（4）嫁接后管理。嫁接苗应及时放入已在地面喷水后保持一定湿度的小棚内（棚高50cm左右），并且在叶面轻轻喷洒清水，防止因失水引起的萎蔫，封棚前棚内地面灌一次透水。嫁接后4～5d内的温度、湿度和光照是嫁接苗愈合和成活的关键。温度白天保持25℃～30℃，夜间18℃～20℃，湿度95%以上。如果嫁接苗叶面较长时间没有雾滴，应及时清水喷雾补充湿度（西瓜的温度更高）。光照要足，晴天好，阴天不利，但光照过强也不好，可用无纺布或报纸等遮盖物减光；3～4d后，强光时可适当遮阴，并开始小放风炼苗；第7、8d当接穗第1片真叶已见长，叶片滋润、挺拔，叶色变暗；第2片真叶展开后夜温13℃左右，防止秧苗徒长并及时抹去砧木上的萌芽，达到4片真叶即可定植。

2. 靠接法

（1）播种。接穗比砧木要早播2～3d，先将接穗和砧木催出芽的种子分别播于沙箱中，最好用点拨的方法，接穗的株行距为1cm×1cm，砧木为2cm×2cm。播后按正常管理。

（2）嫁接时期。接穗和砧木均在子叶展平时，即砧木在播后8～9d，接穗在播后10～12d进行嫁接。

（3）嫁接。先将接穗和砧木的幼苗从沙箱中取出，注意尽量少伤根，用刀片在砧木子叶下方1cm处向下呈45°角斜切一刀，切口深5mm左右，切到胚轴的1/2处；再在接穗子叶下方1cm处往上呈45°角斜切一刀，切口深5mm左右，达胚轴2/3处，注意不要切伤子叶；随即将两者的切口部分相互吻合，接合后夹上嫁接夹，共同移植于直径为12cm的营养钵中。

（4）嫁接后管理。同插接法，嫁接后12～15d伤口已完全长好，应及时把接穗从接口以下切断，只保留砧木的根，以后按正常管理。

（三）茄子嫁接技术

1. 插接法

砧木比接穗早15～20d，砧木播种后40～45d，秧苗达到3叶1心至4片真叶时，接穗播种后20～25d，秧苗达1叶1心至2片真叶时进行嫁接。

方法是：先将砧木生长点切掉，保留2片真叶，然后在接穗子叶下将接穗削成楔形，用竹签从砧木顶部切口处斜插8mm左右的小孔，再把接穗插到砧木小孔内。茄子插接育苗与黄瓜稍有不同，一是接穗和砧木用营养土播种育苗，砧木播种后15d左右，要将其移植于直径8cm的营养钵中；二是嫁接前对砧木进行高温管理

（白天25℃～30℃，夜间18℃～20℃），促使其节间伸长；三是嫁接后最低气温应保持在15℃以上，湿度80%～85%（低于黄瓜）。其他管理与黄瓜相同。

2. 劈接法

砧木比接穗早播15d，砧木长出6～7片真叶，接穗有4～5片真叶时就可嫁接。先把砧木从第4片真叶处用刀片水平切掉，从切口处中央自上而下垂直切一刀，深度为1.0～1.5cm；再在接穗生长点下方留2叶，从茎的两面向下斜削1cm长的切口，把切好的接穗顺切口插到砧木中，使接穗与砧木表皮有一侧对齐；最后用嫁接夹夹好。其他事项与茄子插接法相同。

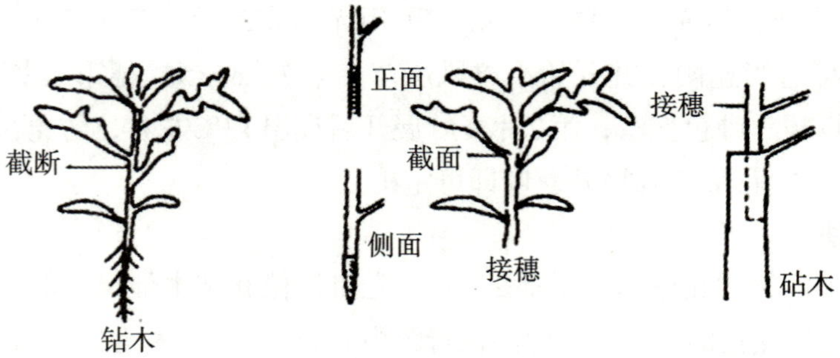

图2-3　茄子劈接法嫁接示意图

（四）番茄嫁接技术——劈接法

番茄的嫁接主要采用劈接法，砧木比接穗早播15d。当砧木4片真叶展开，接穗2片真叶展开时就进行嫁接，具体操作与茄子劈接法相同，只是砧木在第1或第2片真叶茎上，接穗在子叶以下嫁接。嫁接后的管理与茄子相同。

四、作业与思考

1. 蔬菜进行嫁接时，对砧木有何要求？

2. 采用不同的方式完成嫁接过程，并简述不同蔬菜嫁接时各环节技术要求。

实践11　蔬菜的中耕、除草与培土

一、目的要求

本实验通过中耕、除草与培土技术，破除土壤板结层，切断土壤的毛细管孔隙，形成地面干土覆盖层，减少地面水分蒸发。

二、材料与用具

（1）材料

蔬菜地。

（2）用具

锄头、机具犁、畜力牵引犁等。

三、实验内容与方法

（一）松土铲草

蔬菜生长期要进行2～3次，蔬菜幼苗定植4～5d缓苗后，必须进行松土，近苗浅，远苗深，随带铲除杂草。垄作直播的蔬菜，幼苗出图后2～3叶时，松土除草。每次松土铲草后1～2d内必须起垄，随着蔬菜的生长，在封垄前完成2～3次的铲草操作。

1. 中耕除草时要抓住有利时机，除早，除小，除彻底，不得留下小草，以免留下后患。群众在中耕除草总结出“宁除草芽，勿除草爷”，即要求把杂草消灭在萌芽时期。

2. 及时中耕除草。中耕除草是苗期田间管理的一项重要工作，是促下控上、增根壮苗的主要措施。苗期一般可中耕2～3次，深度掌握先浅后深的原则，结合间苗、定苗第一次中耕宜浅，以1～1.5寸为宜；第二、三次中耕应在定苗后到拔节前结合第一次追肥进行，2～4寸为宜。敏感作物间作地块要进行人工除草。

3. 了解除草剂的除草对象和使用说明，严禁用药过大或过小，既要保证除草效果，又不影响玉米及下茬作物的生长。

4. 除草剂使用时，以土壤表面湿润为原则，利于药膜形成，达到封闭地面的作用。干旱的年份，浇水后立即喷药。喷后下雨，药效流失，应再次喷药。

5. 及时正确施用除草剂。掌握在上午9：00时前或下午17：00时以后的无风天气进行。做到不重喷、不漏喷，喷药适量均匀。

（二）铲草质量的要求

定植或播种后第一次铲草要浅；第二次铲草增加深度，为根系生长创造有利条件；第三次铲草要浅，防止伤根。

四、作业与思考

1. 完成中耕、除草和培土技术过程。

2. 中耕铲草的质量要求有哪些？

实践12　蔬菜的植株调整

一、目的要求

本实验通过实地观察比较不同蔬菜的分支结果习性学习，熟练掌握番茄、茄子、西瓜、绿菜花等蔬菜的各种整枝技术。

二、材料与用具

（1）材料

茄子、黄瓜、番茄、西瓜、绿菜花等不同类型的完整植株。

（2）用具

枝剪、剪刀等。

三、实验内容与方法

（一）番茄的植株调整

1. 整枝

（1）单干整枝：无限生长类型品种作早熟栽培时多采用，即保留由合轴分支所形成的“主干”，打去其他侧枝。一般主干上保留4～5个穗果（为了早熟主干可保留3～4个），顶穗果上方再留2～3叶掐尖。

（2）双干整枝：无限生长类型品种作晚熟栽培或某些自封顶出现早的品种时多采用，即留第一花序下一侧枝（顶花芽下第二副生长点）形成两“主干”，打去其他侧枝。一般主干保留4～5个穗果，侧枝留3～5穗果，在顶穗果上方再各留2～3片叶掐尖。

（3）改良单干整枝：也称一干半整枝，即除保留主干外，还保留第一花序下的第一侧枝。一般主干留3～4个穗果，侧枝留1～2穗果，在顶穗果上方再各留2～3片叶掐尖。其他侧枝陆续摘掉。

2. 摘心

在达到栽培所需要的果穗数时应及时打去顶端生长点以限制其过分生长，促进果实发育。但对于有限生长类型品种，必须注意其过早封顶现象，当第二穗出现未打顶时，需要留下一个旁叉，以保证生产所要求的留果穗数。

3. 疏花

摘去畸形花及其花序线段部位过多地方无效花。

4.. 打叉和打卷叶

确保留干数后，打去旁叉，番茄地上部、地下部生长有一定的相应性，为了促进根系的生长而又防止过得耗费养分，打叉时期以5～6cm长时进行为宜，打老叶在生长的稍后期，有利通风透光，当第一穗果实膨大后，可以打去下部衰老叶片。

5. 绑蔓

早熟番茄品种留2～3序果时，一般需绑2～3道蔓，绑蔓时序将花序转向外方，以防后期果实生长受阻。

6. 打底叶

当定植缓苗后，植株开始生长，底部的老叶开始黄化，应及时摘除，可减少养分消耗，减轻病害侵染，但应防止打得过狠，没有黄化的叶片绝不可去掉。

7. 摘除老叶、黄叶

在生长的中后期，将已经失去光合功能、衰退的老叶、黄叶摘除，可以改善田间通风状况；但要防止盲目摘叶，重摘叶反而有损于产量。

早熟番茄品种留2～3序果时，一般需绑2～3道蔓，绑蔓时须将花序转向外方，以防后期果实生长受阻。

（二）茄子的植株调整

1. 打底叶

2. 摘除老叶、黄叶

3. 整枝

（1）二杈整枝

茄子的分枝结果习性为假二杈分枝，很有规律，每一次分枝结一层果实，也就是说每结一层果分枝数增加一倍，按果实出现的先后顺序，习惯上称之为门茄、对茄、四门斗、八面风、满天星。整枝时，要保留紧靠门茄下面的一个侧枝，把以下的所有侧枝全部打掉，所保留的2个杈上很快结出对茄；再保留紧靠对茄下面的各一个侧枝，将其下面的侧枝全部打掉，在所保留的4个杈上又各结1个果，即四门斗；再按以上方式保留紧靠四门斗下面的各1个侧枝，将其下面的侧枝全部打掉。因为再往上常常受各种因素的影响，分枝的生长势减弱，分枝数量减少，分枝就不那么有规律。一般整枝到四门斗结束，此时为茄子的生长高峰期，以后不必整枝，任其生长。

二杈整枝时，也可采用4叶摘心，培育大龄壮苗。即4叶摘心，保持2个侧枝，则门茄为2个，往上整枝按照正常的二杈整枝进行。

（2）两干整枝

对于生长势强的茄子品种，进行棚室生产时，可采用两干整枝。即保留原有的主干以及紧靠门茄下的一个侧枝分别作为两个主干，以后将每一层果下面的侧枝以及其他叶腋处萌发的侧枝全部打掉。

（三）黄瓜的植株调整

包括绑蔓、整枝打杈、摘心摘叶、去卷须等。

一般黄瓜以主蔓结瓜为主，保留主蔓坐果，第1关以下的侧蔓要及时摘除，防止养分分散，促进主蔓旺盛生长。上面的侧枝见瓜后，在瓜上留一叶摘心。一般在主蔓快到架顶时进行摘心，解除顶端优势，促进回头瓜形成。

（四）西瓜的植株调整

1. 露地西瓜植株调整

（1）整枝打杈摘心

早熟品种（<30d）和中熟品种（35d）采用双蔓整枝法：大果型的晚熟品种（>40d）采用三蔓整枝法，即除保留主蔓外，在主蔓第3～5节叶腋处再留选1条或2条健壮侧蔓作为副蔓与主蔓共同生长，摘除所有侧蔓，分别称为双蔓整枝和三蔓整枝。

西瓜定瓜以后，茎叶已铺满行间，可进行摘心。若打算二次结果，则可不摘心或晚摘心对瓜蔓短、生长势弱、叶面积小的品种，可以不摘心。

（2）引蔓压蔓

春季露天风大应尽早引蔓压蔓，每隔40～50cm压一道。压蔓方式分明压和暗压两种，一般主蔓4～5道、侧蔓压3～4道。要求瓜前2道，瓜后2道，瓜前宜轻压，瓜后宜重压，有利于果实膨大。坐果节位前后2～3节不压蔓，以免影响果实发育。压蔓时将瓜蔓拉直，最好下午进行，以免折蔓。

（3）选瓜定瓜

西瓜每株一般选留1瓜，多选留主蔓第2～3雌花坐果，此时已经基本具备了供果实生长的叶片数，易形成大果，且果形整齐端正。第一雌花虽较早熟，但因当时叶面积小、果实个小，易畸形或皮厚、空心；第四雌花以后所结果实过晚，且易疯秧，果实产量和质量都难以保证。

定瓜是在西瓜退毛时进行。西瓜退毛说明果实已经基本坐牢，这时可从主侧蔓上预留的两个果实中选留一个令其生长，这就是定瓜。若主侧蔓所结果实相差不多，选留主蔓瓜；若侧蔓果实强于主蔓果实则在侧蔓上留瓜。

（3）垫瓜翻瓜

在果实拳头大小时进行，一般用稻草或麦秸将瓜垫起来，利于通风透光，若与地面接触，土中病菌会引起发病。为使果实着色均匀，改善阴面果肉品质，在果实将要成熟时，宜用杂草茎叶将其遮盖。果实发育主要是有机物质转化，且由于后期烈日直射果实易发生日烧现象，因此果实近成熟时适用杂草、茎叶等物遮盖，防止日晒。

2. 棚室西瓜植株调整

棚室西瓜主要为吊蔓或搭架栽培，一般多采用单干整枝法，增加密度，便于管理。第一雌花因温度低，易出现畸形瓜，不保留，保留第二和第三雌花。瓜坐住后，保留一个瓜，即定瓜。对于多余的侧蔓留1～2cm剪掉，要求在晴天上午进行，用瑞毒霉、多菌灵等涂抹伤口防病。

当瓜长到500g左右时，用吊绳固定草圈从下面托住瓜，即托瓜，防止坠秧和因果实重量过大而产生的从果柄处断裂。当西瓜蔓爬满架顶，把瓜蔓从架上解开放下，将瓜落地，瓜后的瓜蔓在地下盘绕，瓜前的瓜蔓继续上架。一般在瓜坐住后，保留瓜前10节老熟茎，其上剪断。

（五）绿菜花的植株调整

绿菜花的植株调整，即侧枝管理，一般在封垄之前及时掰除侧枝，以减少养分消耗，有利于通风透光和顶花球发育，最后保留上部2～3个侧枝。当主花球采收后，还可以继续收2～3个质量较好的侧花球。

四、作业与思考

1. 完成各种蔬菜的植株调整，说明进行植株调整时，须注意哪些事项？
2. 绿菜花和花椰菜在植株调整上有何不同？为什么？

实践13　蔬菜田间追肥技术

一、目的要求

根据不同蔬菜、不同生长时期的需肥特性，使用正确追肥操作方法进行田间追肥。

二、实验原理

蔬菜不同种类、不同生长时期的需肥特性不同，根据蔬菜种类和生育时期选择适宜的肥料的种类及对应的追肥方式；蔬菜发生缺素症，针对症状需补充相应微量元素肥料。

三、材料用具

材料：三元复合肥、尿素、硫酸钾、硝酸铵。

用具：锄头、喷雾器。

四、实践内容

调查蔬菜生长发育时期及生长状况，制订追肥方案，依据理论课所学知识确定所需追肥的种类、分量、方法及施放频率如下所述。

常用施肥方式及注意事项如下所述。

1. 冲施

给蔬菜浇水时，把定量化肥撒在水沟内溶化，随浇水渗入蔬菜根系周围的土壤内。这种方法浪费的肥料较多，在渠道内容易渗漏流失，在田间蔬菜根系达不到的深层，也会渗入部分肥料造成浪费。其优点是用法简单，省工省时，劳动量不大。在肥源充足、种菜面积大、劳动力矛盾突出时可以采用此法。在大面积蔬菜出现严重缺肥症状时，可以作为首选追肥方法。

2. 撒施

蔬菜浇完水后或雨后，趁畦土墒情适宜，又能下田时，将定量化肥撒施于蔬菜株行间。这种方法也比较简单，但仍有一部分肥效因挥发而损失，特别是碳酸氢铵等挥发性强的，不宜采用撒施；硫酸铵、尿素和硫酸钾可以撒施，但只有在田间操作不方便、蔬菜需肥又较急的情况下选用。

3. 埋施

在蔬菜株间、行间开沟或挖坑，将定量化肥施入，再填上土。这种方法肥分浪费少，最经济，但劳动量大、费工，且操作不方便。施用时还要注意安全，埋肥沟、坑要离蔬菜茎基部10cm以上，若离根太近则容易损伤根系。由于肥料集中，浓度大，该方法在蔬菜生长旺盛、需水较多的时节不宜采用。一般在农闲季节，劳动力充足，蔬菜生长量不大时可采用此法，让埋施的肥料逐步分解，不断供给蔬菜营养。但在实际生产中，蔬菜的生长高峰往往也是需肥需水高峰，因此，埋施法常常在温度较高时被采用。为防止产生负效应，埋施后一定要浇水，使埋施的肥料浓度降低。

4. 滴灌施肥

利用滴灌设施进行追肥的具体方法是：在水源进入滴灌主管的部位安装施肥器，在施肥器中将化肥溶解，将滴灌主管插入施肥器的吸入管过滤嘴，肥料即可随浇水自动进入蔬菜根系周围的土壤中。由于地膜覆盖，肥料几乎不挥发、无损失，肥料虽集中，但浓度小，因而既安全，又省工省力，效果很好。这是目前较科学的追肥方法，只是要进行严密的地膜覆盖，并要有配套的滴灌和自来水设备才能使用。

5. 叶面喷肥

这种施肥方法用量少、肥效快，又可避免肥分被土壤固定，是一种经济有效的施肥方法。在缺素明显和蔬菜生长后期根系衰老的情况下使用，更能显示其作用。但必须说明的是，蔬菜生长发育所需的基本营养元素主要来自于基肥和其他方式追施的肥料，根外追肥只能作为一种辅助措施。叶面追肥的喷施重点部位是蔬菜的幼嫩茎叶，并且正、背面都要喷到，不可漏喷或重喷。多选择在晴天下午阳光不太强烈时喷施，以利延长肥液在蔬菜上的湿润时间，提高肥效。

浓度：叶面施肥跟日常喷施农药或者杀菌剂等类似，浓度稀释控制是第一位，浓度高会造成肥害，浓度低会影响效果，应严格按照规格说明稀释兑水，如摩尔叶面肥35g每袋需兑水15～20kg，充分搅拌均匀。注：此肥液量可喷施一亩地。

时间：叶面施肥时间大的也就是作物生长中后期。中后期由于植物根系老化吸收能力下降，而果实需要的养分比前期长叶开花还要多，那么此次通过叶面追肥来供给养分就显得非常重要。其二，叶面肥也怕蒸发，为此喷施时间最好是控制在上午10：00之前，午后16：00以后最好。

次数：叶面肥施肥次数跟底肥不同。底肥一次施好一般在这一季是不需要再次施用，这正是因为它的持效期长，而叶面肥料持效期仅为20d，为此在作物中后期要进行间隔施肥，一般控制在10d左右一次。对于一些频繁结果的作物（如黄瓜、西红柿等)，可在每大批量采摘一次后喷施一次，这样可使得作物处在一个完全充分的营养环境中，为下一茬生长提供良好的环境。技巧：叶面喷施技巧需要从喷雾器和操作两方面着手，一是喷雾器材要选择干净的无残留药液的，而且压力适中、雾化效果好等。喷施时将喷头斜着朝上以作物叶子背面为主，提高吸收。

混搭：在作物生长过程中不可避免地会出现各种病害，此时需要将叶面肥和农药杀菌剂混搭，不仅补充养分还能杀灭病虫害问题。但需要注意的是两者或者三者在混搭时要先试验注意酸碱度等。

增效：叶面喷施可在其中加入适量的增效剂成分，如摩尔有机硅增效剂叶面喷施8s钟带动养分被植物吸收，防雨水冲刷和叶面蒸发，对莲藕叶面喷施尤为合适。

五、作业与思考

制订具体施肥方案，并以表格的形式附在实验报告后面

实践14　蔬菜田间灌溉技术

一、目的要求

根据不同蔬菜、不同生长时期的需水特性，使用正确灌溉技术。

二、材料用具

材料：
用具：锄头、水桶、扁担。

三、实践内容

不同种类蔬菜对土壤水分条件的要求不同，根据蔬菜对水分的需要程度的不同，可把蔬菜分以下几类。

1. 水生蔬菜。这类蔬菜根系不发达，根毛退化，吸收力很弱，而它们的茎叶柔嫩，在高温下蒸腾旺盛，植株的全部或大部分必须浸在水中才能生活，如藕、茭白、荸荠、菱等。

2. 湿润性蔬菜。这类蔬菜叶面积大、组织柔嫩，叶的蒸腾面积大、消耗水分多，但抱群小，而且密集在浅土层，吸收能力弱。因此，要求较高的土壤湿度和空气湿度。在栽培上要选择保水力强的土壤，并重视浇灌工作。如黄瓜、白菜、芥菜和许多绿叶菜类等蔬菜。

3. 半湿润性蔬菜。这类蔬菜叶面积较小，组织粗硬，叶面常有茸毛，水分蒸腾量较少，对空气湿度和土壤湿度要求不高；根系较为发达，有一定的抗旱能力。在栽培中要适当灌溉，以满足其对水分的要求。如茄果类、豆类、根菜类等蔬菜。

4. 半耐旱性蔬菜。这类蔬菜的叶片呈管状或带状，叶面积小，且叶表面常覆有蜡质，蒸腾作用缓慢，所以水分消耗少，能忍耐较低的空气湿度。但根系分布范围小，入土浅，几乎没有根毛，所以吸收水分的能力弱，要求较高的土壤湿度。如葱蒜类和石刁柏等蔬菜。

5. 耐旱性蔬菜。这类蔬菜叶子虽然很大，但叶上有裂刻及茸毛，能减少水分的蒸腾，而且都有强大的根系，根系分布既深又广，能吸收土壤深层水分，故而抗旱能力强。如西瓜、甜瓜、南瓜、胡萝卜等蔬菜。

主要灌溉方法及注意事项如下所述。

1. 地面灌溉

（1）淹灌。淹灌是各种方法中应用最简单的一种，常用于水生蔬菜的灌溉。在使用中，淹灌还有许多变化，但都是把一块地分成若干块大致平整的小块地。在田地的四周筑堤（垄、岸）形成凹地（潭或盆地），往里灌水至所需的高度，直至水蓄到它完成渗透或排出余水时为止。在灌溉水后可以保持相当长的时间。

（2）畦灌。畦灌适用于种植密度较大或须经常灌溉的蔬菜，如绿叶菜类、黄瓜等，主要还是在芹菜、菠菜等叶菜生产上采用。畦灌要求畦面平整、菜畦布置合理，并能控制入畦流量和放水时间。畦的大小、入畦流量和放水时间长短与土壤透水性、土地平整状况及地面坡度等因素有关。土壤透水性较强，土地不够平整或地面坡度小时宜采用短畦大流量灌溉；反之，可采用长畦小流量灌溉。

（3）畦灌（也称“带状灌溉”）。此法是利用两条并行的土沟引水沿坡而流。两条沟间的土地叫作“条地”（也称“条畦、畦”），这类地块大小不等，宽度3～30 m，长度100～800 m。这个方法适用于面积在4 hm^2以上的土地，需要的水流量较大，土地坡度须整齐、适中；平整土地细致，才能有良好的效果。

畦灌的主要条件是必须有一块坡度大致整齐的土地，使水随坡流下。田块里不应有横坡、垄沟或其他可能积水的低地。

（4）沟灌。沟灌是在作物行间开挖灌水沟，将水从末级灌水渠（管）引入灌水沟中进行沟灌。水在沟中沿沟长方式流动。在流动过程中部分水靠重力作用垂直下渗，部分水靠毛细管作用以侧向渗吸的方式浸润沟背土壤。与畦灌相比，其主要优点是不会破坏作物根部附近的土壤结构，不会导致地表面板结，能减少蒸发损失，灌水定额低。主要在茄果类、大白菜、甘蓝等生产上采用，采取隔沟轮换或单沟灌溉，严防漫灌、串沟和积水。

沟灌时，黏性土壤的湿润范围较沙性土壤大，且较浅，为使灌水均匀，应根据灌溉地段的地面坡度、土壤质地、土地平整情况等条件合理确定灌水沟的间距、长度、入沟流量及放水时间（同畦灌）。一般沟长30～100 m，入沟流量为0.5～3 L/s。在土壤透水性较差、地面坡度较大的地区，入沟流量应适当降低（0.1～0.2 L/s），采用“细流灌溉”或“长垄短灌”法，保证沟内有较大的渗水量。灌水沟一般沿地面坡度方向布置，沟距应根据蔬菜的行距而定，砂土的沟距应较黏土小。

2. 地下灌溉

（1）管道式地下灌溉系统。管道式地下灌溉系统是最常见的一种地下灌溉方法，由输水部分和渗水部分组成。输水部分采用明渠或暗渠形式同水源连接，渗水部分由埋设在田间的渗水管道网组成。常用的渗水管道有多孔瓦管、无砂混凝土管和上部开孔的塑料管道等。鼠道式地下灌溉属管道式地下灌溉的一种，是利用拖拉机或绳索牵引机牵引暗沟犁，顺坡向钻成一排排的地下土洞，形成地下渗水网。修筑简易，省工省时，无须建筑材料，但鼠道受土质的限制，适宜于黏结性强的土壤。

（2）明沟式地下灌溉系统。明沟式地下灌溉系统适用于气候湿润、地下水位较高、水质矿化度低、有丰富的地下水源或其他水源补给的非盐渍化河网地区。通常可利用排水系统，在明沟上设置节制闸以抬高水位向两侧浸润，满足作物根系层土壤对水分的需要。

（3）暗沟式地下灌溉系统。暗沟式地下灌溉系统利用地下排水沟（管）系统设置节制闸控制地下水位，达到渗灌目的。在地下水位较高的冲积扇缘一带，若泉水丰富，地面坡度较大，则可引用泉水进行地下灌溉。

3. 地上灌溉

（1）喷灌。喷灌即喷洒灌溉，用压力管道输水，再由喷头将水喷洒到空中，形成细小雨滴，均匀地洒落在地面，湿润土壤并满足作物需水要求的一种灌水方式。喷灌所需压力一般由水泵加压或是利用地形自然落差获得。

（2）滴灌。滴灌是利用安装在末级管道上的滴头或与毛管制成一体的滴灌带，将压力水以水滴状湿润土壤，滴灌灌水器的流量为2～12 L/h。滴灌与其他灌溉方式相比具有以下特点：蒸发损失小；因为是局部湿润土壤，省水；可根据作物的生育特点，进行自动控制；可结合灌溉施肥，打药；不板结土壤，改变作物根部环境；因适时适量灌水，可达到增产、优质的效果。

四、作业与思考

根据作物生长发育特性制订灌水方案，选择合适的灌水方式。

设计地上灌溉系统及地下灌溉系统。

实践15　蔬菜病虫害防治

一、目的要求

掌握蔬菜常见病虫害的发生动态并根据病虫发生的状况做出合理的防治措施。

二、实践原理

由于蔬菜种植结构复杂，品种生育期及栽培方式不一，茬口布局多样，病虫种类多，生育期复杂，夏秋蔬菜虫害发生猖獗，化学农药使用频繁，因此需要根据田间病虫的发生动态准确选用施药的方式和计量，并制定合理的耕作措施防控病虫害发生。

三、材料用具

材料：多菌灵、百菌清、高效氯氰菊酯等农药，糖醋液、黄板。

用具：喷雾器、黑光灯。

四、实践内容

蔬菜病虫害的农业防治技术包括以下方面。

1. 良种选育：在湿度高、光照弱、温差大环境下，选择种植蔬菜品种时要选择耐弱光性、耐湿抗性以及温度适应性都比较好的品种，同时还要注意对壮苗的培育，避免种苗混栽，对苗床土进行消毒，选择无病虫、发芽率高的种子，加强苗期的肥水及环境管理，及时做好病虫害防治措施，从而培育出苗齐、苗全、苗匀、苗壮的蔬菜种苗。

2. 土壤消毒：蔬菜种植前根据大棚蔬菜的常见病虫害，选择一些杀虫或是杀菌药剂与适量的细土均匀搅拌，之后撒施在地表并翻耕入土，从而达到土壤杀虫的效果。但在消毒过程中需要注意：必须明确常见病害，以免影响土壤消毒的效果；尽量结合具体常见病害的病发规律，选择最佳的消毒时机与用药量；注意保持床面表土湿润，以免因药力无法发挥而发生病害；从长期种植的角度考虑，坚持不同类型药剂的交替使用，避免持续使用同一种药剂而使害虫或病菌产生抗药性。

3. 栽培管理：坚持轮作换茬；发现病虫害后，及时清除病残体、病果，并进行销毁或深埋处理，减少病害基数；在前茬作物腾茬后，全面打扫大棚，尽量清除病菌与害虫，保证蔬菜生长期间增施有机肥，同时采取配方施肥的方式来满足各类蔬菜的具体养分需求。

4. 地膜覆盖：在蔬菜常见病虫害中，土传类病害由于防治困难、传播速度快等特点，因此对于这类病害可以选择高垄覆膜栽培的方式，在整土、除草等工作完成后立即紧贴洼面覆盖塑料薄膜，并在盖膜时边铺边压土，这样可以避免灌溉时蔬菜根茎长期泡在水里，降低土传病害的发生，起到提高地温、促进植株生长的效果。

5. 嫁接技术：蔬菜嫁接技术既可以提高蔬菜的产量，又能在病虫害防治方面起到很好的效果。比如说当蔬菜出现黄萎病、根腐病等病害时，可以利用砧木完成蔬菜嫁接，可替换掉蔬菜的患病根系，使蔬菜植株的抗病性大大提升。

6. 蔬菜病虫害的其他防治技术

（1）植物检疫：植物检疫可分为对外检疫与对内检疫。植物检疫不仅能够实现对病虫害传播、扩散的有效控制，还能避免国际发生的病虫害进入国内，对于大棚蔬菜的病虫害防治有着非常重要的意义。

（2）物理防治：物理防治适用的时间、病害种类乃至效果、方法都是不同的，因此需要根据实际情况进行选择。在夏秋季节，可以利用高温焖棚杀死土表及墙体上的病菌、虫卵、线虫。选择黄板或灯光诱杀、设置防虫网等方法防治虫害。

（3）生态防治：生态防治可分为利用天敌与生物农药防治两种手段，主要是针对蔬菜虫害。利用天敌实际上就是在大棚内释放天敌，以虫治虫。另外，生物农药防治则是使用苏云金杆菌、白僵菌、杀螟杆菌、昆虫病毒制剂等非化学药剂对温室白粉虱等多种害虫进行防治。

（4）化学防治：化学防治主要是对化学药剂的使用，在使用化学防治时总体上要坚持合理用药、科学用药的原则，同时也要避免连续用药、过量用药，尽量选择高效器械来减少用药量、增强药剂防治效果。

（5）苗期病害的防治：按每平方米用40%五氯硝基苯粉剂9g与50%拌种双7g混匀，加细干土4～5kg拌匀，取1/3药土撒在畦面上，播种后将剩余的药土均匀覆盖在种子上；也可在发病初期用50%多菌灵可湿性粉剂600倍液细喷雾或用72.2%普力克水机600倍液每隔7～10d喷一次或用5%井菌素水剂1500倍液喷施。

（6）晚疫病：用72.2%普力克水剂800倍液，或64%杀毒矾可湿性粉剂500倍液，或70%乙膦锰锌可湿性粉剂500倍液，或50%甲霜铜可湿性粉剂600倍液每隔10d一次，连喷3次。

（7）枯萎病：发病初期用50%多菌灵可湿性粉，或30%甲基硫菌灵悬浮剂500倍液喷洒，或用16.5%增效多菌灵浓可溶剂200倍液灌根，每隔7～10d用一次药，连续3～4次。

（8）白粉病：发病初期15%粉锈宁可湿性粉剂1000～1500倍液，或用40%多硫胶悬剂300～400倍液，或5%硫黄悬浮剂150～200倍液，或25%百科乳油2000倍液，或2%农抗120水剂200倍液喷雾，每隔7～10d一次，连续3～4次。

（9）霜霉病：播种前可用种子量0.3%的25%甲霜灵可湿性粉剂拌种；药治可用40%乙磷酸铝可湿性粉剂150～200倍液，或72.2%普力克水剂600～800倍液，或64%杀毒矾可湿性粉剂500倍液，或58%甲霜灵锰锌，或72%克露可湿性粉剂600～800倍液，亩喷药液60～70L，每隔7～10d一次，连续防治2-3次。

（10）锈病：发病初期用15%三锉酮可湿性粉1000～1500倍液，或25%敌力脱乳油3000倍液，或70%代森锰锌可湿性粉1000倍液加15%三锉酮可湿性粉2000倍液，每隔15d喷洒一次，连续2次。

（11）蚜虫：可亩施四季红15g或阿克泰2g配水60kg细喷雾。

（12）菜粉蝶：亩用BT千胜粉剂50～80g或1.5%蔬丹50g。

（3）豆荚螟：亩用BT千胜粉剂50～80g或1.5%蔬丹50g。

（14）螨类：亩施四季红15g或阿克泰2g配水60kg细喷雾。

五、作业与思考

观察蔬菜田间病虫害，将所观察到的蔬菜病虫害进行统计，列出防治要点。

实践16　植物生长调节剂的应用

一、目的要求

通过本次实验掌握几种常用的植物生长调节剂的作用、配制方法及使用方法。

二、实验原理

植物生长调节剂是一种人工合成的类似植物体内天然植物激素的有机化合物。因其使用浓度小，能够调控植物细胞的分化与生长，有利于抵抗不良环境条件的影响，以达高产高效的目的，为此被广泛应用于蔬菜生产。

由于调节剂本身没有营养作用，因此用植物调节剂处理后的各种蔬菜仍需肥水管理。各种不同的植物调节剂要在蔬菜植物生长发育的某一时期及在一定的环境条件下使用，才能达到预期的效果。例如，促进种子发芽，防止幼苗徒长，促进雌花的形成，促进缓苗，防止落花落果，催熟，防止抽薹，提高产量等作用。由于植物调节剂性质不同，其配比浓度及使用方法也不同，因此在蔬菜栽培的生产中掌握调节剂的配制方法及浓度比例，是十分重要的。

三、材料用具

1. 材料：2，4-D（2，4-二氯苯氧乙酸）、番茄灵（对氯苯氧乙酸）、乙烯利和95%乙醇等。

2. 用具：量筒、烧杯、试剂瓶、容量瓶和天平等。

四、实践内容

1. 2，4—D（2，4-二氯苯氧乙酸）

准确称取2，4-D钠盐1g倒入20ml水中，搅拌待其全部溶解后，倒入1000ml的容量瓶中，加水到1000ml定容；配好后，再倒入1000ml的试剂瓶中，即得1000mg/L的2，4-D原液，贴上标签，放在阴凉避光处备用。

在蔬菜生产上，2，4-D主要用于防止番茄、茄子、西葫芦等果菜类蔬菜的落花落果，经2，4-D处理的番茄，果实膨大快，可提高5～7d成熟，并且果实大、种子少、糖分含量高。使用时应注意以下事项。

（1）浓度适宜：番茄以10～20mg/L，茄子以30～40mg/L为宜，不同番茄品种对浓度的要求稍有差异；不同温度下，使用浓度也不同。气温低时使用浓度稍高，气温较高时使用浓度宜低。

（2）方法正确：方法有两种，浸花和抹花。浸花：将配好的药液放在小玻璃杯中，然后把张开的花放入药液中，浸入花柄后立即取出，并将留在花上多余的药液在杯边刮掉，防止因花朵上2，4-D药液过多造成畸形果或裂果。抹花：将配好的适宜浓度的2，4-D倒入小玻璃杯中，用毛笔蘸了药液抹到花瓣的蕊柱头上。抹花不易抹匀，抹花的浓度略高于浸花。两种方法都只能进行一次，并且是刚开放的花。但不要让药液洒在生长点或嫩叶上以免发生药害，影响生长，经过处理的植株要进行肥水管理。

2. 番茄灵（对氯苯氧乙酸）

称取1g的番茄灵放入95%的酒精中进行溶解，加水稀释至1000ml即得番茄灵1000mg/L的原液。使用时，取1000mg/L的原液20ml加水980ml，便成为20mg/L的药液，其他浓度依此类推。

番茄灵又叫防落素。防止番茄落花的浓度一般掌握在20～40mg/L，低温季节使用浓度为35～40mg/L，高温时以25～30mg/L为宜。

番茄灵一般采用喷花法，将配好的药液灌入小喷壶中，在每个花序开放2～3朵花时，往花序上喷洒药液，以喷湿花朵为最佳，避免把药液喷到嫩叶上以免产生药害。一个花序最多喷两次，一般需4～5d处理一次，此方法省时省工效率高。经过处理的番茄果实膨大，生长较快，单果重增加，有利于早熟丰产。

3. 乙烯利（2-氯乙基磷酸）

易溶于水，目前国产的乙烯利为40%的水溶制剂，使用时，只要先计算好所需要的浓度与体积，现用现配，方法简便。

乙烯利是一种抑制剂，能促进瓜类蔬菜雌花的形成。在黄瓜第一片真叶展开时，用100mg/L的乙烯利喷施1～2次，可于4、5节连续出现雌花；在第3片真叶展开时，用200mg/L的乙烯利进叶面喷雾。喷施乙烯利后，须增加追肥量，否则容易化瓜。经乙烯利处理后能减少雄花数目，所以也可用于杂交去雄。

有些瓜果类蔬菜经乙烯利处理后，能提前成熟，提早上市。用1000mg/L的乙烯利涂抹绿果，能提前3～4d成熟；或用2000mg/L的乙烯利溶液浸泡绿熟期番茄，捞出放在25℃左右的温度下催熟，果实可提前4～5d转红。

五、作业与思考

1. 植物生长调节剂有哪些重要种类？分别在蔬菜上有哪些应用？
2. 列表比较以上几种生长调节剂的处理时间、浓度与效果。

实践17　蔬菜的花果管理

一、目的要求

掌握蔬菜生长发育期分段节点，并准确地鉴别蔬菜的生育期。

要求学习了解蔬菜花果期的管理，通过实验掌握包括疏花疏果、人工授粉和保花保果以及肥水管理等具体措施。

二、实验原理

花果管理是指直接或间接对花和果实的生长发育有影响的各项管理。通过对蔬菜进行花前管理，确保花的正常发育形成，在花期对花进行有选择的疏除，并以人工授粉等措施保证一定量的雌花正常授粉受精形成果，再在果期对果进行疏除和选留，使蔬菜达到优质、高产、稳产的效果。所有食用部位为植物生殖器官的蔬菜，都需要进行花果管理，包括茄果类蔬菜、瓜类蔬菜以及部分薯芋类蔬菜等。

三、材料用具

1. 材料：茄果类蔬菜、瓜类蔬菜（实验报告是要求写具体种类）、生长调节剂。

2. 用具：剪刀、毛笔、培养皿。

四、实践内容

（一）人工授粉

1. 坐瓜节位的选择

正确选择坐瓜节位，对于提高瓜类蔬菜的品质和产量都有重要意义。选择坐瓜节位的一般原则是：设施栽培的瓜类，坐瓜节位可低些。西瓜一般早熟品种在主蔓第12～15节留瓜为好，中晚熟品种留瓜在主蔓第20～25节；黄瓜一般早熟品种在主蔓3～4节留瓜为好，中晚熟品种留瓜在主蔓的5～6节。

2. 选择雌花

雌花开放时子房的大小与坐果有密切关系。坐瓜节位的雌花子房大，茸毛多，果柄长而粗，容易坐果，并且果实大，产量高；相反，花瓣小，子房小而圆，花柄短，绒毛稀疏的雌花不易坐果，即使坐住果，果实也个头小、品质差、产量低。

3. 雄花选择

雄花开放时，花粉已成熟，具有授粉能力。用于授粉的雄花应选择当天开放的并且颜色鲜艳、花冠直径较大。

4. 确定最佳授粉时间和授粉完成时间

（1）最佳授粉时间。在晴天条件下，通常在上午8～10点雌花柱头和雄花花粉生理活动最旺盛的时机，也是人工授粉的最佳时间。

（2）授粉完成时间。通常人工授粉完成时间以7d为宜，如果7～10d内授完粉，则坐果期集中，管理方便，采收期集中，并且果实大小均匀，产量高。

5. 方法步骤

（1）花对花法。授粉时，轻轻托起雌花花柄，使其露出柱头；然后选择当日开放的雄花，连同花柄摘下，将花瓣外翻，露出雄蕊；将花粉在坐瓜节位雌花的柱头上轻轻涂抹，使花粉均匀地散落在柱头上，一般1朵雄花可以授2~4朵雌花。

（2）毛笔蘸粉法。摘下当天开放的雄花，将花粉集中到一个干净的器皿（如培养皿）中混合；然后用软毛笔或小毛刷蘸取花粉，对准雌花的柱头，轻轻涂抹几下，看到柱头有明显的黄色花粉即可。

（3）阴雨天授粉注意要点。如果瓜类蔬菜开花期阴雨天气较多，气温相对较低，影响正常的传粉，可提前1d将雌花和雄花套上纸袋或用塑料夹夹住花瓣，授粉时取下纸袋进行授粉。温度低影响受精作用，可重复多次授粉，提高授粉结实率。

（4）授粉完毕后，将授粉的花朵用塑料夹把花朵夹住或将花朵套上纸袋并在授粉瓜节位挂上不同颜色的标牌作为标记。在标牌上注明父母本、授粉次数、授粉日期等信息，同时便于确定瓜的成熟期，做到适时采收。

（5）检查人工辅助授粉的效果。授粉后次日下午，如果雌花果柄弯曲下垂生长，子房前端开始触地，表明授粉成功。如果雌花果柄仍然向上或仍然向前伸直，一般来说是没有授上粉的表现。此时注意清理该植株上标记牌，重新选择雌花进行授粉。

（二）疏花疏果

南瓜、西瓜、甜瓜等大型瓜类严格根据整枝留蔓方式保留商品瓜。对于西葫芦、黄瓜、苦瓜等小型瓜类，根据植株营养状况及雌花开放数确定是否需要疏花疏果。大果型番茄每穗留果3~4个，中果型留果4~5个，及时疏除花序上第一朵花。茄子每个枝上留1个。结合整枝疏除发育不整齐、形状不标准的果。黄瓜根瓜及早采收，西瓜及时摘除第一雌花。

（三）保花保果

1. 加强环境调控。改善蔬菜生长环境是防止落花落果的根本措施。尽量调节温度。使其接近蔬菜生长发育的最适温度。春季栽培的茄果类蔬菜要加强保温，增加光照。越夏栽培可采用两网一膜技术，遮阴、避雨，适当稀植，增加株间通透性。开花期土壤不能干燥，湿度也不能过高或过低。要保证肥水充足。茄果类蔬菜从第一穗果坐住以后，始终是营养生长和生殖生长同时进行。栽培上可以通过疏花疏果、整枝打杈、摘叶摘心等措施。如当茄苗出现5片真叶时进行摘心，到第一朵花后保留1个主枝和2个侧枝。抹去其他侧枝的芽，从留下的3个枝上长出分枝，结果1个时进行打尖，让其充分发育。如叶太盛，要打下老叶。

2. 应用生长调节剂防止落花。①生长调节剂的种类及浓度。一般用2，4-D、防落素、矮生灵、番茄灵。此外，赤霉素及萘乙酸对防止落花也有一定效果。应用生长调节剂防止番茄落花的浓度：2，4-D为10~20mg/kg。防落素为25~50mg/kg。②生长调节剂使用的时期和方法。生长调节剂使用的时期，最好是在开花前后1~

2d。如果在花谢几天后才处理，花柄离层已经形成，毫无保花效果。使用方法可采用涂抹法、蘸花法或喷雾法。相比之下，用小喷雾器逐株喷洒40mg/kg的坐果灵，比2，4-D省工安全。值得注意的是，无论采用上述哪一种处理措施，都要避免重复使用，以免产生畸形果。③注意事项。使用生长调节剂处理时，应根据不同的蔬菜种类、品种、温度、时间、作物长势以及生长调节剂的种类等选择适宜的浓度。不同的蔬菜种类对生长调节剂的敏感程度不同。番茄最敏感，浓度应最低。一般为10～20mg/kg；茄子不太敏感，浓度应适当大些，一般为20～50mg/kg。同一蔬菜种类不同品种之间也存在着差异。以茄子为例，凡是杂交种都比常规品种敏感，使用调节剂处理时，浓度应减少一半。调节剂的使用浓度还与温度有关，一般温度高，浓度要低些；温度低，浓度要高些。与植株的长势也有关，植株长势较旺时，浓度要大些；植株长势较弱时，浓度要小些。

五、作业与思考

1. 简述人工授粉的全过程。
2. 记录一次从花前到采果期间的具体管理措施，并制成表格附于实验报告之后。

实践18　蔬菜的收获及产量调查

一、目的要求

掌握蔬菜产量测定的基本方法。

二、材料用具

1. 材料：自种蔬菜。
2. 用具：各种蔬菜若干，电子秤。

三、实践内容

（一）对所栽培的蔬菜进行适时采收

（1）根菜类蔬菜

此类蔬菜包括萝卜、胡萝卜、芜菁、根用甜菜、根用芥菜等，需要对肉质根进行收获。萝卜：播后70～75d肉质根已充分膨大时为采收适期。胡萝卜：播后90～100d，肉质根充分膨大为收获适期。

（2）茎菜类蔬菜

此类蔬菜包括莴笋、洋葱、马铃薯、莲藕等，需要对嫩茎、块茎、根茎、球茎、鳞茎进行采收。莴笋在老化前都可随时采收，但叶片充分长大、叶绿肥厚的脆嫩期是产量最高、品质最好的采收适期；如果用手轻压叶球，有一定承受力，叶球松紧度适中时采收为最好。洋葱：当植株基部第1～2片叶枯黄，第3～4片叶尚带绿色，假茎失水松软，地上部倒伏，鳞茎停止膨大，外层鳞片呈革质时，是收获的最佳时期。马铃薯：大部分茎叶由绿变黄的生理成熟期，此时为采收适期。莲藕：中晚熟品种多在白露到霜降采收，此时藕已充分老熟，为采收适期。

（3）叶菜类蔬菜

此类蔬菜包括普通散叶菜类、香辛叶菜和结球叶菜，其中有小白菜、菠菜、芹菜、大白菜、结球甘蓝等，需要进行整株收获。小白菜：收获期不严格，4～5片真叶即可分期采收或一次拔收，采收后要立即去除根部和老叶。菠菜：当长到一定大小就可根据市场需求进行分次采收，越冬菠菜由低温冬季进入高温春季时就开始抽薹开花，此时就可全部采收。芹菜：本芹可在叶柄高50～60cm时开始采收。分次采收，一般20～30d采收1次。每次收获1～3片叶，留2～3片。西芹一般在植株高度达70cm左右、单株重1kg以上时一次性收获。大白菜：结球后期遇到低温时，生长发育过程受到抑制，由生长状态被迫进入休眠状态。如果条件适宜，也可不经过休眠，直接进入生殖生长阶段。因此，为保持大白菜外叶养分持续向球叶供应，用于冬贮的晚熟品种，应在低于-2℃的寒流侵袭之前数天收获。收货时连根拔出，堆放在田间，球顶朝外，根向里，以防冻害。晾晒数天，待天气转冷再入窖贮藏。结球甘蓝：采收期不严格，根据市场供应情况，可在叶球包至八成紧时就可陆续上市供应。

（4）花菜类蔬菜

此类蔬菜包括花椰菜、青花菜、黄花菜等以收获花球或花器为产品器官的蔬菜。花椰菜：花球充分肥大，表面洁白鲜嫩，质地光滑，边缘花枝尚未展开时，要及时采收。采收时用刀割下花球，留下靠近花球的三片叶以保持花球不污染，花球上市前不能清洗。青花菜：采收期较短，必须及时采收，采收标准为花球充分长大，花蕾颗粒整齐，不散球，不开花。若在采收前1～2d灌1次水，能提高产品质量和产量。黄花菜：采摘时间因地区和品种而异，一般在开花前3～4h采摘完毕，采收时要避免碰伤花和幼蕾，以免茎梗和花蕾交界处断裂。采摘顺序为自上而下、由外向里逐一采收。

（5）果菜类蔬菜

此类蔬菜包括豆类、茄果类、瓜类等，其中有黄瓜、西瓜、番茄、辣椒、菜豆、豇豆等，只需摘下果实部分。黄瓜：根瓜尽早采收，以防坠秧。根瓜采收后，应严格掌握标准，在商品性最佳时采收；瓜条生长快，必须提高采收频率，甚至每天采收1次。西瓜：采收要根据销售和运输情况来决定采收成熟度。当地销售，采收当天投放市场，必须达到十分成熟，品质好。长距离运输的西瓜，需在八九分熟时采收。采收西瓜要带果柄剪下，可延长存放时间及通过果柄鉴别新鲜度。当地销售的西瓜均带上瓜蔓和叶片显得更加新鲜美观。采收最好在早晚进行，避免中午高温而晒蔫失水。番茄：需长途运输1～2d的番茄可在转色期采收，此时果实大部分呈白绿色，顶部变红，果实坚硬，耐储运，品质好。就近销售的可在成熟期采收，此时果实1/3变红，果实未软化，营养价值较高，生食最佳，但不耐贮运。辣椒：门椒、对椒应适当早采以免坠秧影响植株生长。此后可待果实充分膨大、果肉变硬、果皮发亮后采收，可根据市场价格灵活掌握。菜豆：菜豆开花后10～15d可达到食用成熟度。采收标准为豆荚由细变粗，荚大而嫩，豆粒略显，每1～3d可采收1次，采收时要注意保护花序和幼荚。豇豆：豆荚充分长成，达到商品成熟期，应及时采收。与菜豆相同，采收时，不要损伤其他花序及嫩荚，更不能连花序一齐摘掉，初期4～5d采收1次，盛果期1～2d采收1次。

（二）蔬菜称重与亩产量估算

（1）取样。根据土块大小及田间生长状况进行取样调查，取样点力求具有代表性和均匀分布，通常采用五点取样法、八点取样法和随机取样法等。当被测田块肥力水平不均时，蔬菜植株的个体差异大时，则采取按比例不均等设置取样点方法。

①五点式抽样法：以测产田的中心为第（1）样点，以此点到田块顶点距离的1/2处分别设为（2）（3）（4）（5）点，在每一个样点上，随机抽取一定量的株数或行数。这种方法适用于蔬菜作物生长比较整齐一致的情况。

②间隔抽样法：先确定抽取的样点数，再根据抽样分数$f=n/N$确定抽样间隔，然后从总的可抽取的样点数N中随机抽取一数字除以抽样间隔，除得的余数为第一样点的序号，从而可得到各样点的序号。例如，在一块栽种了1500株黄瓜的测产田内，抽取50株作样本，则$f=50/1500=1/30$；若随机抽取一数字为158，则可确定第一样株的序号为158/30的余数8，间隔抽取8，38，68，…，1478共50株组成样本。这种方法也适用于蔬菜生长较整齐的情况。

③分层抽样法：根据测产田作物变异程度，可将全田划分成几个较均匀同质的部分，称为区层。按各区层在全田所占的比例，决定抽取的样本容量，每一区层内抽取样点，可采用随机或顺序抽样方式。例如，测产田有400株辣椒，要取样株20株，根据辣椒植株的生长情况，可分为好、中、差三个区层，设各区层植株分别有180、120、100（株），则根据$f=20/400=5\%$可以从这三个区层中分别抽样株9、6、5（株）。该方法适用于蔬菜生长不整齐的情况。

④均匀分布抽样法：将全田划分成若干等面积小块，以每一小块的中心或每隔

一小块的中心为抽样点。这种方法适用于田块较大、蔬菜生长不整齐的情况。

确定取样点后按下列步骤进行调查。

（1）对穴播蔬菜需求每亩穴数。移栽蔬菜测定实际穴、行距。在每个取样点上，测量11或21穴蔬菜的横、直距离，分别以10或20除之，求出该取样点的行、穴距，再把各样点的数值进行统计，求出该田的平均行、穴距。则求得

$$每亩实际穴数=\frac{666.7\mathrm{m}^2}{平均行距(\mathrm{m})\times 平均穴距(\mathrm{m})}$$

调查平均每穴有效株数、求每亩株数：在每个样点上、连续取样10穴（每亩地一般调查5个点），记录每穴有效株数（具有每穴达到每穴平均株数才算有效株数），统计出个点及全地平均每穴株数，求得

每亩有效株数=每亩实际穴数×每穴平均株数×每株的产品器官重

（2）对撒播或条播的葱蒜类、绿叶菜类等个体较小的蔬菜，实收样点产量可采用样框（固定木框）抽样。样框做成正方形或长方形，放样框时，样框的长边置于行间中心线上，宽边置于株间中心线上。在多个抽样点上，采收样框内的植株计产，估测产量。

（3）去荚豆类产量的折算。

每1hm^{2}产量（kg）=样点内的株数×每株平均荚数×每荚平均粒数×百粒重×10000（m^2）/样点面积（m^2）×1000×100。每个样点中可随机抽取20～30株进行调查统计。式中百粒重单位为克。为了使不同小区的产量或类似试验的产量能相互比较，应将豆粒的含水百分率折成同一规定下的百分率，折算公式为

规定含水量百粒重=实际含水量百粒重×[(1–实际含水量)/(1–规定含水量)]

（4）多次采收的蔬菜作物一次性全期测产。在实际生产中，经常要对多次采收的果菜类调查田进行一次性全期测产。估产时期一般在盛果期。预测的全期产量为前期已采产量+后期预测产量（单株后期预测产量×全田总株数），

其中

单株后期预测产量=单株现有的平均果数×单果均重

例如对一块辣椒地（盛果期）进行一次测产，该地前期已采产量Y'，现预测后期产量，可在田间设5个样点，每个样点抽20个样株，首先按株统计现有果数，求出每株平均果数K个，然后在每个样点随机摘取100个辣椒，求出单果平均重X，则单株后期预测产量为$\sum_{i=1}^{5}(KX)i/5$。

由该地块的面积和株行距算出总株数N，这块辣椒地的全期预测产量为

$$Y=Y'+N\sum_{i=1}^{5}(KX)i/5$$

如果前期产量未统计，则可根据植株上采收的果痕或结果规律，统计单株全期

结果数，并算出单株全期产量来估测单位面积总产量。

（三）定点取样

根据上述三种取样方法进行定点取样。

（四）产量估测

根据不同蔬菜种类分别进行产量估测。

四、作业与思考

1. 记录所测蔬菜的具体取样方法。
2. 对所测蔬菜产量估测采用的具体计算方法。

第三章　蔬菜设施栽培技术

实践19　园艺设施设计规划

一、目的要求

初步掌握园艺设施的总体设计、结构设计的原则、要求和一些基本概念，规划设计的内容与步骤。

二、材料用具

1. 材料：选好附近要建棚的场地作为实习对象。

2. 用具：做好测量和绘图等用具的准备工作，如水准仪、平板仪或经纬仪，标杆，塔尺，木桩，比例尺，三角板，方格坐标纸，铅笔，橡皮，绘图纸，记录纸等。

三、实践内容

教师可根据实际生产情况选择1～2项内容进行实验。

（一）蔬菜种植园的设计

教师给出种植园的面积（长、宽）以及园中温室、大棚、露地的比例，种植园附属设施的种类及规模。

1. 先在设计图纸上划出园区的外框，然后将附属设施标出。

2. 根据各种设施的比例，确定布局。

3. 温室群的设计。

（1）部位及走。向温室一般安排在园区的北侧，东西走向。

（2）温室规格。每栋日光温室的面积以300～800m^{2}为宜，东西延长50～100m，跨度6～8m，脊高2.7～3.5m。

（3）温室间距温室间距可按下面公式计算。

①理论公式：$L=（D_1+D_2）÷\tan h9\times \mathrm{Cos}t9-（11+12）$

②经验公式：$L=（D_1+D_2）\times 0.25\pm 0.5$

式中，L为前后两排温室的间距；D_1为温室的脊高；D_2为卷起草苫的直径；$h9$为冬季上午9时的太阳高度角；t9为上午9时的太阳时角；l1为后坡水平投影距离；l2为后墙底宽。

（4）温室操作间。一般应在温室靠近道路的一端设置操作间，操作间规格以内净面积4m²，长宽各2m为宜。

4. 大棚群的设计

（1）部位及走向。大棚一般安排在园区的中、南部，亦可安排在园区一侧的北部，南北走向。

（2）大棚规格。每栋大棚的面积以300～800m²为宜，南北延长40～60m，跨度依类型而定（见表1），棚间距2～4m。

表1　不同类型大棚的跨度和高跨比

类型	跨度(m)	高跨比
竹木结构大棚	12～14	1:4.5～5.4
钢材骨架空心式大棚	10	1:3.8～4.8
装配式薄壁镀锌骨架大棚	7～9	1:2.5

5. 供水系统。可按节水灌溉系统中的微灌系统进行设计，设计方法可参照实验26的相关内容。

6. 供电系统。主要供应照明、动力、电热加温的需要，在设计上应标明线路的走向及功率。

7. 道路。东西每四栋温室设一条南北主干道，每两栋温室间设一条南北次干道，南北每隔10栋温室设一条东西干道（见图2-4），干道宽6～8m，次干道宽3～6m。

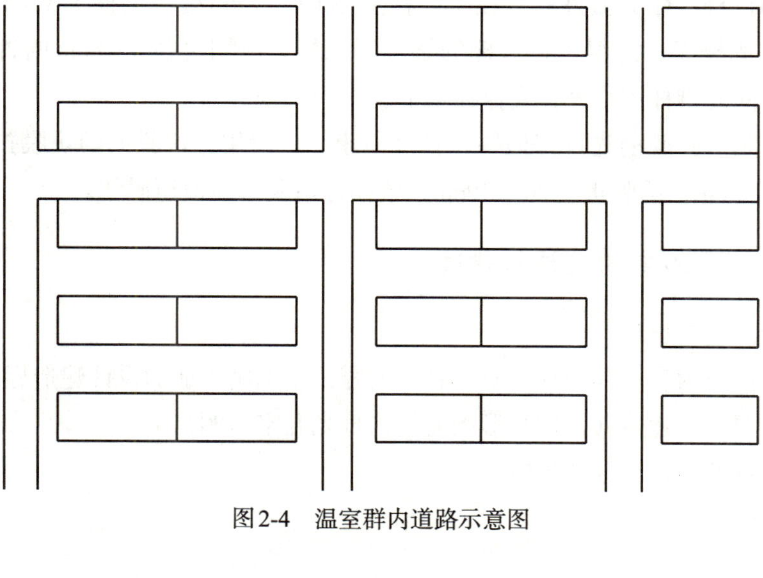

图2-4　温室群内道路示意图

（二）蔬菜种植园的调查

全班分成3～4个小组，以组为单位，对种植园进行调查。

1. 种植园的布局包括长、宽面积，道路，温室群，大棚群，露地及附属设施的大小、分布。

2. 大棚包括棚的大小（长、宽、脊高、面积），棚的拱杆、拉杆，压膜设施的用料规格及间距，棚门、放风口的设置部位及大小，棚的高跨比。

3. 温室包括坐落方位，规格（长、宽、高），占地面积，栽培床面积，墙体（山、后墙）的厚度、高度，透明屋面及后屋面的角度、长度、用料及构成，立柱的高度、间距，拱杆的间距、高跨比，覆盖物（透明及不透明）的名称及规格（长、宽、厚），门的位置大小，加温设施的类型及设置。

（三）塑料大棚的设计与建造

1. 设计

设计方法及内容可参阅（一）中有关内容。

2. 建造（以竹木结构大棚为例）

（1）埋立柱。按设计的部位，在头年上冻前埋好，入土深30～40cm。为增加立柱的牢固性，可在立柱下端钉一小横木，立柱纵向间距2.5～3m。

（2）插绑拱杆。沿大棚两侧边线照准各排立柱对插两根拱杆，拱杆为宽4～5cm的竹片，插入土中30～40cm，两根拱杆在立柱的支撑下弯曲成弧形，在中间对接，接口要绑牢绑平。

（3）绑拉杆。棚架做好后，在距立柱上端10～15cm处纵向捆绑3～4cm粗的竹木拉杆，加固棚架，悬梁吊柱大棚的梁（即拉杆）应用直径6～8cm的竹木杆，相邻两行立柱间的拱杆用小吊柱支撑在梁上。

（4）扣膜。扣膜前先设好地锚，备好薄膜，一般用三块膜或四块膜扣法，两侧膜埋土20～30cm，两膜重叠20～30cm，膜扣好后及时加设压膜线。

（四）日光温室的设计与建造

1. 日光温室的设计

设计方法及内容可参阅（一）中有关内容，或选用当地的设计建造标准。

2. 日光温室的建造（以拱圆形钢筋结构日光温室为例）

（1）温室的规格（见图2-5）

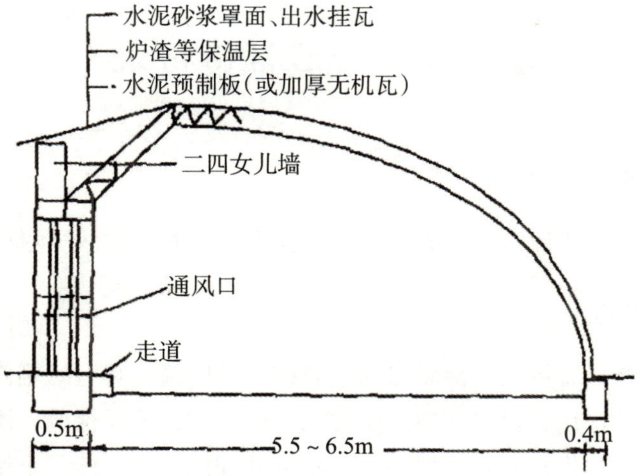

图2-5 拱圆形钢筋结构日光温室

(2) 墙体的建造。地基应为30 ~ 50cm的石头或砖地基，地基上为双二四加一二空心形成的六〇墙或3个一二墙拉成双空心五〇墙，每隔1m有砖跺横拉连接，顶部3 ~ 5层砖封顶不做空心，并留钢筋预埋件。空心部分填充珍珠岩、锯末等保温材料。前墙基座深40cm、宽50cm，每3m留一个钢筋预埋件，作固定骨架用。

(3) 拱架的安装。先在东西山墙贴墙固定安放两片钢筋拱架，以这两个钢筋拱架的顶端为基准，拉一条标准高度水平线。拱架的前端设一地梁（角钢），拱架后坡部分设两道天梁（角钢），分别焊接牢固。骨架前拱部分，分两道用直径12mm圆钢或12.7mm钢管横拉，与拱架下拱焊接，作为拉梁。

(4) 搭后坡。后坡搭厚4cm、宽1m的自制水泥预制板，然后砌“女儿墙”；“女儿墙”为二四墙，高度低于脊高20cm，后坡顶上添炉渣或蛭石等保温轻质材料；最后顶上用水泥沙浆抹光。

(5) 上膜。采用三块膜扣法上膜。

(6) 上草苫草。苫选用稻草苫或蒲草苫，上草苫从一侧开始，两苫重叠20 ~ 30cm，每块草苫下放两根绳子，作拉苫、放苫用。

(五) 观看蔬菜种植园规划与建设的录像资料。

四、作业与思考

根据当地实际情况，绘出一份园艺设施规划图，并写出设计说明书。

实践20　地膜铺设技术

一、目的要求

了解地膜覆盖的几种方式，掌握地膜覆盖及小拱棚搭建的方法。

二、实验原理

地膜覆盖是指以农用塑料薄膜覆盖地表的一种措施。具有减轻雨滴打击、防止冲刷与结皮形成的作用；可有效减少土壤水分的蒸发，天旱保墒、雨后提墒，促进作物对水分的吸收和生长发育，提高土壤水分的利用效率；能使土壤保持适宜的温度、湿度，使地温下降慢、持续时间长，利于肥料的腐熟和分解，提高土地肥力。地膜树盖成本低、使用方便、增产幅度大，是一项既能防止水土流失，又能提高作物产量的常用措施。

三、材料用具

1. 材料：秧苗地块、地膜、竹片等。
2. 用具：自备。

四、实践内容

（一）地膜覆盖方式

地膜覆盖的方式依当地自然条件、作物种类、生产季节及栽培习惯不同而异。

（1）平畦覆盖：畦面平，有畦埂，畦宽1.00～1.65m，畦长依地块而定。播种或定植前将地膜平铺畦面，四周用土压紧，或是短期内临时性覆盖。覆盖时省工、容易浇水，但浇水后易造成畦面淤泥污染。覆盖初期有增温作用，随着污染的加重，到后期又有降温作用。一般多用于种植葱头、大蒜以及高秧支架的蔬菜。

（2）高畦覆盖：畦面为平顶，高出地平面10～15cm，畦宽1.00～1.65m。地膜平铺在高畦的面上。一般种植高秧支架的蔬菜，如瓜类、豆类、茄果类蔬菜。高畦高温增温效果较好，但畦中心易发生干旱。

（3）低畦覆盖：将畦做成低于地面50cm左右宽的畦，畦深15～20cm，把育成的苗定植在沟内，然后在沟上覆盖地膜。当幼苗生长顶着地膜时，在苗的顶部将地膜割成十字，称为割口放风。晚霜过后，苗自破口处伸出膜外生长；待苗长高时再把地膜划破，使其落地，覆盖于根部。俗称先盖天，后盖地。如此可提早定植7～

10d，保护幼苗不受晚霜危害。既起着保苗，又起着护根的作用，进而达到早熟、增产增加收益的效果。早春可提早定植甘蓝、花椰菜、莴笋、菜豆、甜椒、番茄、黄瓜等蔬菜，也可提早播种西瓜、甜瓜等瓜类及粮食等作物。

（4）高垄覆盖：畦面呈垄状，垄底宽50～85cm，垄面宽30～50cm，垄高10～15cm。地膜覆盖于垄面上，垄距50～70cm。每垄种植单行或双行甘蓝、莴笋、甜椒、花椰菜等。高垄覆盖受光较好，地温容易升高，也便于浇水，但旱区垄高不宜超过10cm。

（5）沟坡覆盖：在地面上开出深40cm，上宽60～80cm的坡形沟，两沟相距2～5m（甜瓜为2m，西瓜为5m），两沟间的地面呈垄圆形。沟内两侧随坡覆70～75cm的地膜，在沟两侧的地面呈垄圆形。沟内两侧随坡覆70～75cm的地膜，在沟两侧种植瓜类。

（6）穴坑覆盖：在平畦、高畦或高垄的畦面上用打眼器打成穴坑，穴深10cm左右，直径10～15cm，空内播种或定植作物，株行距按作物要求而定，然后在穴顶上覆盖地膜，等苗顶膜后割口放风。可种植马铃薯等作物。

（二）地膜的种类

（1）无色透明地膜：它是生产上应用最广的一种薄膜，常用的是聚乙烯膜。透明膜的透明率高，土壤增温快，早春可使耕层土温提高2℃～4℃，膜的幅宽从45～200cm不等，可以根据需要选用。一般每667m^{2}用膜量因透光性好，覆盖膜下易生杂草，所以可以在覆膜前土壤喷洒除草剂。

（2）有色地膜

①黑色膜。在聚乙烯树脂中加入2%～3%的炭黑，透光率较低，所以膜下杂草不能生长，可以抑制杂草。黑色膜的增温效果较差，一般可使土壤增温1℃～3℃。在马铃薯生产中，使用黑色膜可使块茎整齐，不变绿色，早熟、增产明显。

②绿色膜。绿色膜不透紫外线，而绿色光不被作物吸收，所以能抑制杂草生长。绿色膜增温作用较强，一般1～10cm深土层可增温1.5℃～10℃。但膜的耐久性差，绿色素在光照下极易分解，使绿色膜易褪色。

③银灰色反光膜。它是将铝粉薄薄地粘接在聚乙烯膜的两面，制成夹层膜，或在聚乙烯树脂中掺入2%～3%的铝粉，制成含铝膜。它具有隔热和较强的反光作用，主要用来驱避蚜虫，可减少蚜虫危害和减轻病毒病的发生。

④双色及双面膜：为克服黑色膜和透明膜的缺点，可制成双色膜。采用一条宽10～15cm的透明膜，相接一条同样宽度的黑色膜或银色反光膜，两色相间成为双色条膜，其作用既可透光增温，又不影响根系生长，并能抑制杂草生长。双面膜是一面为乳白色或银灰色，另一面为黑色的复合膜。覆盖时乳白色或银灰色向上，黑色

面向下，其增温值较低，可降低土温，一般可降低土温0.5℃～5℃；可用于夏季覆盖，既有利于反光、驱避蚜虫，又可抑制杂草生长，效果较好。

（3）特种地膜

①除草膜：在薄膜制作过程中掺入除草剂，在地面覆盖后，薄膜凝聚的水滴溶解膜内的除草剂，再滴入土壤，或在杂草触及薄膜时被除草剂杀死，起到除草作用。国外现已大量应用，我国已试产使用除草膜，但目前用于蔬菜上的除草剂种类较少，且专用性很强，因此对生产及使用除草膜带来很大困难。

②有孔膜及切口膜：为了方便播种和定植，在工厂生产薄膜时按照栽培的要求，在薄膜上打出3.5～4.5cm直径的播种孔，或打出一定间距的定植孔。有时为了方便撒播或条播蔬菜，而在薄膜上制成不同间距的切口，以便进行播种，但因各地种植方式不同，株行距差异较大，难以全部满足需要，所以在带来方便的同时，也有其局限性的一面。

③光解膜：在自然光照条件下，经过一定时间（40，60或80d）自行迅速老化降解成小块，最后转化成粉末掺于土壤，无污染，对土壤结构无不良影响。

④植物纤维地膜：国外研制的以稻草及其他植物纤维为原料制成，其透明性、保温性和耐久性接近于普通聚乙烯地膜。老化后分解为植物纤维，成为土壤有机质。

⑤光-生物双降解地膜：以玉米淀粉为原料制成，在光作用下，大分子量物质逐渐降解为小分子量物质进入土壤，最后被土壤微生物分解。该地膜是最新研制成功的新产品。

小拱棚的骨架一般采用竹竿或杂木制成，也有用钢筋焊成拱形骨架的。

通常有以下3种形式：一是棚高0.5～0.8m、宽1.2～1.8m。这种拱棚不需要立柱，只须用竹片做成拱形骨架，上覆塑料薄膜即可。二是棚高1.2～1.5m、宽3.6m，棚中间需立1排1.2～1.5m高的立柱，立柱与立柱间距离为3m。棚内可做5条50cm宽的垄或3个1m宽的畦。三是棚高1.8m、宽5.4～6m，需立2～3排立柱，两侧立柱距中间立柱距离为1.5m，单排立柱间距3m，每排立柱上拉铁丝或竹竿作横梁。立柱应在秋季埋好，以备早春覆膜。

小拱棚的空间小，晴天升温特别快，夜间降温也快，所以温度管理特别重要。在早春使用时，既要防高温危害，又要防冷害、冻害。防高温，可加强通风、防止干旱，必要时中午适当遮光，尤其是使用新塑料薄膜时更要小心。防冷害、冻害主要应把握好定植期，即定植不要过早。特别是在夜间不加覆盖物的情况下，更要注意防冷害。此外，还要防止风害。小拱棚主要用于春季露地蔓生豆类的前期覆盖栽培，以促进早熟。其定植期可比纯露地栽培提早7～10d。小拱棚也用于矮生豆类蔬菜春提早栽培及露地豆类蔬菜育苗。

五、实验步骤

1. 定植前覆地膜

露地或塑料大棚早春生产宜采用此种方法。

（1）整地做畦。细致整地，施足底肥，造足底墒后起垄或做畦。要求畦面疏松平整，无大土块、杂草及残枝落叶。一般畦高以10～15cm为宜。如采用明水沟灌时，应适当缩小畦面，加宽畦沟；如实行膜下软管滴灌时，可适当加宽畦面，加大畦高。

（2）覆膜。露地覆膜应选无风天气，有风天气应从上风头开始放膜。放膜时，先在畦一端的外侧挖沟，将膜的起端埋住、踩紧，然后向畦的另一端展膜。边展膜，边拉紧、抻平、紧贴畦面，同时在畦肩的下部挖沟，把地膜的两边压入沟内。膜面上间隔压土，防止风害。地膜放到畦的另一端时，剪断地膜，并在畦外挖沟将膜端埋住。

2. 定植后覆地膜

日光温室秋冬季生产采用此种方法。

畦面整理温室果菜类定植完毕后，在两行植株中间开沟，要求深浅宽窄一致，以利于膜下灌水。然后用小木板把垄台、垄帮刮平。

覆膜选用90～100cm幅宽的地膜，在畦北端将地膜卷架起，由两个人从垄的两侧把地膜同时拉向温室前底脚，并埋入垄南端土中，返回垄北端把地膜割断抻平。然后在每株秧苗处开纵口，把秧苗引出膜外，将膜落于畦面铺平，用湿土封严定植口。最后将在畦的两侧和北端的地膜埋入土中。

小拱棚宽一般1～2 m，高0.6～1.0 m，长10 m左右，或依地块长度而定。用荆条、细竹竿、竹片等弯成拱形，两端插入土中，做成拱架。1 m宽的小拱棚用2～4根荆条，梢对接缠绕在一起绑紧，两端插入畦埂内，一般每0.5 m设1拱。拱插完后，用1根绳把所有拱在最高点处连成一整体，绳的两头拴在木橛上，固定拱棚的两端，以增加强度。2 m宽的小拱架则需要在中间埋立柱、设横梁，以支撑拱杆，一般隔2 m左右埋1立柱。拱杆也可用竹片、细竹竿，如用荆条，则每拱的荆条数应增加到6～8根。也可一次投资，用14钢筋焊接成固定的小拱棚，宽2 m，高1.1 m，每0.5 m设1拱，每个小拱棚长8～10 m。钢筋拱的底部和中部由3道S14钢筋焊接成整体，两端和中间由3道00钢筋固定跨度。

六、作业与思考

1. 按照操作程序，学会四种地膜覆盖方法以及小拱棚搭建的要点。

2. 根据不同蔬菜种植地的整地方式进行地膜覆盖和小拱棚搭建。

实践21　温室（大棚）的设计

一、目的要求

通过实地观察与调查、资料查阅，了解温室（大棚）的设计理念、基础设施、设计方案；通过设计温室（大棚），熟悉温室（大棚）设计的内容与方法；能够画出温室（大棚）的简易图。

二、实践内容

（一）参观温室（大棚）

选择附近有温室（大棚）种植基地，参观并记录其外观形状、大小、构架类型、覆盖材料。

（二）温室（大棚）的设计

1. 温室（大棚）的选址

温室（大棚）选址时应尽量选在平坦地块，地下水位不要太高，避开挡光的高山和建筑，有污染的地方也不能建棚。另外，有强烈季风的地区要考虑所选温室（大棚）的抗风能力。一般温室（大棚）的抗风能力应在8级以上。对日光温室来讲，温室的朝向对温室内的蓄热能力影响很大，应选择坐北朝南，东西走向。而大棚应考虑棚内的光照是否均匀，建议选择南北走向。

2. 设计结构

设计大棚必有的基础结构主要有拱杆、卡槽、纵拉杆、门头立杆、摇门、支撑杆（见附图2-6）。

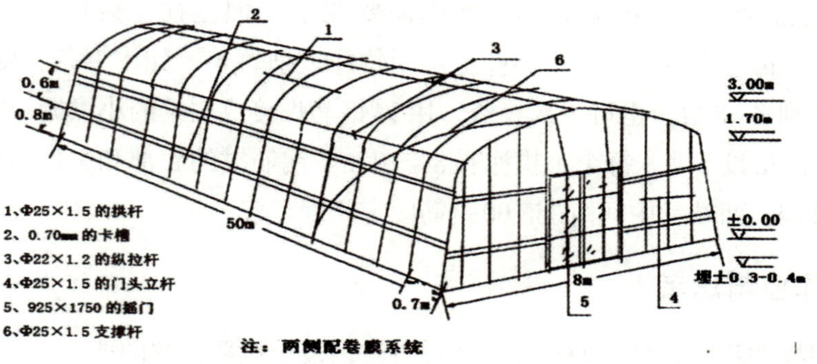

附图2-6　大棚构造图

3. 骨架结构和覆盖材料

温室（大棚）骨架的主要有拉杆、压杆、拱杆以及立柱等。大棚的骨架材料有竹木、钢管、塑钢等。

温室（大棚）的覆盖材料有普通膜、多功能长寿膜、草被、草扇、聚乙烯高发泡软片、无纺布、遮阳网、玻璃。

三、材料用具

1. 材料：温室（大棚）。
2. 用具：皮尺、笔记本、中性笔、空白的A3纸、铅笔、尺子、橡皮擦。

四、作业与思考

设计一栋温室（大棚），绘制简易设计图，要求注明基础结构、骨架结构及覆盖材料。写出所设计大棚的用材种类、规格。

实践22 温室（大棚）的性能观测

一、目的要求

温室（大棚）相对于其他设施比较完善，利用温室（大棚）可以在不适宜园艺作物生长发育的寒冷季节，栽培园艺作物，达到优质、高产、高效。其中，温度、湿度及光照是影响设施生产的重要小气候因素。

通过本实验掌握园艺设施的结构特点、规格及本地的应用，掌握园艺设施温度、湿度及光照观测的一般方法，熟悉温度、湿度及光照观测仪器的使用方法。

二、实践内容

（一）观测点布置

水平测点如图2-7所示：左边为设施内，一般布置9个观测点，其中5点位于设施中央，其余各点以5点为中心在四周均匀分布；右边为设施外，它与5点相对应。

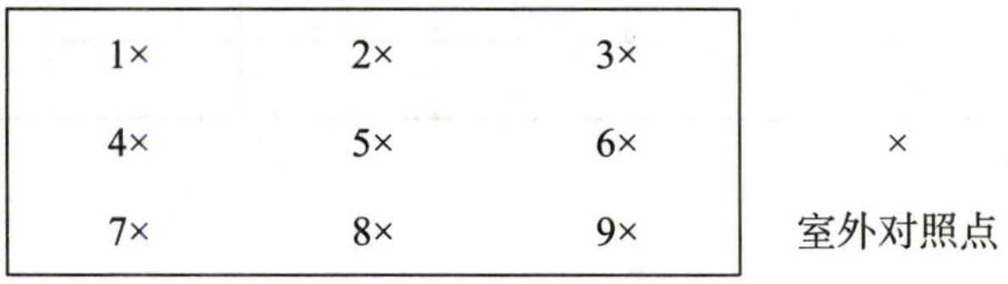

附图2-7 水平测点分布图

垂直测点按照设施高度、作物生长状况和测定项目来定，在无作物时，可设20、50、150cm三个高度；有作物时，可设作物冠层上20cm和作物层内1～3个高度，室外高度为150cm。土壤中设5、15、25cm几个深度。

注意温室（大棚）中各部位湿度差异不大，仅取5点150cm读数即可。

（二）观测时间

选择典型的晴天或阴天进行观测。

一天中每隔2h测一次温度、空气湿度，每隔2h分别在2、4、6、8、10、12、14、16、18、20、22、24点观测，共12次；如温室（大棚）需要揭、盖帘，且揭盖时间超过上述时间0.5h，则应在揭、盖帘前后及时加测1次。光照度分别在6～20h内，每隔1h测1次。

（三）观测顺序与观测值

视人力、物力可采取定点流动观测或线路观测方法。在同一点上取自上而下，再自下而上进行往返两侧观测，取两次观测的平均值。观测结果可见附表22-1、附表22-2、附表22-3、附表22-4。

附表22-1　气温记录表（℃）

观测点(cm)	室外对照点			1			2			…			9		
时间(h)	20	50	150	20	50	150	20	50	150	20	50	150	20	50	150
2															
4															
…															
24															

附表22-2地温记录表（℃）

观测点(cm)	室外对照点			1			2			…			9		
时间(h)	5	15	25	5	15	25	5	15	25	5	15	25	5	15	25
2															
4															
…															
24															

附表22-3 光照度记录表（Lux）

观测点(cm) 时间(h)	室外对照点			1			2			…			9		
	20	50	150	20	50	150	20	50	150	20	50	150	20	50	150
6															
7															
…															
20															

附表22-4 湿度记录表（℃）

时间(h) 观测点	2	4	6	8	10	12	14	16	18	20	22	24
5												
室外对照点												

三、材料用具

1. 材料：温室（大棚）。

2. 用具：自记式温度计、干湿温度计、便携式光照度计、数字式多功能土壤分析仪、竹竿、线绳、钢卷尺、铁铲等。

四、作业与思考

1. 记录温室（大棚）各时间段、各位置的温、湿度与光照值。

2. 根据所得数据比较温室（大棚）与露地温、湿度及光照的差异。

实践23 蔬菜的育苗营养土配制及床土消毒技术

一、目的要求

由于园土的营养成分、结构质地、卫生状况不能满足蔬菜幼苗生长的需要，因此常常对育苗土进行配制与消毒。

通过本实验熟悉蔬菜育苗营养土的组成成分；掌握育苗营养土配制及床土消毒方法。

二、实践内容

（一）营养土配制

1. 营养土原料的选择

（1）园土。园土是营养土的主要组成成分，一般占60%～70%。为避免土传病害，园土不能使用种植过同种蔬菜的土壤，以种过豆类和葱蒜类的土壤为宜。园土最好于8月高温季节掘取、打碎、过筛，覆盖薄膜并贮藏于室内，保持干燥状态备用。配制营养土对园土的要求：肥沃、无病菌虫卵，熟化的菜园土，过筛备用。

（2）有机肥料。占培养土的30%～40%。包括有机农家肥（人畜粪尿）及炭烧稻壳、草木灰等。

① 人畜粪尿。一般与园土、垃圾等混合，腐熟发酵使用。

② 炭烧稻壳、草木灰：含有丰富的钾元素，好钾量多的蔬菜可多添加，占育苗基质的20%～30%。配制营养土对有机肥料的要求：充分腐熟后使用。

③ 过磷酸钙：占2%～3%。以增加钙、磷含量。

2. 营养土配方

营养土按照用途的不同可分为播种用营养土和分苗用营养土。用途不同，配方不同。

播种营养土应保持质地疏松，以利于幼苗发根及拔苗抖土，一般园土占50%～60%，有机肥占40%～50%。分苗用营养土土质应有一定黏度，以防止囤苗、起苗时散坨。园土占60%～70%，有机肥占30%～40%。

3. 配制营养土

配制时应按照配比充分搅拌均匀，并用消毒剂消毒营养土。使用前15h，过筛后调节pH值至6.5～7.0，过酸可用石灰调整，过碱可用稀盐酸调整。土质过于黏重可掺入适量锯末、稻壳、炉灰渣或多掺些腐熟的马粪等。土质过于疏松可掺入适量的牛粪或黏土。

（二）床土消毒

床土消毒的常用方法主要有高温消毒、药剂消毒及熏蒸消毒。

1. 高温消毒

主要利用夏季高温暴晒，先将地翻平整好，再用透明塑料薄膜覆盖好，密闭15～20h，土壤的温度将升至50℃～60℃，可杀死土壤中的各种病菌。

2. 药剂消毒

（1）福尔马林（40%甲醛）消毒法。苗床土耙松后，每平方米用福尔马林40ml

兑水4kg浇在床土上，然后用不透明覆盖物盖上4～5h，揭去覆盖物后再将土耙松，待两周后药液挥发尽才播种。

（2）甲基托布津或多菌灵消毒法。用50%多甲基托布津或50%多菌灵粉，按1：100的比例与细土混匀，播种前将药土撒入苗床内。

（3）代森铵消毒法。将50%代森铵配成300～400倍液。然后按每平方米3～5kg的用量将其浇在床土表面即可。

（4）瑞毒霉素消毒。用25%的瑞毒霉素50g兑水50kg，混匀后喷洒营养土100kg，边喷边搅拌均匀，堆积1h后摊在苗床上即可播种。

（5）敌克松消毒法。用95%敌克松可湿性粉剂5g，加水10kg均匀喷洒苗床。

（6）五氯硝基苯消毒法。取40%五氯硝基苯8g加细干土40～50kg拌匀，播前将苗床浇透水，待水渗下后，取1/3的药土撒在畦面上；播种后，再将剩余的2/3药土覆盖在种子上面。

3. 熏蒸消毒

将甲醛、溴甲烷、氯化苦、棉隆等有熏蒸作用的药剂加入土壤，并在土壤表面盖上薄膜等覆盖物熏蒸。

三、材料与用具

1. 材料：园土、腐熟有机肥、无机肥、各种消毒药剂等。
2. 用具：铁锹、水桶等。

四、作业与思考

1. 查阅资料，找到几种常用的营养土配方。
2. 比较各种杀菌方法的差异。

实践24　电热温床铺设技术

一、目的要求

电热温床是利用电热线使床土增温并保持一定适宜生长温度的保护设施，是园艺植物早春育苗普遍采用的方法，通常配合塑料拱棚、温室，在较短时间内培育大量的优质幼苗。

通过本实验，熟悉电热温床在铺设过程中的注意事项；掌握电热温床的设计及铺设方法。

二、实践内容

（一）平整床畦

按生产要求规格做育苗床，挖取15~20cm深的土置于床外待用，然后将床底整平踏实。

（二）铺隔热层

在床底铺5~10cm厚的稻草作隔热层，在隔热层上填一层细土或干沙子。

（三）布线

按蔬菜育苗对温度的要求计算电功率密度，一般为80~100W/m^2，两线的距离为10~15cm。在苗床两端按设计好的间距钉好20~25cm小木桩，露出苗床6~7cm，从一端开始，将线从木桩上绕过，拉紧，铺于床底；从床的另一端引出，反复布线。苗床边缘散热快，为使苗床温度一致，两边线距适当缩小，中间线距适当拉大（理论上，线距一致）。

（四）检查线路

用万能表等检查电加热线是否畅通。如果畅通，即可覆土；如果电热线发热不畅通，应检查线路，排除故障。

（五）覆盖床土

一般覆盖营养土10cm，床土覆盖好后，将床表面用木板刮平，以便播种。

如果用育苗盘或营养钵育苗，在电热线上先覆盖2cm营养土，用脚踏实，放上育苗盘或营养钵育苗即可。

（六）接好控温仪

电加热线的线头要连接在控温仪引出的电源线上，按说明接通控温仪的电源，把感温插头插入控温位置。

（七）注意事项

1. 注意安全。除了布线以外的电路操作最好由专业电工处理；在苗床上作业时要切断电源；使用工具时要防止划破电热线保护层；拉头要用胶布包好，防止漏电伤人。

2. 合理布线。平行布线，不可重叠、交叉和打死结；布线边缘要密，中间要稀，总量不变，使苗床内温度均匀。

3. 以夜间加温为主，并充分利用自然光增温、保温。

4. 不可超负荷。线与仪器之间的连接线和线路控制设备的安全负载电流量，必须与电热线的总功率相适应，不得超负荷。

5. 苗床土的厚度因应用方式不同而不同。如育苗播种床，床土厚5cm左右，分苗床厚10cm左右，放置穴盘苗厚2cm左右。

三、材料与用具

1. 材料：稻草、木桩、控温仪、农用电热线（可选用800 W\1000 W及1100 W等规格）、交流接触器，配套的电线、开关、插座、插头和保险丝等。

2. 用具：钳子、螺丝刀、电笔、万用电表等电工工具。

四、作业与思考

1. 详细记载电热温床的设计与铺设技术。

2. 思考如何管理电热温床育苗的温度。

实践25　二氧化碳施肥技术

一、目的要求

作物光合作用所需CO_2的最适宜浓度为600～800μl/L，而空气中CO_2浓度为300μl/L左右，明显低于作物所需最佳浓度，而设施栽培是在半封闭的环境下进行的，CO_2缺乏更为严重，因此设施栽培CO_2施肥技术是实现高产、优质的重要措施之一。

目前CO_2施肥方法很多，有通风换气法、土壤增施有机肥法、深施碳酸氢氨（或施固体CO_2颗粒肥）法、生物生态法、燃烧碳氢燃料法、液态CO_2法、化学反应法等。其中，用稀硫酸与碳酸氢铵反应生产CO_2，价格低，原料来源广，操作方法简单，应用效果好，无污染，是生产上广泛采用的方法。

通过本实验熟悉CO_2发生原理；掌握常用的化学反应法CO_2施肥技术。

二、实践内容

（一）CO_2施肥时期与时间

不同作物由于对CO_2的吸收效率不同，因此应选择吸收效率高的时期作为施肥时期。叶菜类在发棵期开始进行CO_2施肥，茄果类在开花坐果至果实膨大期为CO_2施肥最佳时期。施肥时间应在日出半小时后开始，中午放风前半小时停止施用，阴雨天不施肥。

（二）CO_2施肥浓度

不同作物CO_2施肥浓度不同，一般叶菜类为1500～2500μl/L，黄瓜、茄子、青椒为800～1500μl/L，番茄、甜瓜为500～800μl/L。

（三）CO_2施肥方法

1. 原料的准备（H_2SO_4和NH_4HCO_3）

用红外CO_2分析仪测定设施中CO_2的浓度，计算需增加CO_2的浓度，按附表25-1称取浓H_2SO_4和NH_4HCO_3（一天用量）。

附表25-1　667 m^2标准棚室CO_2施肥浓硫酸和碳酸氢铵用料参照表

反应物	数量				
二氧化碳增加量/(μl/L)	100	250	550	750	1000
二氧化碳达到量/(μl/L)	400	550	850	1050	1300
硫酸(浓)/kg	0.275	0.685	1.480	2.040	2.750
碳酸氢氨/kg	0.465	1.165	2.515	3.470	4.650

将浓H_2SO_4配制成30%的稀H_2SO_4，将稀H_2SO_4分别装在17个塑料桶中，667m^2标准棚室中每40m^2悬挂一个塑料桶，悬挂高度与作物生长点相平。将NH_4HCO_3分成17等份。

2. H_2SO_4-NH_4HCO_3反应法

每天早晨，揭开草苫后半小时左右，在每个装有稀硫酸的桶内，轻轻放入等份NH_4HCO_3；晴天与盛果期多加，多云天与其他生长阶段可少加，阴天不加。

3. CO_2浓度监测

施放后每0.5h用红外线CO_2分析仪测定环境中CO_2浓度。

三、材料与用具

1. 材料：塑料大棚一栋、浓H_2SO_4、NH_4HCO_3。
2. 用具：红外线CO_2分析仪、塑料桶等。

四、作业与思考

1. 合理施用二氧化碳肥料必须注意哪些问题？
2. 哪些化合物可以代替NH_4HCO_3参与化学反应法？

实践26 营养液配制技术

一、目的要求

营养液是无土栽培的基础。无论是基质培，还是水培，都离不开营养液。进行无土栽培作物时，要在选定营养液配方的基础上，正确地配制营养液。

通过本实验掌握营养液的配制方法，熟悉营养液配制过程中的注意事项。

二、实践内容

营养液的配制方法有两种，一种是先配制母液，再稀释母液配制工作营养液；另一种是称取各种含植物所需的营养元素的化合物直接配制工作营养液。前者适用于营养液用量多或贮液桶比较少的情况下，后者适用于营养液用量少或贮液多的情况下。无论根据实际生产情况采用哪种配制方式，都应按照营养液配制不产生沉淀的原则进行。

（一）母液稀释法

1. 母液的配制

（1）母液的分类

为了防止母液中的各种化合物之间反应生成沉淀，一般将配方中的各种化合物进行分类，把相互之间不产生沉淀的化合物分为一类，分别是A母液、B母液和C母液。A母液以钙盐为中心，包含钙盐及不与钙盐产生沉淀的化合物；B母液以磷酸盐为中心，包含磷酸盐及不与磷酸盐产生沉淀的化合物；C母液包含微量元素及起稳定微量元素有效性（特别是铁）的络合物。

A、B母液（含大量元素）一般为100、200、250或500倍的浓缩液，C母液（微量元素）为成500或1000倍液。

（2）母液的配制及贮存

①A、B母液的配制。按照所需母液的体积和浓缩倍数计算出配方中各种化合物的用量，然后将A母液和B母液中的各种化合物称量后分别放在一个塑料容器中，溶解后加水至所需配制的体积，搅拌均匀即可。注意将各种化合物分别溶解，一种物质加入充分混合后再加入另一种物质。

②C母液的配制。取所需配制体积80%左右的清水，分成两份，分别加入两个塑料容器中；称取$FeSO_4·7H_2O$和EDTA-2Na分别加入这两个容器中，充分溶解后，将$FeSO_4.7H_2O$溶液缓慢倒入EDTA-2Na溶液中，边加边搅拌；然后称取C母液所需

的其他各种化合物，分别溶解，依次倒入装有$FeSO_4$.$7H_2O$和EDTA-2Na混合溶液的容器中，边加边搅拌；最后加清水至所需配制的体积，搅拌均匀即可。

③母液的贮存。为防止长期保存出现沉淀，可加入1mo1/L H_2SO_4或HNO_3，调节溶液的pH为3～4；同时应将配制好的母液置于阴凉避光处保存。浓缩C母液最好用深色容器贮存。

2. 工作营养液的配制

①A母液的稀释。在贮液池中加入预配工作营养液体积的40%的水量，将量好的A母液倒入其中，搅拌混匀。

②B母液的稀释。将量好的B母液倒入A母液的稀释液，并不断加水稀释，至总水量的80%。

③C母液的稀释。将量好的C母液倒入前混合液中，加足水量并不断搅拌混匀。

（二）直接称量配制法

在生产中，经常一次需要的工作营养液量很大。为了提高效率，大用量营养元素可以采用直接称量配制法，而微量营养元素可采用先配母液再稀释母液的配制方法。

具体的操作步骤为：在贮液池中放入所要配制营养液总体积60%～70%的清水，称取相当于A母液的各种化合物，放在容器中溶解后倒入贮液池中，搅拌混匀；然后称取相当于B母液的各种化合物，放入容器中溶解，用大量清水稀释后，搅拌混匀；再量取C母液，用大量清水稀释，加足水量并不断搅拌混匀。

三、材料与用具

1. 材料：大量元素和微量元素（按照选定的配方选择）。

2. 用具：电子天平、烧杯、容量瓶、玻璃棒、贮液瓶、记号笔、标签纸、贮液桶等。

四、作业与思考

1. 选择一种蔬菜的营养液配方进行配制，详细记录配制过程。

2. 思考$FeSO_4\cdot 7H_2O$和EDTA-2Na在营养液中的作用。

3. 思考配制营养液需要注意哪些。

实践27 蔬菜无土育苗技术

一、目的要求

无土育苗又称营养液育苗，是应用配好的无机营养液在特制的容器内培养秧苗的方法，与床土育苗的根本不同在于用营养液取代土壤供给蔬菜秧苗营养。一般选用通气良好的固体材料作为育苗基质，定期定量浇营养液育苗；也可以直接在基质中复配好秧苗所需要的营养，直接浇清水来培养秧苗。

它与床土育苗相比具有以下优点：秧苗生长快，根系发达整齐一致，较床土育苗可缩短育苗期7～10d；苗期病虫害少；省工、省肥、省种子；便于规模化育苗。

了解无土育苗的设备，掌握无土育苗技术规程。

二、实践内容

（一）装盘

首先应该准备好基质，将配好的基质装在穴盘中；装盘时应注意不要用力压紧，因为压紧后，基质的物理性状会受到破坏，使基质中空气含量和可吸收水的含量减少。正确的方法是用刮板从穴盘的一方刮向另一方，使每个孔穴中都装满基质，尤其是四角和盘边的孔穴，一定要与中间的孔穴一样，基质不能装得过满，装盘后各个格室应能清晰可见。

（二）压穴

装好的盘要进行压穴，以利于将种子播入其中。可用专门制作的压穴器压穴，也可以将装好基质的穴盘垂直码放在一起，4～5盘一摞，上面放一空盘，两手平放在盘上均匀下压至要求深度为止。

（三）播种

种子还是以浸种催芽后的为好。播种前将基质用清水充分湿润，然后将种子均匀撒播在基质上；有格室的穴盘，要一格一粒。

（四）覆盖

播种后用蛭石覆盖穴盘。厚度以种子大小（厚度）的2～3倍为宜，覆盖用蛭石的颗粒不宜太大。方法是将蛭石倒在穴盘上，用刮板从穴盘的一方刮向另一方，去掉多余的蛭石；覆盖蛭石不要过厚，与相平为宜。

（五）幼苗管理

出苗后要及时浇营养液，否则会影响幼苗正常生长。幼苗对营养需求量较少，供液浓度可偏低些，避免因溶液浓度高而影响胚根的正常发育（先用1/2剂量的营养液，逐渐过渡到全营养液）。

（六）分苗及成苗管理

1. 分苗前提早准备好基质，用塑料钵育苗效果较好。

2. 分苗时尽可能少伤根，最好是边取苗、边移栽，避免幼苗长时间暴晒；分苗后，及时浇营养液或浇水，防止基质干燥。

3. 所用的营养液要采用全元素配方，防止缺素症发生。根据基质及幼苗的蒸发量，一般3d左右浇一次，营养液的浓度可随秧苗生长适当提高，但最高不能超过秧苗的生长允许值。

4. 缓苗后秧苗生长速度加快，要注意防止徒长，加强通风降湿。

三、材料与用具

1. 材料：小白菜、番茄种子等；营养液，草炭：蛭石=2：1。

2. 用具：育苗穴盘、塑料薄膜若干、塑料钵。

四、作业与思考

1. 详细记录蔬菜苗的生长发育过程，并对其中出现的问题进行探讨和分析。

2. 以床土育苗为对照，比较无土育苗和床土育苗的区别。

实践28 蔬菜水培技术

一、目的要求

蔬菜水培技术是将蔬菜的根系生长在营养液层中，仅利用营养液提供营养、水分和氧气等进行栽培的方式。水培技术是无土栽培的一种。由于水培技术具有设备简易，便于自动化管理，产量高，产品优质等优势，因此在叶菜生产上应用广泛。

通过本实验了解水培技术的种类；熟悉水培设施和设备；掌握水培技术规程。

二、实践内容

（一）水培技术的分类

根据营养液层的深浅不同，可分为营养液膜技术（营养液层1～2cm）、深液流技术（营养液层5～10cm）、浮板水培技术（营养液层5～6cm）及雾培技术。

（二）水培技术

1. 水培设施和设备

（1）营养液槽：用于贮存营养液，一般用砖和水泥砌成，具体规格须考虑栽培量及温室（大棚）的空间制定。

（2）育苗设备：育苗盘、基质等。

（3）栽培板和栽培池：栽培板又称为定植板，主要是用来固定根部，还有防尘、遮挡阳光、防藻类产生和稳定营养液温度等作用。不同种类和不同生长期的蔬菜应选择不同大小和孔径的栽培板，通常栽培板长80～100cm，宽50～70cm，按定植孔多少分为288、99、72、24、18、6孔板。栽培池是放置栽培板以及蔬菜生长的主要场所，一般用砖和水泥砌成。

（4）加液、排液及营养液循环系统：由塑料及金属材料制成。

2. 水培过程

（1）播种育苗

先将育种基质移至育苗盘内，用播种器播种；再将育苗盘摆放在育苗台上，用喷壶浇洒营养液，使营养液浸没育种基质。注意播种后每天用喷壶喷洒营养液1～2次，以保持种子表面的湿润和种子的发芽出苗率。有条件的可以使用潮汐台育苗，每天两次使育种基质浸于营养液中，每次时间为40～60min。光照不能太强，必要时可使用遮阳网调节光照。定期观察，一般正常情况下3～5d即可发芽出苗，5～7d齐苗。

（2）定植分苗

选择成长状况良好的苗移到定植板上，并放入栽培池中培育。幼苗长到4片真叶时开始定植，先将育种基质一个个掰开，再将分开的小苗插入定植板上的定植孔中，注意动作要轻。

为了给蔬菜苗提供足够的生长发育空间，需要间苗。在播种后7～11d进行第一次分苗（二间苗），第14～21d还要进行一次分苗（三间苗），每次分苗后将小孔径的栽培板更换为大孔径的栽培板。

（3）营养液的使用与管理

根据植株生长发育对营养液的浓度要求，定植前营养液的浓度稀释至50%或者更低；定植以后，营养液逐渐调至全剂量营养液。营养液使用过程中应不断地对pH和EC值进行检测。为保证叶菜类的最适pH（6.0～6.9），一般用磷酸调节。EC值降低时，可用添加营养液的方式调节。

三、材料与用具

1. 材料：生菜种子；营养液、基质等。
2. 用具：播种器、穴盘、水培设备等。

四、作业与思考

（一）比较水培技术与普通栽培技术的差异。
（二）讨论水培的日常管理方法。

实践29　芽菜的工厂化生产技术

一、目的要求

凡是利用植物种子或其他营养贮存器官，在黑暗弱光（或不遮光）的条件下直接长出可供食用的芽苗、芽球、嫩芽、嫩茎或幼稍均可称为芽菜。可分为种（籽）芽菜和体芽菜。由于具有生长速度快、可多种方式栽培、无公害、营养丰富、质地柔软等特点，因此被人们所喜欢。

通过本实验了解芽菜的种类及特点，掌握芽菜生产技术。

二、实践内容

（一）浸种

剔除杂质和不好（虫蛀、破碎、特小、畸形、腐烂）的种子。选择容器加入超过种子2～3倍的水浸泡8～24h（夏季自来水即可、春秋冬季温水泡）。育苗盘一盘用量100g左右。具体浸种温度与时间见附表29-1。

（二）播种

在育苗盘上铺一层育苗纸并且洒水润湿，将泡好的种子捞出，均匀地铺洒在育苗纸上，注意不要太过拥挤、重叠。

（三）避光催芽

铺好的种子上面盖上一张育苗纸并且润湿（夏季不用，不利于通风），用遮阳网或者报纸使环境完全黑暗。催芽期一天喷三次水，不要等纸干了再洒水。

（四）生长管理

避光后2～3d发芽，发芽后继续洒水，一天3～4次，注意生长前期少浇水，后期适当加大浇水量。在整个生育期进行遮光，再在最后两天绿化栽培，但注意光不宜太强。温度及通风管理，一般控制在18℃～28℃，通风除了可以调节室内气温的作用外，更重要的是保持清新的空气，以防止发霉腐烂以及二氧化碳的损失。

（五）收获

要求组织柔嫩、含水量高。按照附表29-1要求的采收标准采收。

附表29-1　芽苗菜整个生长期间管理表

芽菜种类	浸种时间（h）	催芽温度（℃）	催芽天数(d)	出盘标准（cm）	出盘后温度(℃)	生长周期（d）	采收标准（cm）
萝卜芽	8～12	23～26	2～3	0.5～1.0	20～25	5～7	6～7
豌豆苗	24	18～22	2～3	1.0～2.0	18～22	8～10	10～15
苜蓿苗	24	18～22	2	0.5～1.0	18～23	8～10	3～5
蕹菜苗	36	20～23	2～3	0.5～1.0	20～25	10～12	10～12
黑豆苗	24～36	23～26	2～3	/	20～25	10～13	10～12
黄豆苗	24	20～22	2～3	/	20～22	10～12	10～12

三、材料与用具

1. 材料：白萝卜、豌豆等种子。
2. 用具：育苗盘、育苗纸、喷水壶等。

四、作业与思考

详细记录芽菜整个生长过程（有照片）中出现的问题。

实践30 蔬菜成熟度判断技术

一、目的要求

掌握判断蔬菜成熟度的方法，了解成熟期蔬菜外观内质的变化，能够对蔬菜进行常规的感官、理化品质鉴定。

二、实验原理

蔬菜的成熟度与品质密切相关，蔬菜种类繁多，不同的蔬菜种类和品种供食用的产品器官不同，判断其成熟度的方法也不尽相同，应根据其生长发育规律、外观形态和生理指标等方面加以区别。成熟分为生理成熟和商业成熟，前者是指植物达到生理成熟的状态，后者是指蔬菜产品是否成熟到适于市场所需的食用、加工和贮运标准，一般蔬菜均在生理成熟前达到商业成熟即采收。蔬菜产品器官是否达到商品成熟度常用的判断标准包括色泽、坚实度、大小和生长状态、生长期、主要化学物质的含量和变化等。

三、判断技术

（一）观察蔬菜色泽

蔬菜在成熟时会发生颜色变化，呈现一定的光泽度。番茄生理成熟时，表皮会由绿色变为红色，但长距离运输或贮藏的番茄一般在绿转红达到商业成熟时采收。甜椒成熟表现为浓绿色，茄子表皮则呈现深紫色且光滑有光泽，豌豆由暗绿色变为亮绿色，花椰菜的花球白而不发黄。由于蔬菜的色泽除了与本身的成熟度有关外，还与其他因素有关，因此蔬菜成熟度还需综合考虑其他指标。表面色泽可作为判断标准之一。

（二）坚实度

蔬菜坚实度一般用来表示其发育状况。部分蔬菜坚实度大说明发育良好、充分成熟或达到采收的质量标准。例如，结球甘蓝、花椰菜成熟时，叶球或花球饱满、坚硬；番茄、辣椒在硬度较大、未过熟变软时，即达商业成熟。但有一部分蔬菜的坚实度高则表示品质下降，如绿叶菜类蔬菜、豌豆荚、黄瓜、甜玉米等幼嫩时即达商业成熟，莴笋、芹菜等的商业成熟则在叶变得坚硬前。

（三）大小和生长状态

蔬菜成熟时会达到其固有的大小，表现出特定的生长状态，大小主要指产品器官达到一定的高度（如芹菜、大葱）、直径（如萝卜、胡萝卜）等。以鳞茎、块茎为产品的蔬菜，如马铃薯、大蒜、洋葱、山药等，在地上部分开始变黄、枯萎和倒伏时即为成熟。

（四）生长期

栽种在同一地区的蔬菜，其从种植到成熟，大都有一定的时间，可根据当地的气候条件，结合以往经验来计算平均生长期。例如，北京露地春栽的番茄，约4月20日定植，6月下旬成熟；大白菜立秋前播种，立冬前采收；早熟西瓜从开花到果实成熟需要28～35d。

（五）主要化学物质的含量和变化

蔬菜中的糖、淀粉的含量和变化常作为判断成熟的指标，如青豌豆、菜豆、甜玉米以糖多、淀粉少，则质地佳、风味好；马铃薯、芋头、土豆等则在淀粉含量最高时最佳，产量高，营养丰富。

四、作业与思考

选取3种不同类型的蔬菜，综合分析其成熟度的判断标准。

实践31 蔬菜的采收及预贮技术

一、目的要求

了解蔬菜适时采收和预贮的目的和意义，掌握蔬菜采收的方法，采后进行晾晒、愈伤等预贮处理的作用及技术要求。

二、实践内容

（一）蔬菜采收

蔬菜采收除了应根据不同蔬菜的特点、贮藏和销售需求，掌握适当的成熟度，选取最佳的采收时间外，还要注意采收方法。蔬菜的采收主要有人工采收和机械采收两大类。

1. 人工采收

鲜销和长期贮藏的蔬菜最好选择人工采收。人工采收可针对不同的蔬菜种类、不同的大小、不同的成熟度，及时进行分批分次采收和分级处理，灵活性强；可根据蔬菜的销售和贮藏要求，精细地保留蔬菜具有经济价值的部位；同时还可以减少机械损伤。

蔬菜食用的器官具有多样性，采收的方法也大不相同。根茎类蔬菜，如马铃薯、红薯、山药等须从土里挖出，应避免挖掘用具伤到产品，要保证产品完整性；茄果类、瓜菜类，如冬瓜、茄子、西红柿等，逐个从植株上摘取或剪下即可；叶菜类，如白菜、油菜、生菜等常用手摘或刀割；叶球、花球类蔬菜采收时须保留2～3片外叶以保护产品器官。

2. 机械采收

相对于果实，蔬菜更适合采用机械采收，因蔬菜成熟度基本一致，且种植较为规整，采收面基本平齐。机械采收最适宜的蔬菜种类是地下茎类，采收机械由挖掘机、收集器、分级装置、传送带等组成，采收效率远远高于人工采收；果菜类采用机械收割，然后清除枝叶，达到商品标准。目前用于机械采收的蔬菜还有芹菜、甘蓝、叶用莴苣、豌豆、甜玉米等。

（二）预贮技术

蔬菜的主要预贮方法有晾晒脱水、愈伤处理和预冷等。

晾晒也称贮前干燥或萎蔫处理，一般蔬菜预贮失水控制在3%～5%为宜。例如在北方，叶菜类在贮藏前均需适当预贮，从菜内排除水分，使最外层叶片适度萎蔫，以提高耐贮性。葱蒜类产品，常在贮运前进行晾晒，使表面鳞片充分干燥，形成膜质保护层，利于贮藏。

愈伤处理则可使采收过程中机械损伤形成的伤口愈合，避免微生物的侵入造成产品腐烂变质，薯类和葱蒜类园艺产品在采后进行愈伤处理后贮藏效果较好。大部分蔬菜在愈伤过程中，需要高温、高湿和通风良好的环境。不同蔬菜种类的愈伤的环境要求有所不同。马铃薯采后在18.5℃保持2～3 d，而后在7.5℃～10℃和90%～95%相对湿度下存放10～12 d即可完成愈伤；甘薯的愈伤处理温度为30℃～35℃，相对湿度85%～90%下存放4 d，这样能愈合伤口，增强抵抗力，防止病菌侵染；山药则存放在38℃和95%～100%相对湿度条件下1 d，可完全抑制表面微生物生长。

预冷是保持蔬菜新鲜程度和品质最有效的处理方式。产地及时预冷，可以去除蔬菜产品田间热，有效减缓果蔬的呼吸作用，如番茄在0℃～4℃预冷处理，可以降低番茄呼吸速率，减少果实质量和营养成分损失，维持番茄硬度。西葫芦在0℃～3℃预冷处理，能够显著延缓硬度的下降，降低呼吸速率和乙烯的释放量，维持较好的品质，延缓采后衰老，延长货架期。蔬菜常见的预冷方式有冷库预冷、冷水预冷、差压预冷、真空预冷等，针对不同蔬菜的特点，结合预冷效率、产品质量和预冷能耗等综合考虑，合理选择合适的预冷方式。一般来说，叶菜类产品适合真空预冷，根茎类产品可采用冷水或压差预冷，蘑菇类和草莓类产品可以使用真空预冷和压差预冷，等等。

三、材料用具

1. 材料：达到采收成熟度的各类蔬菜。
2. 用具：枝果剪、刀、锄头、塑料大框。

四、作业与思考

思考和整理一种蔬菜的采收技术和预贮方法，包括采收期的确定、果实成熟的特征、采收前的准备、采收方法及注意事项，以及选取合适的预贮的方式和环境条件。

实践32　蔬菜感观品质评价技术

一、目的要求

了解主要蔬菜品质的构成和鉴定的主要内容，能够正确描述蔬菜产品器官的大小、形状、色泽、成熟度、新鲜度、洁净度、整齐度、质地和风味，综合评价蔬菜的感官品质。

二、材料和用具

1. 材料：黄瓜、大白菜、番茄、胡萝卜、马铃薯等常见蔬菜。
2. 用具：游标卡尺、手持折光仪、硬度计、电子天平、水果刀等。

三、内容与方法

蔬菜感官鉴定要点主要有以下几方面。

1. 色泽。色泽可显示蔬菜的成熟和新鲜程度，各种蔬菜有其固有的颜色，颜色决定于各种色素的含量和比例，而光泽越亮、表面越光滑，则新鲜程度越大。采用目测法或通过色差仪测定蔬菜颜色。

2. 大小。蔬菜产品的大小可用长度、宽度、直径、重量和体积等指标来衡量。不同品种蔬菜个体大小差异大，同一品种蔬菜也会存在较大差异，因此市场对于蔬菜个体大小的要求根据不同蔬菜而异，一般要求整齐度一致。

3. 形状。蔬菜形状根据不同种类和品种而定，一般要求形状符合该品种的外观特性、特征，无畸形。

4. 成熟度。不同蔬菜产品根据其食用性质要求不同的成熟度。如西葫芦、黄瓜、莴笋等以食用幼嫩时期为宜，番茄、姜、西瓜要求成熟度高。

5. 新鲜度。蔬菜新鲜度是其最重要的感官品质之一。新鲜度与蔬菜采后呼吸、蒸腾等生命活动的继续进行、含水量、病害和衰老有关，一般采取低温贮藏和增加湿度等措施保持蔬菜新鲜度。新鲜度可采用目测感官评价。

6. 洁净度和整齐度。洁净度是指蔬菜表面整洁干净的程度，整齐度是指蔬菜外观表现一致性的指标。优质蔬菜产品表面应无泥土、无农药残留和虫害，整齐度高。

7. 质地和风味。质地包括蔬菜的硬度、脆性、韧性、松软程度、多汁性、黏滑性等；风味包括蔬菜特有的香气、酸、甜、苦、辣、涩等味道，不同蔬菜的差别较大。

8. 缺陷。蔬菜是否有腐烂、病虫害、疤痕、折损、黄叶、机械损伤等。

四、实验步骤

1. 样品准备。选择2~3种蔬菜进行感官评价。

2. 根据下表各项目进行感官评定。

品名	色泽	大小	形状	成熟度	新鲜度	洁净度	整齐度	质地	风味	腐烂	损伤	等级

3. 根据选定蔬菜的感官鉴定标准定出等级并给予综合评价。

（1）黄瓜感官鉴定要点

优质黄瓜：色泽鲜亮、幼嫩，顶花带刺；瓜体直，大小均匀；无机械伤、无虫害；有黄瓜清香味、脆性大、无苦涩味。

次质黄瓜：稍有萎蔫、不新鲜；瓜身弯曲且粗细不均。

劣质黄瓜：萎蔫、色泽暗黄；畸形瓜、大肚瓜等；有腐烂、病斑。

（2）结球大白菜感官鉴定要点

优质白菜：色泽鲜亮，新鲜度高，外表洁净，外形整齐度高，大小均匀，包心紧实，无黄叶、枯老叶、烂叶，心部不腐烂，无机械伤，无病虫害。

次质白菜：包心紧实，无烂叶、无病虫害、菜心不腐烂；外形不整齐，大小不均匀；外表少量损伤，不洁净，有泥土或带黄叶、枯叶、老叶。

劣质白菜：包心不实，外形不整齐，有机械伤，根部有泥土或有黄叶、老叶、烂叶，有病虫害或菜心腐烂。

（3）番茄感官鉴定要点

优质番茄：表面色泽饱满、光滑，着色均匀，有3/4变成红色或黄色，果实大而均匀饱满，果形圆正，不破裂，只允许果肩上部有轻微的环状裂痕或放射形裂痕，果肉充实，味道酸甜适口，无筋腐病、脐腐病和日烧病害及虫害。

次质番茄：果实着色不均或发青，成熟度不好，果实变形而不圆整，呈桃形或长椭圆形，果肉不饱满，有空洞。

劣质番茄：果实有不规则的瘤状突起（瘤状果）或果脐处与果皮处开裂（脐裂果），果实破裂，有异味，有筋腐、脐腐、日烧等病害或虫蛀孔洞。

（4）胡萝卜感官鉴定要点

优质胡萝卜：色泽橘红而鲜艳，表皮光滑，体形粗细整齐，大小均匀一致，不分叉，不开裂，中心柱细小，其粗度不宜大于肉质根粗的1/4，质脆、味甜，无泥土、无伤口、无病虫害。

次质胡萝卜：质脆、味甜、中心柱小，粗壮但不整齐，大小不均，无泥、无伤口、不开裂、无病虫害，表皮粗糙，皮目（凹陷的小点痕迹）较大。

劣质胡萝卜：萝卜体形细小，大小不一，表皮粗糙，有分叉或八脚，有伤口或开裂，带有明显的病虫害，中心柱大，趋于木质化。

（5）马铃薯感官鉴定要点

优质马铃薯：表面有光泽，薯块肥大而匀称，皮脆薄而干净，不带毛根和泥土；无干疤和糙皮，无病斑，无虫咬和机械外伤，不萎蔫、不变软，无发酵酒糟气味，薯块不发芽，不变绿。

次质马铃薯：薯块大小不均匀，带有毛根或泥土，并且混杂有少量带疤痕、虫蛀或机械伤的薯块。

劣质马铃薯：薯块小而不均匀，有损伤或虫蛀孔洞，薯块萎蔫变软，薯块发芽或变绿，并有较多的虫害、伤残薯块，有腐烂气味。

五、作业

选取2～3种蔬菜进行感官品质鉴定，并给出综合感官评价。

实践33 蔬菜分级与包装技术

一、目的要求

通过蔬菜的分级和包装，可使产品达到标准化，提高商品价值，保证蔬菜的安全运输和贮藏。通过本实践了解蔬菜分级、包装的目的和意义，掌握主要的蔬菜分级方法和包装技术。

二、材料和用具

1. 材料：蒜薹。
2. 用具：卡尺、台秤、塑料绳、蒜薹专用塑料打包袋、不锈钢小刀。

三、内容与方法

（一）分级

蔬菜由于食用部位不同，成熟度要求不同，因此难以制定统一固定的分级标准。不同蔬菜可根据其品质要求制定个别标准。蔬菜通常根据坚实度、清洁度、大小、质量、颜色、形状、鲜嫩度以及病虫害和机械伤等分级，一般分为特级、一级和二级3个等级。特级具有本产品典型的优良品质、形状、色泽等，不存在影响组织和风味的内部缺点，整齐度高，在数量或质量上允许5%的误差；一级产品与特级有同样的品质，在色泽、形状上稍有不足，但不影响外观和品质，可允许10%误差；二级产品可存在外部或内部缺陷，价格低廉。

蒜薹采后耐贮性较好，是可以长期贮藏的蔬菜之一。目前已制定国家分级标准（GB 8866-88），按照质地鲜嫩程度、粗细长短、成熟度的不同分为特级、一级和二级，见下表。

等级	规格	限度
特级	1.质地脆嫩,色泽鲜绿,成熟适度,不萎缩糠心,去两端保留嫩茎,每批样品整洁均匀; 2.无虫害、损伤、划薹、杂质、病斑、畸形、霉烂等现象; 3.蒜薹嫩茎粗细均匀,长度30～40cm; 4.扎成0.5～1.0kg的小捆	不合格率不得超过1%(以重量计)
一级	1.质地脆嫩,色泽鲜绿,成熟适度,不萎缩糠心,薹茎基部无老化,薹苞绿色,不膨大,不坏死,允许顶尖稍有黄色; 2.无明显的虫害、损伤、划薹、杂质、畸形、病斑、霉烂等现象; 3.蒜薹嫩茎粗细均匀,长度≥30cm; 4.扎成0.5～1.0kg的小捆	每批样品不合格率不得超过10%(以重量计)
二级	1.质地脆嫩,色泽淡绿,不脱水萎蔫,薹茎基部无老化,薹苞稍大允许顶尖稍有黄色干枯,但不分散; 2.无严重虫害、损伤、划蔓、杂质、畸形、病斑、霉烂等现象; 3.蒜薹嫩茎粗细均匀,长度≥30cm; 4.扎成0.5～1.0kg的小捆	每批样品不合格率不得超过10%(以重量计)

（二）包装

包装是产品转化成商品的重要组成部分，具有包容产品、保护产品、宣传产品的功效。蔬菜的包装根据其不同种类有所不同，包装的容器和材料种类很多。容器主要有筐类、纸箱、塑料箱、网袋，包装材料有包裹纸、抗压托盘、称垫物、塑料袋、塑料薄膜等。

四、实验步骤

1. 样品准备。选取刚从产地收割的未挑选过的蒜薹。

2. 整理、挑选和清洗。剔除机械伤、病虫害严重，不能食用的蒜薹，其余用清水洗净、晾干。

3. 人工分级。根据分级标准，感官评定其质地、外观品质，采用卡尺等工具测量蒜薹长度，分出特级、一级和二级。

4. 包装。将各等级蒜薹捆扎成0.5～1.0kg的小捆，排列整齐装入蒜薹专用塑料打包袋中。

五、作业与思考

查询两种蔬菜的分级标准和包装方式，撰写报告。

实践34 蔬菜的催熟技术

一、目的要求

通过本实验了解蔬菜催熟的原理，掌握蔬菜常用的催熟方法，并观察比对各方法技术催熟及脱涩效果。

二、实验原理

催熟是指销售前用人工的方法促使果蔬成熟的方法。有些蔬菜为了创造更好的经济效益，提早上市，常在未达到采收成熟度时即采收；或是因为自身生理特性、环境因素，不能够在植株上正常成熟或商品特性较差。对这些不完全成熟和成熟不充分的蔬菜，必须进行人工催熟，以保证果蔬达到销售标准、最佳食用成熟度和外观品质。

蔬菜催熟是采用一些人工的措施，基本上是物理作用（温度、湿度）或物理作用与化学作用（例如乙烯）相结合，以促进酶的活性，增强果蔬的呼吸作用，促进其快速成熟的过程。常用的化学催熟剂有乙烯、丙烯、燃香等，其中乙烯的催熟作用最强。但由于乙烯是气体，不方便使用，因此生产上常用乙烯利进行催熟。

三、材料和试剂用具

1. 材料：番茄（由绿转白）。
2. 试剂：乙烯利。
3. 仪器和用具：恒温箱、聚乙烯薄膜袋（PE）。

三、实验步骤

1. 清洗、挑选。将番茄用清水清洗，洗去表面灰尘、泥土，剔除有机械伤、病虫害的果实。

2. 乙烯利处理番茄果实。将乙烯利配制成浓度800mg/kg的水溶液，喷洒在番茄表面。

3. 密封观察。将用乙烯利处理好的果实装入PE袋中，扎口，置于20℃~24℃，相对湿度为85%~90%的环境中。

4. 设置对照。将同样未成熟的番茄，置于相同的温度、湿度等环境条件下，对比处理前后的番茄果实、果皮、颜色的变化。

四、结果与分析

催熟前后番茄品质比较

处理方法	处理时间	果皮颜色	果实硬度	可溶性固形物含量
未处理				
处理后				
对照				

五、作业

分析对比催熟处理前后番茄果实品质的变化。

实践35 蔬菜的愈伤技术

一、目的要求

通过实验了解蔬菜愈伤的原理，常见蔬菜的最佳愈伤条件；掌握常见的愈伤方式和方法。

二、实验原理

蔬菜在采收过程中，易产生机械损伤，伤口极易感染病菌致使产品在贮藏运销环节中腐烂变质，造成严重的经济损失。根茎、块茎、球茎类蔬菜在采收过程中难免造成机械损伤，通过愈伤处理，在适宜的条件下，轻微伤口会产生木栓愈伤组织，使创伤愈合，形成新的细胞保护层，从而有效阻止病菌的侵染危害。

果蔬产品的愈伤要求一定的温度、湿度和通气条件。其中温度对愈伤的影响最大适宜温度下，伤口愈合快，愈合面平整；低温下伤口愈合缓慢，愈伤时间延长；温度过高促使伤口部位迅速失水，组织干缩影响伤口愈合。不同蔬菜的愈伤能力差异较大，一般来说，瓜类、根菜类蔬菜愈伤能力较强，果菜类愈伤能力较差，叶菜类一般不形成愈伤组织。

三、材料和用具

1. 材料：蔬菜基地的蔬菜（红薯、大蒜、土豆、洋葱等）。
2. 用具：网袋、防水布、大棚。

四、内容与方法

（一）田间愈伤

田间愈伤适用于薯类、块茎类作物。在天气良好的情况下，在室外或田间，底部铺垫稻草或秸秆，然后堆码产品，最后在产品上盖上帆布或草垫。因为愈伤需要较高温度，在产品上加覆盖物可以保留呼吸产生的热量和较高的相对湿度，愈伤需要3～4d时间。当洋葱和大蒜的采收期处在干燥季节时，将产品堆成长条或者装入网袋中，先在田间晾晒5d，以后每天检查一次，直到表皮和连接组织干燥，该过程可能需要10d左右。

（二）通风棚愈伤

通风棚愈伤要求一定的天气条件，阳光强烈、空气中相对湿度较高或空气流动缓慢，即可以采用通风进行愈伤。将蔬菜产品堆在防水帆布上，放在一边开口的帐篷内，棚顶设有排气孔通道可以加速空气流通。

（三）热空气愈伤

热空气愈伤在专用的愈伤处理场所进行。场所内有加热设备、加湿器，可加入风扇以促进热空气流通，温度分布均匀。热空气愈伤法愈伤速度快，但产品易失水，需定时查看。

五、作业与思考

1. 写出常见的五种蔬菜的最佳愈伤条件。
2. 对比愈伤处理和不愈伤处理的蔬菜间耐贮性的差异。

实践36　蔬菜保鲜处理技术

一、目的要求

了解蔬菜贮藏保鲜的目的和意义，掌握蔬菜主要的保鲜处理方式和方法。

二、实践内容与方法

蔬菜保鲜过程中营养物质和其他化学成分含量的变化，以及蔬菜内部环境对蔬菜的感官品质和营养品质影响极大，其中水分含量的多少直接影响蔬菜的新鲜度和商品价值，而部分蔬菜因含水量高、容易有机械伤等，导致货架期变短。影响蔬菜品质的因素有贮藏环境和蔬菜的内在因素，包括温度、湿度、气体成分和比例、微生物、营养物质含量等。根据影响蔬菜品质的因素，以及蔬菜易腐烂的特点，蔬菜的保鲜方法大体有以下几种。

1. 晾晒处理

晾晒处理也称贮前干燥，或者萎蔫处理，主要应用在叶菜类的大白菜和甘蓝上。北方冬季的大白菜，采收后在田间晾晒一定时间，失水量达到10%左右，外层叶片失水，组织变得柔软，对菜体形成了良好的外部保护层，保护内层免受损伤，同时降低蒸腾和呼吸消耗；菜体失水后提高组织细胞液浓度，增强了防寒能力。但晾晒过度，会破坏菜体正常的生理代谢，加速离层的形成，从而降低大白菜的耐贮藏性。甘蓝贮藏前进行晾晒处理，也有类似的效果。

2. 保鲜膜保鲜

保鲜膜包装是将蔬菜包装在保鲜膜内，通过膜的透过性调节袋内气体成分、浓度，有效地阻隔蔬菜与外界气体的交换，减少水分散失，降低呼吸消耗和代谢速率，从而延长蔬菜的贮藏时间。蔬菜保鲜膜有普通保鲜膜、微孔保鲜膜、抗菌保鲜膜、防雾保鲜膜、纳米复合型保鲜膜、可食性涂膜等。常用的普通保鲜膜有聚乙烯（PE）薄膜、聚氯乙烯（PVC）薄膜等。在应用中须根据贮藏方式和蔬菜的生理特性来选择保鲜膜，充气气调法要选择阻隔性高的薄膜；自发气调法要根据不同蔬菜的呼吸特点选择不同厚度的薄膜，如青椒适宜的PE保鲜膜厚度为40 nm，茄子为60 nm，常常与低温贮藏方法结合起来。可食性涂膜主要是壳聚糖涂膜，在茄果类、瓜菜类上应用保鲜效果较好。纳米复合型保鲜膜是利于纳米技术将柔性高分子聚合物与超微粒子的纳米材料相结合形成复合材料，目前已生产的膜有PP/纳米 TiO_2类、PE/纳米Ag类等。

3. 低温贮藏保鲜

低温贮藏技术是应用最广泛的保鲜技术，低温保鲜技术主要是通过降低贮藏环境的温度，减弱的呼吸代谢强度，抑制微生物的繁殖，达到保鲜效果。常见蔬菜的低温贮藏条件如下表。

表1　常见蔬菜的低温贮藏条件表

产品	冷藏温度 / ℃	相对湿度 / %
苦瓜	12 ~ 13	95 ~ 100
黄瓜	10 ~ 13	95 ~ 100
南瓜	10 ~ 13	50 ~ 70
花椰菜	0	95 ~ 100
羽衣甘蓝	0	95 ~ 100
球茎甘蓝	0	98 ~ 100
胡萝卜(留叶)	0	95 ~ 100
胡萝卜(成熟)	0	98 ~ 100
白萝卜	0	95 ~ 100
芹菜	0	98 ~ 100
大白菜	4 ~ 7	95 ~ 100
菠菜	0	95 ~ 100
中国长菜豆	4 ~ 7	90 ~ 95
甜玉米	0	95 ~ 98
大蒜	0	65 ~ 70

续表

产品	冷藏温度 / ℃	相对湿度 / %
甜椒	7 ~ 13	90 ~ 95
番茄(绿熟)	18 ~ 23	90 ~ 95
番茄(红熟)	13 ~ 15	90 ~ 95
马铃薯(早熟)	10 ~ 16	90 ~ 95
马铃薯(晚熟)	4.5 ~ 13	90 ~ 95

4. 冰温保鲜

蔬菜冰温保鲜是将蔬菜贮藏在0℃以下至该蔬菜冻结温度之间的环境中。在冰温范围内，蔬菜组织细胞的新陈代谢率和消耗能量最小，达到一种休眠状态。冰温保鲜较低温保鲜，温度更低，可以弥补低温保鲜技术因蔬菜后熟导致腐败速度加快的不足，能在不破坏蔬菜组织细胞的前提下，最大限度地抑制呼吸作用和微生物的生长，从而延长保鲜期和保持蔬菜品质。但冰温保鲜技术对温度控制精度要求较高，配套技术设备昂贵，应用范围有限。

蔬菜保鲜方式和方法较多，可选取以上方法中的一种或综合几种方法。

三、材料和用具

1. 材料：甘蓝。
2. 用具和试剂：低温贮藏库、PE保鲜袋、塑料筐。

四、实践步骤

甘蓝耐低温贮藏，适应性强、抗寒力强，适宜贮藏运输。

1. 采收处理。甘蓝需要适时采收，一般在叶球充分长成，叶球紧实时采收，收获时保留1 ~ 2轮外叶，以保护叶球不受机械损伤，并进行1 ~ 3d的晾晒处理。

2. 预冷。将甘蓝在0℃冷库进行预冷24 h，直至菜心降至库温。

3. 包装。将预冷的甘蓝在库内进行装框，框内铺设塑料0.02 mm薄膜，将甘蓝装入框中，扎口。

4. 低温贮藏。将包装好的甘蓝置于0℃的冷库内，注意箱体的堆码，同时设置对照，即常温贮藏方式。将同样数量的甘蓝置于常温条件下，观察对比两种不同温度贮藏，甘蓝的耐贮性差异。

五、作业和思考

对比分析低温贮藏和常温贮藏甘蓝的贮藏时间及品质差异。

实践37 鲜切蔬菜处理技术

一、目的要求

了解鲜切蔬菜的特点、产品用途，掌握鲜切蔬菜的工艺流程。

二、实验原理

鲜切蔬菜的工艺因原料的特点、产品的用途以及保存期限的长短有所不同。比如根据原料的特点差别，须决定蔬菜产品是否需要去皮，是否需要切分；对于容易变色的品种可能需要考虑进行护色处理。根据产品的不同用途，可以将原料切分成片、块、条、丝等不同的形状。根据产品保存期限的长短要求，在清洗、保鲜处理、包装等方面也有所不同。虽然不同鲜切果蔬产品的处理方式有一定差异，但都有原料选择、分级、修整、清洗、护色保鲜、脱水及包装等工序。

三、材料、试剂和设备

1. 材料和试剂：白莲藕，护色保鲜剂。

2. 设备：保鲜盒、网袋、不锈钢去皮刀、不锈钢切片刀、菜板、台式天平、离心机、恒温保鲜柜。

四、实验步骤

（一）工艺流程

原料选择→整理→清洗、杀菌→去皮、修整→切分→护色保鲜→脱水→包装→贮藏

（二）步骤

1. 原料选择

采用不易褐变的白莲藕，以根茎粗壮、肉质细嫩、鲜脆甘甜、洁白无瑕者为佳，要求莲藕新鲜、无病虫害、无腐烂变质、无机械伤，农残和重金属指标应能够达到无公害食品的要求。

2. 整理

用不锈钢刀将藕节两端去除，尽量不要露出莲藕的孔眼，以免清洗时污物进入藕节。

3. 清洗、杀菌

手工清洗。清洗后在ClO_2杀菌液中进行杀菌处理。杀菌时严格控制杀菌剂（ClO_2）浓度为200mg/L，杀菌时间为3～5min。每隔一定时间调整杀菌剂浓度至200mg/L。

4. 去皮、修整

用不锈钢去皮刀手工去皮，刮除伤烂部位。去皮后的莲藕及时放入清水中漂洗，浸泡在水中，避免暴露在空气中。

5. 切分

将莲藕直接横切成5mm左右的圆片。切分后的莲藕片要及时放入清水中漂洗，以免引起褐变。

6. 护色保鲜

将莲藕片沥干水后，迅速转移至护色保鲜液中。护色保鲜液配比为0.2%柠檬酸+0.7%维生素C+0.3%～0.4%$CaCl_2$+0.2%焦磷酸钠（$Na_4P_2O_7$）溶液，护色处理时间为15min。处理过程中要及时补充护色保鲜剂，以免多次使用后浓度降低，达不到护色效果。

7. 脱水

将护色保鲜后的莲藕片装入消毒的网袋，放入经消毒处理的离心机中进行脱水，以除去莲藕片表面的明水。脱水时一次装量不要太多，以免影响脱水效果并造成莲藕片挤压破碎。

8. 包装

将脱水后的莲藕片定量装入事先消毒的保鲜盒中。

9. 贮藏

包装好的莲藕片须立即放入恒温库，4℃条件下贮藏。贮藏期间要注意控制好贮藏温度以及湿度等条件。

五、作业和思考

蔬菜鲜切过程中的最大阻碍是什么？是否发生品质变化？

YUANYI CHANG DI JINGYING YU GUANLI

第三部分

观赏园艺篇

第一章　观赏植物繁殖技术

实践1　观赏植物的识别

一、实验目的

掌握本地区常见观赏植物的基本形态特征、生态习性、繁殖方法、栽培要点；掌握观赏植物的不同分类方法；熟悉观赏植物的各种应用形式。

二、材料与用具

（一）材料

校园内的各种观赏植物。

（二）用具

相机、纸、笔、放大镜、直尺、工具书等。

三、实验内容与步骤

（一）教师讲解观赏植物的分类，并进行现场示范。

（二）学生进行现场观察、对照教材与参考书进行鉴定。

（三）对所观察的植物进行归类，完成记录表。

（四）要能从众多特征中提炼最显著的识别要点。

四、作业与思考

按照分类各记录5种常见观赏植物，完成表1，写出其拉丁文名、科、属、生态习性、繁殖方法、观赏特征、应用等要点。

表1 观赏植物识别记录表

序号	中文名	拉丁文	科	属	观赏特征	生态习性	繁殖方法	应用	类型

实践2 观赏植物种子的识别

一、实验目的

掌握观赏植物种子的识别方法；掌握种子质量的鉴定方法；掌握种子生活力快速测定的方法。

二、材料与用具

（一）材料

常见观赏植物种子30种，如鸡冠花、一串红、万寿菊、孔雀草、大丽花、小丽花、波斯菊、锦葵、凤仙花、百日草、七彩椒、虞美人、石竹等。

（二）用具

游标卡尺、解剖刀、搪瓷盘、放大镜、铅笔、直尺、天平、培养皿等。

三、实验内容与步骤

（一）分类识别

1. 种子的分类

(1) 按照粒径大小：大粒种子、中粒种子、小粒种子、微粒种子。

(2) 按照种子性状：球形、卵形、椭圆形、肾形、线形等。

(3) 按照色泽：黑色、灰色、褐色等；有亮泽、无亮泽等。

此外，还有按照有无附属物、种皮厚度及坚韧度等分类方式。

2. 形态、结构识别

仔细观察并记载新的及陈的种子在色泽、气味等方面的区别。用肉眼和放大镜观察各种蔬菜种子的外部形态，记载其特点，如形状、颜色、种皮形态等。

观察浸泡果的种子，用解剖刀片横剖及纵剖，用放大镜观察各部分结构。

（二）质量鉴定

1. 种子净度

用十字区分法取样，根据种子大小，秤出种子2份，每份5～100克，仔细区分出纯净种子、废种及混杂物后称重。根据称重结果计算种子样品的净度。

种子净度=（种子总质量–杂质质量）/种子总质量×100%

2. 种子质量

采用百粒法或千粒法，将上述纯净的种子平铺桌面成四方形，按对角线取样。画对角线成为四个三角形，取出其中一半种子混合，再如此继续取样，直到只有种子百粒或千粒左右时，数出100或1000粒秤重。

（三）种子生活力快速测定

取上述纯净种子，用温水浸泡12h，使其充分吸水膨胀，用刀片沿种子腹沟切成两半，用红墨水法或TTC法进行染色10～15min，冲洗种子至溶液无色，观察种子子叶或胚染色情况，统计种子生活力。

四、作业与思考

1. 根据实验结果，论述识别种子的内容及其重要性。识别种子的要点。
2. 根据所取种子样品的各项指标的测定结果，说明该种子的品质和使用价值。

实践3　观赏植物播种育苗技术

一、目的要求

掌握观赏植物播种技术以及播种后的管理。

二、材料与用具

（一）材料

一二年生观赏植物种子或其他须特殊处理的种子。

（二）用具

锄头、铁锹、肥料、覆盖膜、基质、喷壶等。

三、实践内容与步骤

（一）播种期

播种期是指播种的季节和具体时间，是育苗工作的重要环节，适宜的播种时期不但能使种子提早发芽，提高发芽率，还能使出苗整齐，苗木生长健壮，苗木的抗旱、抗寒、抗病能力强，同时还能节省土地和人力。播种期的确定要根据植物的生物学特性和当地的气候条件，要掌握适种、适地、适时的原则。一般分为春播、夏播、秋播、冬播。我国北方地区以春播为主。南方地区冬春都有播种。长江中下游的大部分地区分为春播和秋播。随着苗木生产的发展，人们越来越多地采用保护地条件下的播种，更多地考虑开花期，播种时间的限制越来越少，只要环境条件适合，又满足所播种苗木的习性，都可以进行。

（二）苗木密度与播种量

苗木密度是指单位面积上种植苗木的数量。应根据植物种类、环境条件、育苗技术水平等合理确定苗木密度。

播种量是单位面积上播种种子的重量，大粒种子有时用粒数表示。

播种量=(单位面积苗数/种子净度/发芽率/每克种子粒数)×损耗系数

（三）种子的预处理

1. 精选种子

采用筛选或者是手选的方法进行净种、选种，把变质、虫蛀的种子清除，选出优良的种子。对于那些湿沙层积催芽的种子要筛去沙子。未经分级的种子，还需要按照种粒大小进行分级。

2. 种子消毒

种子在播种前要进行消毒，一方面可消除种子本身携带的病菌，另一方面还可防止土壤中病虫危害。常用的消毒方法有紫外线消毒和化学药剂消毒两种，药剂消毒有浸种和拌种两种，常用药剂有高锰酸钾和福尔马林。

3. 种子催芽

常用的种子催芽方法有水浸催芽法、层积催芽法、机械损伤法、化学处理法、激素处理法，此外还有射线照射等物理催芽法。一般常用浸种法进行处理，即用温水浸泡一定时间，再进行播种。

（四）播种场地的准备

包括场地的选择、施基肥、土壤消毒、整地与作畦。主要操作是整地与作畦。

1. 整地

整地的目的在于改良土壤的物理结构，使其具有良好的通气和透水条件，便于根系伸展，又能促进土壤风化，有利于微生物的活动，从而加速有机肥料的分解，以利于花卉吸收。壤土是最好的园土，不过砂土和黏土也可通过加入有机质或砂土进行改良。可加入的有机质包括堆肥、厩肥、锯末、腐叶、泥炭以及其他容易获得的有机物质。

2. 作畦

作畦的方式很多，在用于播种和草花的移植地，大多需要密植，因此畦宽多不超过1.6m，以便站在畦梗上进行间苗和中耕除草。球根类花卉的栽植地、切花生产地和木本花卉的栽植地，都保留较宽的株行距，因此畦面都比较大，主要应根据水源的流量来决定每畦面积的大小。

在雨量较大的地区，地栽牡丹、大丽花、菊花等特怕水渍的花卉时，最好打造高畦，四周开挖排水沟，防止田面积水。畦耕的高度应根据灌水量的大小和灌水方式来决定。采用渠道自流给水时，如果畦面较大，畦耕应加高，以防外溢。畦耕的宽度和高度是相应的，沙质土应宽些，黏壤土可狭些，但不要小于30cm，以便于来往行走。

土壤翻耕之后，要进行整地作畦。作畦的目的主要是控制封保的含水量，便于灌溉和排水。同时对土壤温度和空气条件也有一定的调节作用。

（1）畦的方向：由于畦的方向不同，可使植物受到不同强度的日光、风、热，同时影响到水分条件。畦的方向与风向平行有利于行间通风及减少台风的吹袭。在倾斜地，做畦的方向可控制土壤的冲刷和对水分的保持。在冬季宜作东西横长的畦，使植物受到较多的阳光和较少的冷风；在夏季以南北纵长做畦，可使植株受到较多的日光，并利于通风。

（2）畦的形式：栽培畦的形式依气候条件土壤条件及作物种类等而异，常见的有平畦、高畦、低畦及垄等。

平畦：畦面与道路相平。地面整平后，不用特别整成畦沟和畦面，适于排水良好、雨量均匀的地区。平畦可以节约畦沟所占的面积，提高土地利用率，增加单位面积产量。在雨水多、地下水位高的地方不用平畦。

低畦：畦面低于地面，畦面走道比畦面高，以便蓄水和灌溉。在雨量较少、需要经常灌溉的地区大多采用这种方式做畦。

高畦：畦面稍高于地面，畦间形成畦沟。这种畦的优点是方便排水，增加水分蒸发，减少封水分含量，降低表土温度，有利于提高地温。因此，适用于降雨多、地下水位高的地区。另外，在耕土浅的地区应用高畦，是增厚耕土层的一种有效办法。

垄：是一种较窄的高畦，其形式为底宽上窄，优点与高畦相同。

（四）播种方式

观赏植物播种可以采用床播、盆播、直播等方式，现代温室观赏植物育苗常采用穴盘育苗的方式进行。本次实验主要进行露地苗床播种。

播种方法有撒播、条播和点播三种。

撒播：即将种子均匀地撒落在土面上，多适用于大量播种的细粒花卉种子。此法播种量大，出苗亦多。缺点是幼苗拥挤，阳光照射不足，空气流通不良，易造成徒长现象；病虫害也容易发生和蔓延。

条播：即将种子成条播种的方法。此法适用于品种多、数量少的情况。优点是管理方便，日光充足，空气流通，幼苗生长健壮。

点播：即按一定的行距和株距进行开穴播种。一般每穴播2～4粒种子，发芽后留生长强健者一株，其余各株可移植他处或拔除。此法幼苗生长最为健壮，但出苗量最少。

播种包括画线、开沟、播种、覆土、填压几个环节。这些工作的质量和配合的好坏程度，直接影响播种后种子的发芽率、发芽势以及苗木生长的质量。

（五）播种后管理

包括遮阴、温湿度控制、中耕间苗、追肥、移栽等环节工作。

四、作业与思考

1. 观察记录种子出苗情况。
2. 整地涉及的环节与要求有哪些。

实践4　观赏植物扦插繁殖技术

一、目的要求

了解扦插的基本原理，学会扦插的基本操作，掌握扦插成活的关键技术。

二、材料与用具

（一）材料

校园常见观赏植物。

（二）用具

枝剪、生根粉、基质、遮阳网、喷壶等。

三、实践内容与步骤

扦插是植物繁殖最常用的方法之一。它具有繁殖速度快、易采集、遗传性变化小、管理方便等特点。一般来说，植物一年四季都可以扦插。通常每一树种都有它最适宜的扦插时期，同一树种在不同地区、不同气候环境，扦插技术和扦插时间也不同。

（一）扦插时期

1. 春季扦插

春季利用已度过自然休眠期的一年生枝条进行扦插，其枝条营养物质丰富，插穗发芽较快，生根慢。要提高枝条的扦插成活率，扦插前应对插穗进行催根处理，使插穗先发根后萌芽，或生根萌芽同步进行。

2. 夏季扦插

夏季利用半木质化新梢带叶扦插。但由于夏季气温高、蒸腾快、新梢易失水而萎蔫死亡，因而夏季扦插要求降温、保湿，以维持插穗水分平衡。扦插地应遮阴和喷雾。

3. 秋季扦插

秋季利用已停止生长的当年木质化枝进行扦插，其枝条发育充实、芽体饱满、碳水化合物含量较高，抑制物质还没有完全产生，最适宜期是在尚未落叶生长结束前一个月进行扦插，插穗易形成愈伤组织和不足根，利于安全越冬。

4. 冬季扦插

冬季扦插利用打破休眠的休眠枝可直接在地内进行，一般南方常绿树种常在冬季扦插，北方冬季扦插则可在温室内进行。

（二）插穗的采集及处理

1. 插穗的采集

插穗的采集可结合夏、冬季修剪进行，通常采集中上部枝条。夏季的嫩枝、生长旺盛、光合作用效率高、营养及代谢活动强，有利于生根。冬剪的休眠枝，已充分木质化，枝芽充实，贮藏营养丰富，也利于生根。

2. 插穗处理

扦插前按插穗的要求对采集的枝条进行剪切，剪切成单芽、双芽、三年芽或带一段前一年枝的插穗。大多数树适宜将插穗剪成马耳形单斜面切口，利用直插；有的树种木质化较硬，如桂花、茶、槭树等采用楔形双斜面切口，扦插省力，也利于生根；也有的树种，如葡萄、无花果则采用节下平剪，有利于催根。

为提高生根率和扦插成活率，对扦插的插穗要进行处理。

（1）浸水处理。用休眠枝作插穗的枝条扦插前要用清水浸泡，使其充分吸水，以补充插穗内流失的水分，恢复细胞的膨压和活力。

（2）清毒与防腐处理。插穗不干净，插穗切面分生组织细胞已失去生命力，插壤易带菌，这些因素都能使插穗遭受病菌的侵害，引起插穗发病腐烂。通常用波尔多液或硝酸银溶液浸泡后阴干。

（3）脱除抑制剂处理。休眠枝插穗内部具有一定浓度的生根抑制剂，因而脱除抑制剂对插穗生根很重要。脱除方法有三种：一是温水浸泡；二是用河水或自来水冲洗；三是用酒精浸泡。

（4）生长调节剂及维生素处理。目前常用的有ABT生根粉，它可以使难生根的树种变得容易生根，容易生根的树种大大提高扦插成活率和成苗率，适用于各种木本、草本植物。

（5）营养处理。用蔗糖和生长素混合溶液浸泡插穗基部，能取得较好的生根效果。

（三）插床处理

插床应该设置在地势平坦、通风良好、日照充足、排水良好及靠近水源与电源的地方。一般宽1m，长度根据实际而定，可大可小，四壁用砖砌成，高45～50cm，底部铺20cm左右的大石子等排水物，上面铺20cm扦插基质。根据插穗的要求，选择适宜的扦插基质，可获得较高的生根率。用于扦插繁殖的土壤要施足基肥、深翻、起垄或作畦，并进行土壤消毒处理。

（四）扦插方法

1. 枝插法

（1）硬枝扦插。取落叶花木一年生休眠枝，剪成5～10cm，插入准备好的插床内，露出床面1/3，插后浇水、盖膜。

（2）半硬枝扦插。常用于木本花卉的生长期扦插。用当年生未成熟的枝梢，或取花后抽生的嫩枝作插穗。枝条顶端保留两片叶，插入土2/3，插后浇水，并覆膜保护。

(3) 嫩枝扦插。多用于草本花卉或温室花卉。如菊花、香石竹。剪取嫩枝5～10cm，留根端1～2叶，作为插穗，插入苗床中，插后浇水，搭低棚、盖遮阳网。

2. 叶插法

叶插是用全叶或一部分叶作为插穗的一种扦插法。可以用叶插的草本花卉种类较多，如海棠类、大岩桐、非洲紫罗兰等。叶插发根的部位有叶脉及叶柄。如海棠叶插，可将叶片上叶脉切断数处，平放在插床上。叶脉切断处即发根，再长出幼芽。

3. 根插法

即用根作为插穗，适用于宜从根部发生新梢的种类，如：芍药、凌霄、垂盆草等。扦插时要选粗壮根，剪成5～10cm小段，插入插床内或全部埋入土床上；对于细小的草木本植物，可将根切成2cm的小段，用撒插的方法撒于床面而覆土，插后浇水，以保持床土湿润。

（五）插后管理

扦插后的管理主要是浇水、遮阴，防止蒸发失水过多而影响成活。由于插穗没有根，而地上部有少量叶片，插穗只有水分蒸发而没有吸收功能，致使插穗体内水分不能平衡，须待生根后才能吸收水分，故在扦插管理中，必须保持土壤湿润、注意遮阴、早晨通风透光、生根后浇水，并逐渐增加日照时间。拔草、除虫工作须随时进行，生根并长出新叶后可喷施一次复合肥，待植物壮实后即可移植。

四、作业与思考

（一）影响扦插生根的主要原因有哪些？如何提高扦插成活率？

（二）完成实验，统计成活率，总结扦插方法及技术，撰写实验报告。

实践5　观赏植物分生繁殖技术

一、实验目的

熟悉不同观赏植物的分生繁殖方式，掌握分生繁殖基本技术。

二、材料与用具

（一）材料

校园常见观赏植物。

（二）用具

枝剪、花铲、盆、喷壶等。

三、实验内容与步骤

（一）分株法

1. 分株时间

（1）落叶花木类的分株繁殖应在休眠期进行。南方可在秋季落叶后分株。这时空气的湿度较大，土温较高，花木在入冬前能长出一些新根，有利于越冬。北方可在早春植物萌芽之前进行分株。

（2）常绿花木没有明显的休眠期，但冬季大多进入半休眠状态。因此常绿花木最好在春暖季节植株萌动之前进行分株。

2. 分株的方法

（1）露地花卉的分株。先将母本的整个株丛带根掘出，然后用利刀将株丛分割成数丛，让每丛都带有少量根系，然后分栽。萌蘖力强的灌木或藤本植物，可挖掘母本的分蘖苗另栽即可。

（2）盆栽花卉的分株。先将母本从盆内脱出，抖掉泥土，尽量少伤根系。然后用刀将分蘖苗从母株连接处割断，分盆栽植。浇水后可先在荫棚内养护，一周后即能成活。

（3）丛生型的灌木类。如紫荆、绣线菊类、蜡梅、牡丹、紫玉兰、月季、迎春、贴梗海棠等树种。在茎的基部都能长出许多茎芽，并形成不脱离母体的小植株，即茎蘖。

（4）一些乔木类树种。如银杏、香椿、臭椿、刺槐、丁香和火炬树等，常在根部长出不定芽。伸出地面后形成一些未脱离母株的小植株，即根蘖。将这些丛生型的灌木丛，分别切成若干个小株丛，或把乔木的根蘖从母株上切挖下来，均可以形成新的植株。

根据许多植物根部受伤或曝光后易形成根蘖的生理特性，生产上常采取砍伤根部促其萌蘖的方法，来增加繁殖系数。分株时须注意，分离的幼株必须带有完整的根系和1～3个茎干。幼株栽植的入土深度应与根的原来入土深度保持一致，切忌将根茎部埋入土中。此时，对分株后留下的伤口，应尽可能进行清创和消毒处理，以利于愈合。

（二）分球法

球根花卉的分生繁殖又叫分球法。将母株自然形成的新鳞茎、球茎、块根及根茎等分离栽植即成。由于球根干燥后易分离，无须人为分割，所以又称为自然分株法。所产生的新植株能保持母株遗传性状，方法简便、易于成活、成苗较快；但繁殖系数较低，且切面较大，易感染病毒等病害。

1. 折叠分株

将根际或地下茎上发生的萌蘖切下栽植，使其形成独立植株。适于分株的园林树种有刺槐、蜡梅、南天竹等；果树有木瓜、枣等；花卉有萱草、玉簪等。禾本科中一些草坪植物也可用此法繁殖。

2. 折叠分吸芽

某些植物根际或地上茎的叶腋间自然发生的短缩、肥厚呈莲座状的短枝（短匍茎），其下部可自然生根，可从母株上分离而另行栽植。在根际发生吸芽的有芦荟、景天等；地上茎叶腋间发生吸芽的有菠萝等。

3. 折叠分珠芽或零余子

珠芽和零余子是某些植物所具有的特殊形式的芽，生于叶腋（如卷丹、薯蓣）或花序上（如葱类），脱离母株自然落地后即可生根长成新的植株。

四、作业与思考

1. 谚语“春分分芍药，到老不开花”，从分生繁殖的角度分析其科学依据。
2. 完成实验，总结分生繁殖技术要点，撰写实验报告。

实践6　观赏植物嫁接繁殖技术

一、实验目的

1. 了解嫁接成活的原理。
2. 掌握嫁接的技术要点。

二、材料与用具

（一）材料

校园常见观赏植物。

（二）用具

嫁接刀、枝剪、塑料薄膜等。

三、实验内容与步骤

嫁接的方法很多，常见的有切接、劈接、靠接和芽接等。

1. 切接

切接适合于根茎较细、仅1～2cm粗的砧木。时间多在3—4月份进行。于近地面5～6cm处将砧木上部剪去，选择较平滑的一面，在木质部与韧皮部之间用刀垂直切下，长3cm。接穗下端一侧削成2～3cm的斜平面，在另一侧下端0.5～1cm处也斜削一刀，然后将长削面向着砧木插入接口中，必须使形成层相互对准。如砧木过粗，则使一侧形成层对准。用塑料条绑紧，接穗留2～3个芽剪断，用土封上。

2. 劈接

劈接适用于较粗的砧木。嫁接时，在靠近地面7～8cm处将砧木剪去，若欲矮接，也可以将地面土挖至根茎处，也可在砧木1～2cm高处剪砧，然后用利刃劈开。为防止劈得过大，劈前在切面下6cm处，用绳缠住。接穗用7～10cm长的枝条，下部削成楔形，楔形斜面长2～3cm。削好后用刀轻轻撬开劈好的砧木切口，插入接穗，使接穗的形成层与砧木的形成层相互对准（只对一边即可），也可在切口两侧各插一接穗，绑紧塑料带，然后封土。

3. 靠接

在切接、劈接成活比较难的情况下，可用靠接法育苗，如白玉兰、桂花、山茶花等。靠接时接穗和砧木均不剪头，将砧木和接穗两者靠近。然后选树枝粗细相差不多的两个枝条，将砧木和接穗分别斜削3～5cm长的平面，露出形成层和木质部，两者对准，用塑料条绑紧，外侧用纸裹或涂泥。

4. 芽接

芽接是在接穗枝上剥取一个未萌芽，嫁接在砧木上。砧木用1～2年生的植株，嫁接一般是在6-9月生长期中进行。削取不带木质或稍许带部分木质的芽接到砧木上，用塑料带绑牢。10 d左右后，用手轻轻碰叶柄，如果一触即落，证明嫁接芽已经成活。如果碰不落，且芽已干枯，应抓紧时间补接。芽接有倒“工”字形芽接、“十”字形芽接、“T”字形芽接等。

5. 镶嵌枝条法

镶嵌枝条法要求有2～3年生粗壮的实生苗做砧木，接穗也要求已木质化。

6. 平接

平接最常用的是仙人球类，嫁接时将砧木与接穗均削成光滑平面，使心髓相对，肉质贴紧，用线绑好，就会连接愈合在一起而生长。

五、作业与思考

（一）影响嫁接存活的因素有哪些？

（二）什么类型的植物更适合嫁接？

实践7 观赏植物压条繁殖技术

一、实验目的

了解园艺植物压条繁殖技术的方法，如直立压条、曲枝压条、空中压条等，掌握掌控压条繁殖成活率的因素的方法。

二、材料与用具

（一）材料

校园常见观赏植物。

（二）用具

嫁接刀、枝剪、铁锹、泥炭、苔藓、环剥刀、塑料薄膜、塑料绑扎带等。

四、实验内容与步骤

（一）直立压条

直立压条又称垂直压条或培土压条（见图3-1）。即被压条之枝条不必压弯，而在基部覆土，使其发根成为新株的繁殖法。此法适用于分蘖性强的低矮丛生灌木，如苹果和梨的矮化砧、石榴、无花果、木槿、玉兰、夹竹桃、樱花、红穗铁苋、观音铁苋类、立鹤花、六月雪、杜鹃、金叶木等。直立压条法培土简单，初期繁殖系数较低，以后随着母株年龄的增长，繁殖系数会相应提高。

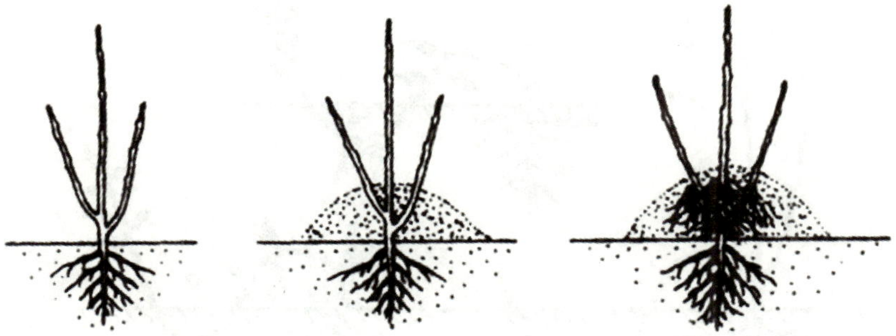

(1)单株植物　(2)土埋枝杈　(3)长出新株

图3-1　直立压条

(二) 曲枝压条

将植物的枝条压低埋入土中，使其发根成为新株的繁殖法。此法较适用于枝条柔软的藤蔓植物或灌木，如葡萄、猕猴桃、醋栗、穗状醋栗、树莓、茉莉花、毛茉莉、软枝黄蝉、云南黄馨、炮竹红等，一般植物（如苹果、梨、樱桃、丁香等）则必须倾斜栽培，才能方便操作。根据曲枝方法的不同，又分为水平压条法、普通压条法和先端压条法。

1. 水平压条法

水平压条在母株定植当年即可用来繁殖，而且初期繁殖系数较高，但须用枝杈，比较费工（见图3-2）。

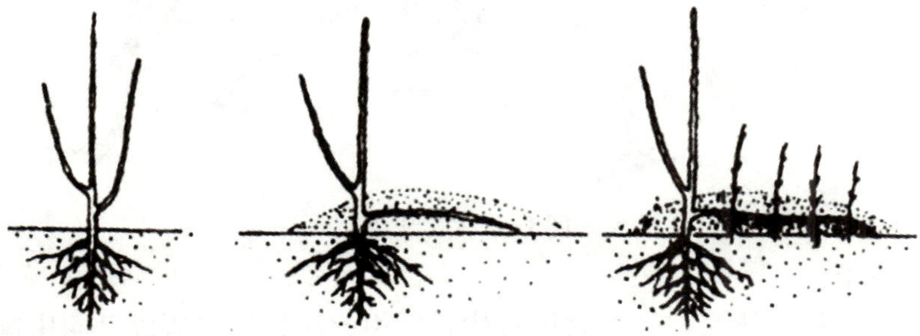

(1)单株植物　(2)压一枝杈　(3)长出新株体

图3-2　水平压条

2. 普通压条

有些藤本果树（如葡萄）可采用普通压条法繁殖（见图3-3）。

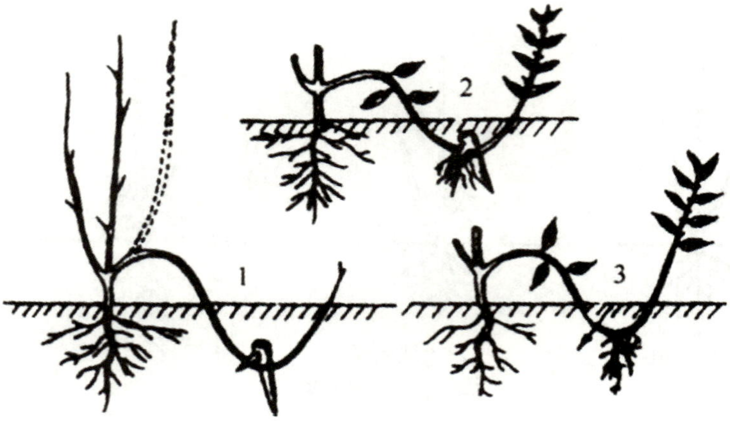

1—刻伤曲板;2—压条;3—分株

图3-3　普通压条

3. 先端压条法

果树中的黑树莓、紫树莓，花卉中的刺梅、迎春花等，其枝条既能长梢又能在梢基部生根，常采用此法繁殖（见图3-4）。

图3-4　先端压条

4. 空中压条

空中压条通称高压法。因在我国古代早已用此法繁殖，所以又叫中国压条法。选高处生长的枝条作刻伤或环状剥皮后，在伤口包扎发根基质，使其发根成为新株的繁殖法。此法操作简单，发根速度快，成活率高，但对母株有损伤，是木本植物繁殖常用的方法。如石榴、葡萄、柑橘、荔枝、龙眼、人心果、树菠萝、玉兰、桂花、玫瑰、榕树、垂榕、仙丹花、九重葛、印度橡胶树等（见图3-5）。

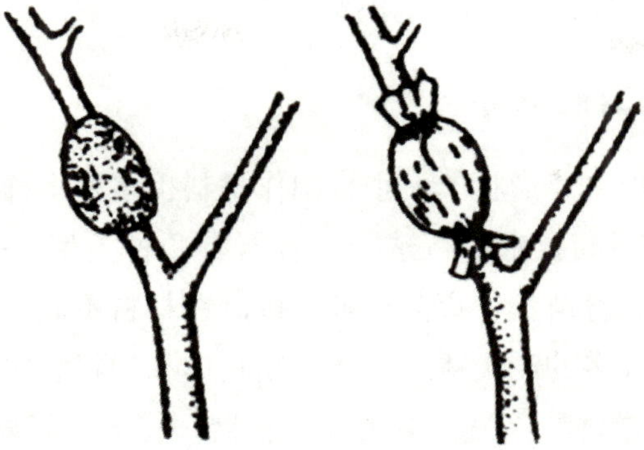

图3-5　空中压条

五、作业与思考

1. 可通过压条繁殖的植物有哪些?

2. 植物的营养繁殖有几种方式，压条的作用是什么?

实践8　观赏植物容器育苗技术

一、实践目的

通过实验掌握观赏植物的容器育苗技术的方法。

二、材料与用具

（一）材料

常见观赏植物种子。

（二）用具

穴盘、盆、喷壶等。

三、实验内容与步骤

（一）育苗地的选择

容器育苗大多在温室或塑料大棚内进行。因为在这种环境下育苗，能人为控制温、湿度，为苗木创造较佳的生长条件，使苗木生长快，缩短育苗时间。如果在野外进行容器育苗，必须选择地势平坦、排水通畅和通风、光照条件好的半阳坡，忌选易积水的低洼地、风口处和阴暗角落。

（二）育苗容器的准备

育苗容器种类很多，形状、大小、制作材料也多种多样，可根据树种、育苗周期、苗木规格等的不同要求进行选择。容器有两种类型：一类有外壁，内盛培养基，如各种育苗钵、育苗盘、育苗箱等。按制钵材料不同，又可分为土钵、陶钵和草钵以及近年应用较多的泥炭钵、纸钵、塑料钵和塑料袋等。此外，合成树脂以及岩棉等也可用作容器材料。另一类无外壁容器，将充分腐熟的厩肥或泥炭加园土，并混合少量化肥压制成钵状或块状，供育苗用。

（三）培养基的选择

培养基是装在容器内供育苗的材料，又称营养土或基质，它是容器育苗成功与否的关键因素之一。培养基必须有良好的物理性质，有较强的保水能力和空隙度，有适当的离子交换能力，不带杂草和害虫，且需消毒。

（四）育苗

1. 装培养基

将培养基装入容器内。培养基装至容器容量的95%，容器按品字形排列成行，摆放容器的地方最好与地面隔开，置于用木材、塑料或铁制成的框架上。

2. 播种

容器育苗必须采用良种，品质要达到国家规定的二级标准。在播种前要对种子进行浸种、催芽和消毒处理，方法同常规育苗。每个容器播2～3粒种子，播后覆土，覆土厚度视种粒大小而定，一般为种子直径的1～3倍，覆土以不见种子为度。

3. 浇水

播种后要立即浇水，并且要浇透。对微小种子要先浇足底水再播种、覆土，最好用细嘴壶浇少量水，湿润种子即可，以防冲掉种子。出苗和幼苗期浇水要多次、适量，保持培养基湿润；速生期浇水要量多、次少，做到培养基干湿交替；生长后期要控制浇水；出圃前要停止浇水。

4. 控制温、湿度

容器育苗能否成功，关键是能否有效控制温、湿度。温度太高，会造成苗木灼伤；温度太低，会导致苗木长势差。湿度不适宜，会引起根系缺氧而导致根发霉、腐烂或枯萎、死亡。苗木生长适宜的温度为18 ℃～28 ℃，相对湿度为80%～95%，土壤水分宜保持在田间持水量的80%左右。

5. 施肥

当种子发芽出土、种壳多数脱落时，开始进行追肥。将含有一定比例氮、磷、钾养分的混合肥料，配制成水溶液，进行喷施，严禁干施化肥。追肥后要及时用清水冲洗幼苗叶面。根外追施氮肥的浓度为0.1% ~ 0.2%。追肥时间、次数、肥料种类和施肥量根据树种而定，一般在针叶树出现初生叶、阔叶树出现真叶、进入速生期前开始追肥。根据苗木各发育时期的要求，不断调整氮、磷、钾的比例和施肥用量，速生期以氮肥为主，生长后期停止使用氮肥，适当增加磷、钾肥，促使苗木木质化。

6. 间苗

幼苗出齐后7d，间除过多的幼苗，最后每个容器中保留1株苗。

（五）出圃

容器苗的出圃标准，主要不是根据苗木高度，而是要求充分形成根系团。凡是未形成根系团的、苗木长势衰弱的、有根腐现象的，都不能出圃。

四、作业与思考

1. 容器育苗技术有什么优势?
2. 观赏植物容器育苗时应注意什么?

实践9　观赏树木种实采收技术

一、实验目的

掌握观赏树木的种实采收方法及步骤。

二、材料与用具

（一）材料

校园常见观赏植物。

（二）用具

高枝剪、采种镰、绳子、梯子等。

三、实验内容与步骤

（一）优良母本树选择

优良的采种母本树，要求是品种纯正、生长健壮、品质优良、籽粒饱满、无病虫害的单株。野外采种应该选择适合当地最优良的类型作为母本树，同时做好记录工作。

（二）采种时期

采种时期的确定主要取决于种子的成熟度、市场情况和栽培目的。生产上说的成熟种实是指形态成熟的种实。一般种实成熟，多由绿色变成自己固有的色泽，种子充实饱满。栽培在同一个地区的园林植物，其种实从生长到成熟，大致都有一定的时数。在生产中要通过对种实成熟的物候观测和记录，依据种实成熟特征、脱落方式、天气情况等确定采种期，做到适时采收。

（三）采收方法

种实采集一般在简易工具帮助下采用人工采收，现代也常见机械采收和使用化学药剂采收。

1. 人工采收

需要很大的劳动力，但对于成熟不一致的种实具有明显的优势。

2. 机械采收

可以节省很多劳力。一般使用强风压力机械，迫使种实离层分离脱落。采种后应对种实进行选择，除去不成熟、病虫害危害的种实。

3. 使用化学药剂采收

例如应用萘乙酸、乙烯等药剂，可以使机械采收得到进一步的完善。

根据种实大小、脱落方式及脱落时间不同，种实采集方式主要有以下两种。

（1）地面收集

种实较大的树种，种实脱落后可直接从地面收集。采集前将地面清理干净或铺塑料膜，用人工或机械振动树体，促使种实脱落。地面采集相对安全，对树体影响较小。

（2）树上采集

对种实小或脱落后易飞散的树种，适于树上采集。一般可用竹竿击落或用高枝剪、采种镰等工具采摘。对于高大树体可使用梯子等辅助采集。

四、作业与思考

如果提前或拖延采收，种实会出现什么影响?

实践10 观赏树木种实调制技术

一、实验目的

了解并掌握树木种实调制的方法和步骤。

二、材料与用具

（一）材料

用于播种繁殖的树木种实，主要有干果、肉质果、球果等。

（二）用具

高枝剪，枝剪，缸，桶，小木锹，草帘，木棒，筛子，簸箕，土壤筛，量筒，1/500d平，烧杯，培养器，玻璃棒，镊子，酒精，蒸馏水等。

三、实验内容与步骤

（一）球果类调制

球果的种子包被在种鳞内，调制主要包括干燥、脱粒、净种、去翅的过程。脱粒就是将种子从果实中取出的过程。球果类的脱粒，首先要经过干燥，使球果的鳞片失水后反曲开裂，脱出种子。针叶树球果的脱粒分为自然干燥法和人工加热干燥法两种。

1. 自然干燥法

自然干燥法采用自然条件使球果干燥脱粒的方法。球果鳞片易开裂的树种，如落叶松、油松、侧柏、云杉等树种可采用自然干燥法。具体方法是将球果摊放在向阳干燥的场院上暴晒，干燥过程中应经常翻动，晚间或阴雨天将球果迅速堆积覆盖，经5～10d，球果的鳞片开裂，种子脱出。对未脱净种子的球果，可用棒敲打，使其继续脱出，直到种子全部脱出为止。这种方法简单易行，要求条件低，但脱粒速度往往较慢。

2. 人工加热干燥法

以人为加热措施使球果干燥脱粒的方法即为人工加热干燥法。球果在树上成熟期间渐渐地释放水分。对于一些树种来说，需要几个月的时间才能达到干燥脱粒的目的，采用自然干燥法脱粒也满足不了快速脱粒的要求，因此常采用人工加热干燥来缩短脱粒时间。这种方法脱粒速度快，但要求条件较高。如果干燥过程中温、湿度和气体交换控制不好，易使种子受损伤，降低种子的生命力。

（1）干燥条件的控制。同一树种的球果干燥时，果鳞的爆裂时间绝大多数不是同时的，而是相继逐渐进行的，不同树种的球果果鳞的开裂也是一个不均匀的过程，有些树种果鳞很容易开裂，如日本落叶松、油松、侧柏、杉木等；而另外一些树种则具有较大的开裂阻力，如红松、华山松。因此，不同的树种，根据其开裂的难易程度，应采取不同的干燥措施。干燥条件主要控制干燥温度、干燥的通气措施两方面。

（2）干燥方法。我国常用室内干燥法。具体方法是，在具有温度和湿度控制设备，如暖气、蒸汽管或电气加热等设备的干燥室内，将球果置于干燥架上，使球果脱粒。不同树种的干燥温度不同，比如落叶松不超过40℃，樟子松、云杉不超过45℃，一般干燥初期温度保持在20℃～25℃，然后逐渐上升至允许范围内。从球果中脱出的种子，应及时放到干燥凉爽的地方。

（二）干果类调制

干果的调制主要是干燥种实，清除果皮、果翅和其他杂质。干果类的调制，根据其含水量的不同，可分别采用晒干法和阴干法脱粒。荚果类树种刺槐、合欢等含水量低、种皮保护力强，可直接置于太阳下晒干，然后敲打使种粒脱出。坚果类树种橡栎、板栗、榛子等种实含水量高，种实丧失水分多则易失去生命力，宜采用阴干法干燥，摘除果皮即可。

（三）肉果类调制

肉果包括浆果、核果、梨果等，如樟树、桑树、檫木、油桐、山楂、银杏等树种。这类果实的果皮肉质多汁，含有较高的果胶和糖类，容易腐烂，因而采集后需及时调制；否则会降低种子的品质。处理的方法一般多采用捣烂后用水淘洗取出种子，再把它去掉果皮、果肉和渣滓，摊在席子、其他铺垫物或干燥的地板上阴干，当达到适宜的含水量时即可储藏。

（三）种粒分级

种实脱粒后，需要及时净种和种粒的分级。

1. 净种

净种指去掉脱粒后种子内混杂物如鳞片、果片、果柄、枝叶碎片、空粒、土块、异类种子的技术措施。目的是提高种子的纯度，便于种子的储藏。

根据种子和夹杂物的大小和轻重，可分别采用风选、筛选或水选等方法净种。

2. 干燥

经过净种的种子，还须进行干燥，使种实内的含水量达到安全含水量的水平，即能维持种实生命活动所需的最低限度的种实含水量。不同树种的安全含水量不一样。一般含水量低的种子可在日光下晒干，如针叶树种子、豆科种子；而安全含水量高、粒小、种皮薄、成熟后代谢旺盛的种子，如杨、柳、榆、桑树等要在通风良好的地方阴干。

3. 种粒分级

把同一批种子按种粒的大小进行分级叫作种粒分级。在生产上采用分级后的种子进行播种育苗以及造林都有重要意义。因为同一批种子种粒越大，越重，其发芽能力越高。种子分级后，能提高种子的利用率，出苗整齐，苗木生长发育均匀，减轻苗木分化，有利于经营管理。

种粒分级的方法，大粒种子如栎类、桃类、油桐等可用粒选法，中小粒种子可用不同孔径的筛子进行分级。分级后的种子应挂上标签，分别进行包装、储藏和播种。

四、作业与思考

总结种实调制的全过程。

第二章　观赏植物的场园建设

实践11　观赏植物的市场调查

一、调查目的

通过对观赏植物市场的调查，了解当前观赏植物产业发展的基本情况，明确学习的方向和今后从业的目标。

二、调查地点

当地较大型观赏植物市场、花店、花卉企业等。

三、调查方法

实地观察法、访谈法、问卷法、网上搜索文献法等。

四、调查内容

（一）市场基本情况；
（二）观赏植物货源与供求情况；
（三）观赏植物种类与价格；
（四）观赏植物采后处理与包装；
（五）观赏植物的销售与促销；
（六）居民购买花卉的原因；
（七）花卉销售的旺季、淡季；
（八）居民喜好与市场供应情况。

五、作业与思考

通过调查，整理分析后写出市场调查报告。

实践12　种植苗圃建设

一、实验目的

了解苗圃建设的步骤与方法，掌握苗圃建设规划要点。

二、实验用具

绘图纸、丁字尺、比例尺、铅笔等。

三、实验内容与步骤

（一）苗圃布局与选址

根据城市绿地系统规划、合理布置苗圃用地。

1. 苗圃选址

通过调查确定苗圃建设地点，包括位置及经营条件、自然条件（地形、地势、坡向、水源、地下水位、土壤、病虫害）、市场调查等。

2. 苗圃特色与定位

包括规模、树种选择、苗木的生产等。

（二）苗圃的规划设计

1. 准备工作

准备工作包括实地勘察、测绘地形、土壤调查、病虫害调查、气象资料收集等。

2. 规划设计

规划设计包括生产用地规划与育苗区配置（播种区、营养繁殖区、移植区、大苗区、母树区、引种驯化与展示区、设施育苗区）、辅助用地的设置（道路系统、灌溉系统、排水系统、防护林、管理区）等。

规划设计图纸绘制与设计说明编制（略）。

（三）苗圃地的施工建设

苗圃地的施工建设包括道路的施工、灌溉沟渠的修筑、排水沟的挖掘、防护林的营建、土地平整、土壤改良等。

四、作业与思考

1. 苗圃建设应该考虑什么因素?
2. 联系实地，设计一个适合本地情况的种植苗圃。

实践13　设施场地建设

一、实验目的

了解与掌握苗木生产设施类型与建设。

二、实验用具

校内基地各设施场地。

三、实验内容与步骤

（一）苗木生产设施类型

1. 苗床与苗垄。
2. 风障、阳畦、温床。
3. 荫棚。
4. 塑料拱棚、大棚。
5. 温室。

（二）设施场地建设

1. 苗床与苗垄建设。
2. 风障、阳畦、温床建设。
3. 荫棚搭建。
4. 塑料拱棚、大棚搭建。
5. 温室建设。

四、作业与思考

简述苗床的基本类型、特点及其应用?

实践14 周年生产计划的制订

一、实验目的

（一）掌握制订周年计划的依据。

（二）掌握周年计划的内容。

二、实验原理

周年生产计划的制订，主要包括不同时期工作的用工、生产物资的贮备，资金的筹措等。观赏植物周年生产计划的制订对观赏植物可持续发展有十分重要的作用。

（一）年生产计划的主要指标

生产计划的主要指标有品种、产量、质量、产值和出产期。

1. 品种指标

它是企业在计划期内生产的产品品名、型号、规格和种类数。确定品种指标是编制生产计划的主要问题。

2. 产量指标

它是企业在计划期内出产的合格产品的数量。产量指标是企业进行供产销平衡和编制生产计划、组织日常生产的重要依据。

3. 质量指标

它是企业在计划期内产品质量应达到的水平，常采用统计指标来衡量，如一等品率、废品率等。

4. 产值指标

它是用货币表示的产量指标，能综合反映企业生产经营活动成果，以便不同行业比较。根据具体内容与作用不同，产值指标分为商品产值、总产值与净产值三种。

三、实验内容

（一）制订生产计划的依据

1. 根据植物生长各物候期，确定工作的时期

例如，植物的修剪、病虫害的预防、疏花疏果、果实的采收等。

2. 依据不同种类、品种的特性确定工作的内容

例如，寒冷地区葡萄的防寒与撤防寒，草莓的移栽等。

3. 依据栽植规模，做出生产预算。

4. 根据园林植物自身的经济状况、技术水平、设施、设备等条件，确定具体实施的计划，如机械化作业、果实的套袋、产品的贮运、包装、绿色水果的生产等。

5. 根据树体的生长发育状况、土壤肥力状况，确定如何进行园林的土、肥、水管理。

如施肥的种类、数量、时期等。

（二）生产计划的内容

1. 不同树种、品种的整形修剪时期，工作量的估算，完成任务所需的工时。其中，需要考虑工作人员的技术水平。

2. 不同病虫害的预报、预防、治疗。其中，预报、预防为主，需要考虑打药的设备效率、次数，完成每一次打药任务的时间和工时。

3. 制订土肥水管理技术措施、标准。

4. 制订全年生产的设备、农资投入计划。

5. 制订栽植不同树种的年工作历。

6. 详细的资金预算，科学规划各项生产所需费用的支出，包括物资费、工时费、水费、电费、管理费等，有效地降低生产成本，提高经济效益。

7. 制订园林树木生产的更新及再发展计划，保证观赏植物的可持续发展。

四、作业与思考

1. 为什么要确定生产计划指标？

2. 制定一份观赏植物周年生产计划。

实践15　观赏植物日常管理

一、实验目的

（一）通过对园艺植物的生长期的观察，做好相应的管理措施，使植物能更好地生长。

（二）了解影响植物生长的因素。

二、实验材料与用具

管理不仅可以使花卉能正常发育，也可以改善花卉的生长环境，使花卉的形态、色泽、气味等更能满足人们的观赏要求。

三、实验内容

（一）中耕除草

中耕是方式，除草是目的，一般二者合二为一。

（二）浇水

以“看天、看地、看苗”的原则合理灌溉。

（三）施肥

根据植物的生长需要、开花特性，不同生长季节的天气情况，不同植物种类和不同树龄进行施肥，保证肥水充足，以“看天、看地、看苗”的原则施肥。

（四）修剪、造型

根据植物的生长特性和长势，长相适时修剪和造型，以增强绿化、美化的效果。

（五）病虫害防治

经常检查，早发现，早处理。尽量采用生物防治的办法，减少对环境的污染。

（六）越冬防寒

在严寒冬季到来之前，对不耐寒的花卉应及时防寒，以保证安全越冬。

四、作业与思考

1. 观赏植物日常管理有哪些内容。
2. 中耕除草的意义是什么？

第三章　观赏植物的栽培养护技术

实践16　观赏植物定植、移植技术

一、实验目的

通过本次实践，学会观赏植物幼苗的移栽方法及和技术，掌握提高栽植成活率的关键。

二、材料与用具

（一）材料

八仙花、月季、山茶、露地直播的草本花卉。

（二）用具

有机肥、生根粉、修枝剪、镐、铁锹、皮尺、喷水壶、挖穴机等。

三、实验内容

（一）整地作畦

1. 整地

定植前先进行土地整理，深翻土壤，捡除石块和杂草乱根，平整土地，并结合翻土施入基肥。土壤黏重处，酌情进行改良掺沙。通过整地改善土壤理化性质，使水分、空气流通良好，适合花卉生长，再土壤改良。

2. 作畦

花卉栽培多为畦栽，南方多雨、低湿之处多用高畦，畦面高出地面。畦两侧为排水沟，利于排水，扩大空气接触面，促进土壤的风化，畦高为30～40cm，畦宽1 m。

（二）移植

1. 移植目的

移植使幼苗获得足够营养空间，改善光照和通气条件。同时可通过移植，切断幼苗为主根，促进多长侧根和须根，以利植株更好地生长。

2. 移植时间

露地栽培苗一般在长出2～3片真叶时，选择生长充实、健壮的幼苗进行第一次移植。

3. 移植前准备

苗木移植前要提前2～3d降低土壤温度炼苗，移植时的苗床要适当浇水，过干或过湿，都不利于移植后植株的生长成活。

4. 移植后管理

移植不要压土过紧，以免根部受伤。浇水过程中土粒随水下沉速度减缓时，即可停止浇水，适当遮阴。每天按时浇水检查成活情况，及时补栽，后期中耕除草，追肥浇水，防治病虫害。

（三）定植

定植就是最后一次移植。定植前，要根据植物生长习性、改良土壤结构，调整酸碱度，改善排水条件。挖苗应提前半天浇水，带宿土或土球保护根系，落叶花木或小苗在休眠期可不带土，常绿花木及移栽不易种类必须带完整土球并用草绳包捆好。

定植时，穴应较根系或土球稍大，将苗茎基提近土面，扶正入穴，然后将穴周表土铲入穴内。土铲入约2/3时，抖动苗株使土与根密接，并在根系外围压紧土壤，最后将松土填平，浇透水，及时补充水分，成活后可常规管理。

（四）注意事项

花苗定植、移植时，选择无风阴天为好。如阳光强烈，则待傍晚再移植；如果风大，挖起幼苗应覆盖遮阴，避免萎蔫。

球根花卉种植初期一般无须浇水，久旱，可适当浇水。大株宿根花卉和木本花卉定植、移植时，要进行根部修剪。乔木定植要立支柱，以防风摇，影响成活。

四、作业与思考

1. 记录园地内花卉的定植、移植的方法。
2. 影响栽植成活率的关键是什么？

实践17　观赏植物的间苗

一、实验目的

了解观赏植物的苗期管理技术，通过实验熟练掌握间苗的基本操作技术。

二、材料与用具

（一）材料

露地直播花卉。

（二）用具

花铲、锄头、喷水壶、营养钵、水桶等。

三、实验内容

（一）定义

间苗又称“疏苗”，通常在播种出苗后、幼苗出现拥挤时，须将过密的苗拔去，以扩大幼苗间的距离。

（二）目的

间苗即扩大幼苗间的距离，改善拥挤状况，使幼苗间空气流通，日照充足，生长健壮，减少病虫害。

（三）原则

1. 拔除生长柔弱的苗。
2. 拔除徒长、畸形的苗。
3. 拔除拥挤、密集的苗。
4. 拔除其他品种苗。

（四）方法

1. 花卉一般间苗2～3次，应分次进行数，不宜一次间苗过稀。
2. 第一次在幼苗子叶出齐后，每墩留苗2～3株，按一定的株行距将多余的拔除。

3. 最后一次间苗也叫定苗，在幼苗长到3～4片真叶时进行，除准备成丛栽植的草花外，一般均留一株壮苗。

4. 间苗时要小心，以免损伤根系。苗后应及时浇水，使土壤与间苗过程中被松动的小苗的根系密接，利于留苗的生长。

四、作业与思考

1. 什么是间苗？
2. 间苗的目的是什么？

实践18 堆肥技术

一、实验目的

了解堆肥的基本方法和基本原理，通过基地实际情况利用已收集到的自然材料，学会堆肥的步骤和方法并在实践中改进。

二、实验原理

堆肥依靠微生物的作用，使原料从有机物转化为稳定、无害的物质，可以降解残留的抗生素，固化重金属，降低重金属的有效性。堆肥是有机固体废弃物资源化的有效途径和一般步骤，是通过人为条件促进有机物向稳定的腐殖质转化的生物化学过程，是解决畜禽粪便污染环境的根本途径和无害化处理畜禽粪便的有效途径，是资源化、无害化、稳定化的有效方法。

三、材料与用具

（一）材料

常见的为塘泥、锯木屑、绿肥（大豆、苜蓿、三叶草、野豌豆等）、秸秆、植物残体、动物粪便等；常见的原料配比：玉米秸秆（5cm小段）：鸡粪为7：1（鲜重比）；猪粪：木屑为2：1（体积比）；玉米秸秆：猪粪为2：1（体积比）；牛粪：玉米秸秆为1：1（体积比）；污泥：牛粪：玉米秸秆为5：2：4（体积比）；水稻秸秆：牛粪为（质量）1：3.5。

（二）用具

铁铲、锄头、温度计、pH试纸、记录本、笔等。

四、实验内容

（一）选择场地

选择地面平整、地势较高、背风向阳、不易积水的地点。

（二）步骤

1. 先铺一层10cm厚的秸秆、植物残体等材料，垫在场地上；后铺上一层10cm厚的塘泥、动物粪便、豆类等含氮量高的材料，再铺上一层薄薄的腐殖土；这样一层一层的堆上去，堆到大约2m高为止，浇透水。

2. 再用锯木屑将材料调整含水率至60% ~ 65%，以手紧握堆肥材料而水能沿指缝点滴成形，或以木棒插入堆肥材料中，拔出时棒端湿润为宜。

3. 利用石灰石粉或草木灰调整肥料堆的pH值为5.5 ~ 8.0，过酸或过碱都会影响堆肥的效果。

4. 将调整好的肥料堆成条垛状底宽2 ~ 3m、高1 ~ 2m，用铁铲轻拍堆体，使其不松塌，再盖上一层厚厚的草或土，注意不要把材料压实，要保持疏松透气。

5. 早、中、晚用温度计对堆体测定温度，并记录数据；当堆肥温度50℃ ~ 55℃维持5 ~ 7 d，在55℃以上持续3 d，可达无害化标准，再进行翻堆，用铁铲充分翻匀。

6. 腐熟程度判定：①无恶臭气味；②颜色达到茶褐色或黑色；③手感松软易碎；④GI>80%堆肥腐熟、无毒性，堆肥体积缩小2/3 ~ 1/2，碳氮比为15 ~ 16：1，$NH4^{+}$-N/$NO3^{-}$-N比值降为0.16。

五、作业与思考

1. 利用园地已有的材料进行堆肥，并记录温度变化及腐熟程度。
2. 堆肥过程中影响物料有机物腐熟的主要因素有哪些？

实践19　营养土的配制

一、实验目的

了解培养土的常见成分和特点，掌握一般培养土配制的原则和方法，学会根据不同花卉的生长需求来确定培养土的配方。

二、实验原理

花卉的根系生长受到盆土容积的局限，要求培养土必须具有良好的物理结构和适宜的养分；盆土配制总的原则是降低土壤容重，增加孔隙度，提高腐殖质含量，调节适宜酸碱度。

三、材料及用具

（一）材料

各类观赏植物。

（二）用具

铁铲、锄头、花铲、筐、筛子、塑料布、园土、腐叶土、松针土、砻糠灰、沙、石砾、泥炭、蛭石、珍珠岩、陶粒、鸡粪、缓释复合肥、生石灰、甲醛等。

四、实验内容

（一）培养土常见成分及特点

1. 园土（菜园土、田园土）

普通的栽培土，因经常施肥耕作，含有一定的腐殖质，并有较好的物理性状，肥力较高，团粒结构好，是配制培养土的主要原料。缺点是干时表层易板结，湿时通气透水性差，不要单独使用。

2. 腐叶土

利用各种植物叶子、杂草等掺入园土，加水和人畜粪尿发酵而成，其腐殖质含量高，保水性强，通透性好，pH呈酸性。充分发酵后，在阳光下晒干即可使用。

3. 山泥

天然的腐殖质土，土质疏松，呈酸性。腐殖酸含量以常熟黄山泥为多。常用于山茶、兰花、杜鹃等喜酸性的花卉。

4. 河沙

河沙透气性好，掺入黏土中可改良土壤，增加排水通气性。缺点是毫无肥力。

5. 草木灰

草木灰呈碱性，含丰富的钾肥，不要加入腐叶土中；否则酸、碱中和，降低肥效。草木灰加入培养土中，能使土壤排水良好，疏松透气。

6. 骨粉

骨粉由动物骨头磨碎、发酵而成，含大量磷肥。培养土中加入量不要超过1%。

7. 木屑（锯末）

木屑具备盆栽花卉土壤要求的全部条件，发酵后的木屑和其他材料的土壤混合使用，能增加排水透气性能。

8. 用松叶配制培养土

在落叶松树下，每年秋冬都会积有一层落叶。落叶松的叶细小、质轻、柔软、易粉碎，这种落叶堆积一段时间后，可作配制培养土的材料，用其栽培杜鹃尤为理想。落叶松还可作为配制酸性、微酸性及提高疏松、通透性的培养土材料。

（二）常见培养土的配制

1. 中性或偏酸性培养土

一般花卉的培养土可用腐叶土（或泥炭土）、园土、河沙按4∶3∶2.5的比例，加少量骨粉或少量腐熟饼肥混合配制；也可用泥炭土、园土、河沙、饼肥渣按3∶1.5∶2∶0.5的比例；或黑壤土、腐叶土、泥炭土、腐叶、松针以3∶3∶2∶1∶1的比例配制。

2. 山泥、园土、腐殖质、砻糠灰（草木灰）按2∶2∶1∶1的比例或园土、堆肥、河沙、草木灰按4∶4∶2∶1的比例配的一种轻肥土

适用于一般盆栽观赏植物，如一品红、菊花、四季海棠、文竹、瓜叶菊、天竺葵等。

3. 偏酸性的重肥观赏植物。

按山泥、腐殖质、园土为1∶1∶4的比例，适用于米兰、金橘、茉莉、栀子花等。

4. 园土、山泥、河沙 为1∶2∶1的比例或园土、草木炭为 2∶1的比例

适用于偏碱性观赏植物，如仙人掌、仙人球、宝石花。

5. 扦插用或播种用的基质

可用园土和砻糠灰各半混合配制或单独用河沙。

五、作业与思考

1. 比较不同培养土成分的特点。

2. 花卉营养土的配制的注意事项有哪些？

实践20 观赏植物的上盆

一、实验目的

通过实验熟练掌握盆花管理中、上盆的基本操作技术。

二、实验原理

上盆是盆花养护管理中的基本环节，是观赏植物生长的关键。是将已育好的不同种类、规格的花卉幼苗或扦插苗植株植入花盆的操作过程。

三、材料及用具

（一）材料

各类观赏植物的幼苗或扦插苗。

（二）用具

枝剪、铁锹、花铲、各种规格的花盆、各类营养土、喷水壶等。

四、实验内容

（一）上盆时间

每次移植都会使根受到不同的损伤，根的吸水功能会减弱。上盆时间选在11月到次年3月叶落未萌芽时期。常绿花木多选在10—11月或3—4月花木需水量少的时期。

（二）选盆

1. 根据花苗大小不同选盆。
2. 根据花卉种类选盆。

（三）洗盆

1. 新盆

要浸水，溶淋盐类，防止烧根。

2. 旧盆

要清洗，防病害。

（四）盆栽土装盆

选择与幼苗性质相适应的营养土。先用一块碎瓦片凹面朝下或用窗纱盖于盆底的排水孔上，盆底可用粗粒或碎盆片、碎砖块，以利排水，上面再填入一层培养土，以待植苗。

（五）起苗

用花铲将播种苗或扦插苗从播种或扦插苗床中轻轻挖起，上盆前，要剪断过长的根和受伤的根，如果损伤的根太多，还须剪掉些叶子以减少蒸腾。

（六）植苗

用左手拿苗放于盆口中央深浅适当位置，将苗根部向四周展开，填培养土于苗根周围，用手指压紧，土面与盆口留有3～5cm的高度。

（七）管理

上盆结束要立即浇水，一次浇透，直到盆底有水渗出。放荫处一周左右，逐渐增加光照，按正常养护。当时不要施肥，等苗木已发根，开始恢复生长后，再补充肥力，及时修剪，预防病虫害。

五、作业与思考

1. 上盆时间选择有什么要求吗？
2. 上盆操作中应注意哪些关键环节？

实践21　观赏植物的换盆

一、实验目的

通过实验了解观赏植物生长管理技术，熟练掌握盆花管理中换盆的基本操作技术。

二、实验原理

换盆是将盆栽的植株由原盆移入另一盆的技术。多年生花卉长期生长于有限土壤中，根系布满盆内，而老根已无吸水、吸肥功能，这时须换入较大的盆，以扩大营养面积，利于植株继续健壮生长。另一原因是植株生长基本成形，盆栽培养土中物理性质变弱、养分丧失或严重板结，需要更新培养土。这种原因的换盆，主要是修整根系和更新培养土，仍栽入原盆或稍大一点的盆。

三、材料及用具

（一）材料

各类观赏植物的盆栽。

（二）用具

枝剪、铁锹、花铲、各种规格的花盆、各类营养土、喷水壶等。

四、实验内容

（一）换盆时间

常绿花卉，立春前；温室花卉，一年四季皆可。

（二）选盆

根据换盆要求选择比原花盆稍大一号的新花盆并洗盆。

（三）花卉脱盆

先用花铲将盆壁周围土拨松。较小的花盆可先倒过来，用左手托住盆土，右手轻磕盆沿，用手指从盆底孔用力顶住垫孔瓦片就可使土球和花盆分离；较大的花盆，可用双手把盆翻倒，将盆沿的一侧在地上磕几下，可使土球脱离花盆。土球脱出后，应抖掉一半的旧土。根太多的，还应修剪根系。如果根的培养土紧抱成球，可用刀将土球削掉1/3，宿根花卉可结合分株刮去部分旧土；木本花卉可依不同种类将土球适当切除一部分；一、二年生草花按原土球栽植。

（四）盆栽土装盆

选择与盆栽性质相适应的营养土。先用一块碎瓦片凹面朝下或用窗纱盖于盆底的排水孔上，盆底可用粗粒或碎盆片、碎砖块，以利排水，上面再填入一层培养土，整好后的土团放入盆中，填入新的培养土。

（五）养护管理

换盆后第一次浇足水，直到盆底水不渗出。置阴处缓苗数日，保持土壤湿润，直至新根长出后，再逐渐增加浇水量。

五、作业与思考

1. 换盆的作用是什么?
2. 加强换盆后的植株管理，并观察其生长表现。

实践22　观赏植物的追肥

一、实验目的

了解观赏植物追肥的目的，掌握追肥的方法。

二、实验原理

追肥是指在作物生长中加施的肥料。追肥的作用主要是为了供应作物某个时期对养分的大量需求，或者补充基肥的不足。追肥施用的特点比较灵活，主要是根据花卉生长的不同时期所表现出来的元素缺乏症，对症追肥。

三、材料及用具

（一）材料

各类观赏植物。

（二）用具

各类型肥料、喷水壶、水管等。

三、实验内容

（一）追肥

追肥一般以速效肥料为主，常用尿素、碳酸氢铵、氯化钾、腐熟人类尿、过磷酸钙等。

追肥的方式一般有冲施、浇施、埋施、撒施、滴灌、插管渗施、叶面喷施等。

（二）原则

适时、适量、适当，勤施薄施。

（三）叶面喷肥

叶面喷肥也叫根外追肥，是把化学肥料或微量元素的稀释液喷洒在叶面，经叶子气孔被植株吸收利用的一种施肥方法。根外施肥的优点是用量少、肥效显著而又迅速，不会被土壤固定，不受根系吸收功能的影响。叶面施肥以早晨或傍晚为宜，因为晨夕叶面常有露水，溶液易被吸收。

四、作业与思考

1. 观赏植物怎样施追肥？
2. 根外追肥应该注意哪些问题？

实践23　观赏花木的整形与修剪

一、实验目的

学习与掌握观赏花木的整形修剪技术。

二、材料及用具

（一）材料

各类观赏植物。

（二）用具

枝剪、长刃剪、锯、高枝剪等。

三、实验内容

（一）整形修剪的原则

1. 维护栽培目的。
2. 区别对待不同类型的观赏花木。
3. 根据树木分枝习性修剪。

4. 根据花木年龄修剪。
5. 根据树木生长势强弱修剪。

（二）整形修剪的程序

1.观察环境，明确功能，确定修剪形态。
2.先剪大枝，后剪小枝。

（三）修剪时期

根据观赏花木生长发育的不同，一般分为春秋季修剪、冬季修剪、夏季修剪、随时修剪、花后修剪。

（四）整形修剪的方法

整形修剪包括抹芽、摘心、短截、疏枝、疏花疏果、缩剪、伤枝、截干、抹头、断根、长放等。

（五）修剪要求

1. 乔木类：行道树要求主干通直，主、侧枝分明；庭院观赏苗木主干不宜过高，可修剪成多干型或曲干型。
2. 灌木类：枝叶茂密，主枝5～8个，并分布匀称。

四、作业与思考

1. 观赏植物怎样修剪才能更美观？
2. 整形修剪应注意哪些事项？

实践24　绿篱的整形修剪

一、目的要求

了解并掌握绿篱的整形修剪技术。

二、材料及用具

（一）材料

各类观赏植物。

（二）用具

枝剪、长刃剪、锯、树篱机等。

三、实验内容

（一）绿篱植物的特点

选作绿篱的树种一般树体低矮、分枝低、分枝多、树冠密、耐修剪、易造型、树势茂盛、四季均可修剪；经过修剪，很快可以抽出新芽而不致枯死；修去徒长枝不致影响生长，徒长枝末端不会抽出花芽；篱貌稳定时间长。

绿篱树种主要有：桧柏、侧柏、大叶黄杨、小叶黄杨、大叶女贞、小叶女贞、金叶女贞、红叶小檗、榆树等。

一些草本花卉，如萱草、扫帚草、郁金香、万寿菊、一串红等也常作花篱。

（二）绿篱的基本形式

按照篱体高度可分为：绿墙（高度在2m以上）、高篱（1.6cm ~ 2m）、中篱（50cm ~ 1.6cm）、矮篱（50cm以下）。

按照篱体侧断面的不同可分为下述几种。

（1）梯形篱体：上窄下宽，有利基部侧枝生长和发育。该篱体越来越被广泛应用。

（2）长方形篱体：上下宽度一致。

（3）圆顶形篱体：上宽下窄，虽造型美观别致，但因下部侧枝常得不到充足的阳光而枯死。不能长久保持美观，一般不宜大量采用。

（4）球形篱体：单行栽植，株间拉开一定的距离，以1株为单位成1球。

（三）绿篱的整形修剪

1. 修剪的原则和方法

（1）原则。根据设计的绿篱类型和篱体形式，经常把突出的新梢剪齐，对两侧枝也要修剪。修剪时最好不要使篱体上大下小，否则下部侧枝会因得不到充足的阳光逐渐稀疏。

（2）方法。有经验的绿化工可随时用手动或电动剪进行修剪，以达到整齐美观的要求。不熟练的则应先用线定形，然后以线为准进行修剪。

2. 新定植绿篱的修剪

定植后任其自然生长1年，以培养地下根系。从第2年开始按确定的高度开始截顶。一年的修剪时期视不同树种而定。

（1）常绿针叶树种。春末夏初第1次修剪，立秋以后新梢第2次生长时进行第2次全面修剪。

（2）阔叶树种。春、夏、秋3季都应随时修剪，因为它们的新梢三季都在加速生长。如果管理条件跟得上的话，应经常有人带着修剪工具，随时把突出的枝条剪掉，这样既符合造型设计目的要求，又使绿篱膛内小枝越长越密。花篱不进行规整式修剪，修剪放在花谢以后。

3. 雕塑式绿篱的整形和修剪

培育绿雕时，应选择侧枝茂密、枝条柔软、叶片细小而且极耐修剪的树种，通过扭曲和铅丝盘扎等手段，按照设计意图造形。将它们的主枝和大侧枝构成骨架，然后对细小侧枝通过线绳牵引等方法使它们紧密结合，或直接按照仿照的物体进行细致修剪，从而修整成鸟兽、建筑物等绿雕形状。绿雕在园林绿化上，能够起到画龙点睛的作用。一般常选择桧柏、侧柏作为绿雕材料。

4. 老绿篱的更新复壮

对于大部分阔叶树种，年老变态后采用平茬的办法更新，仅保留一面很矮的主干而将地上部分全部锯掉。平茬后植株因有强大的地下根系，萌蘖力、再生力又很强，一年之中可长成绿篱的雏形，两年后就可恢复原有的规整式篱体。对于大部分常绿针叶树，因它们的再生能力比较弱，则不能用上述方法，可采用间伐的手段来加大它们的株行距，使其自然长成非规整式绿篱，仍能够起到绿化作用。

5. 中篱和矮篱的整形和修剪

中篱和矮篱常用于草地、花坛镶边，或组织人流的走向。这类绿篱低矮，为了美观和丰富园景，多采用几何图案式的修剪整形，如矩形、梯形、倒梯形、篱面波浪形等。绿篱种植后剪去高度的1/3～1/2，修去平侧枝，统一高度并向两侧萌发枝条，形成紧枝密叶的矮墙，显示立体美。绿篱每年最好修剪2～4次，使新枝不断发生，更新和替换老枝。整形绿篱修剪时，顶面与侧面兼顾。不应只修顶面不修侧面，这样会造成顶部枝条旺长，侧枝斜出生长。

四、作业与思考

1. 绿篱修剪的方式有哪些？

2. 绿篱修剪的方法和原则是什么？

实践25　草坪草的修剪

一、目的要求

了解与掌握关于草坪草的修剪技术。

二、实验原理

（一）剪去上部的老叶可以继续生长。
（二）未被伤害的幼叶可以长大。
（三）茎基的分蘖可以产生新的枝条。

三、实验内容

（一）修剪的原则及方法

修剪一定要遵循“1/3”原则（剪去草的自然高度的1/3）。如果草坪因管理不善而生长过高，则应逐渐修剪到留茬高度，而不能一次修剪到标准高度；否则，会导致草坪的光合器管损失太多，光合能力减弱。与此同时还会过多地失去地上部和地下部贮藏的营养物质，使草坪变黄、变弱，甚至死亡。

（二）修剪高度

草坪草适宜的留茬高度应按照草坪草的生理、形态学特征和使用目的来确定，以不影响草坪的正常生长发育和功能发挥为原则。一般草坪草的留茬高度为4~5cm，部分遮阴和损害较严重的草坪应留茬高一些。新播草第一次修剪一般留茬6~7cm。

（三）修剪频率的确定

修剪频率是指一定时期内草坪修剪的次数。修剪周期则是指连续2次修剪之间的间隔时间。草坪草的修剪频率取决于草坪草生长的快慢。在温度适宜、雨量充沛的夏季，冷季型草坪草每周需修剪两次，暖季型草坪草需要经常修剪。在其他季节，因温度较低，草坪草生长变慢，冷季型草坪草每周修剪一次就可以了，而暖季型草坪草修剪间隔的天数也应适当增加。

（四）修剪时间

修剪应在露水消退以后进行，通常修剪的前一天下午不宜浇水，修剪完应间隔2～3h再浇水，防止病害的传播。修剪时应避免在阳光直射下进行，如不应在炎热的正午修剪。

（五）修剪机具

修剪前最好对刀片进行消毒，特别是7、8月份病害多发季节。修剪机具的刀片一定要锋利，防止因刀片钝致使草坪刀口出现丝状现象。炎热的天气会造成丝状伤口变成白色，同时还容易感染引发草坪病害。

（六）修剪对象

同一草坪，每次修剪应避免同一方向修剪，要更换方向。防止同一处同一方向的多次重复修剪；否则，草坪草将变得瘦弱，生长不平衡而逐渐退化。由于修剪方向的不同，草坪茎叶的取向、反光也不相同，因而产生了像许多体育场见到的明暗相间的条带。

（七）修剪后管理

修剪完的草屑一定要及时清理干净，特别是湿度稍高时更应清理干净。因为留下的草屑利于杂草滋生，易造成病虫害感染和流行，也易使草坪通气受阻致使草坪过早退化。条件允许的情况下，也可将草屑留下，防止水分蒸发和养分损失。

四、作业与思考

（一）草坪草修剪需要注意的事项有哪些？
（二）如何有效地修剪令草坪草生长得更加旺盛？
（三）草坪草修剪需要遵循的原则有哪些？

实践26　观赏植物病虫害防治技术

一、目的要求

（一）了解观赏植物病虫害防治的重要性。
（二）掌握关于观赏植物病虫害防治的技术。
（三）了解关于观赏植物病虫害的知识。

三、实验内容

（一）观赏植物病虫害的种类

1. 按观赏植物苗木生长的不同时期划分

根据观赏植物苗木生长的不同时期，病虫害分为苗期病虫害和成年期病虫害。观赏植物苗期病虫害主要有猝倒病、立枯病、白绢病、根癌病；蛴螬、蝼蛄、地老虎。此外还有鸟类、鼠、兔等。观赏植物成年期病虫害主要有白粉病类、锈病类、炭疽病类、叶斑病类、灰霉病类、花卉藻斑病、叶畸形类、花木煤污病、腐烂病、溃疡病类、枯萎病类、丛枝病类；刺蛾类、蓑蛾类、夜蛾类、舟蛾类、毒蛾类、螟蛾类、尺蛾类、枯叶蛾类、斑蛾类；蚧壳虫类、蚜虫类、粉虱类、叶蝉类、螨类；天牛类、小蠹虫类、木蠹蛾类；寄生性种子植物等。

2. 按观赏植物病虫害危害的部位划分

根据观赏植物病虫害危害的部位不同，可分为叶、花、果病虫害，茎秆病虫害，根部病虫害。观赏植物叶、花、果病虫害主要有白粉病类、锈病类、炭疽病类、叶斑病类、灰霉病类、花卉藻斑病、叶畸形类、花木煤污病、腐烂病、溃疡病类、枯萎病类、丛枝病类；刺蛾类、蓑蛾类、夜蛾类、舟蛾类、毒蛾类、螟蛾类、尺蛾类、枯叶蛾类、斑蛾类；蚧壳虫类、蚜虫类、粉虱类、叶蝉类、螨类；寄生性种子植物等。观赏植物茎秆病虫害主要有天牛类、小蠹虫类、木蠹蛾类，寄生性种子植物等。观赏植物根部病虫害主要有蛴螬、蝼蛄、地老虎，鼠、兔等。

（二）观赏植物病虫害的防治技术

1. 园林技术

园林技术措施是防治的根本措施，应贯穿在园林生产全过程。其措施有：一是选育抗病虫杂草能力强的树种。观赏植物对病虫害的抵抗力因品种而异，其抗性程度差别很大。利用观赏植物抗病虫杂草的特性是防治病虫害最经济、有效的方法。二是建立无病虫杂草种苗基地。不少病虫杂草是依靠种子、苗木和其他繁殖材料传播侵染的。因此，建立无病虫杂草留种区或留种田，是杜绝种苗传播病虫杂草的重要措施。三是合理选择园林树种和密度。依据当地土壤、施肥水平、水利条件、管理耕作方式等条件确定合适的树种和适当的密度。四是采用混交园林，避免单一树种。五是加强田间管理，提高防治效果。适时播种、适时中耕、清除杂草，合理施肥灌水。

2. 生物防治技术

利用有益生物及其代谢产物来防治园林病虫杂草的方法，包括以天敌昆虫、微生物，利用其他天敌来防治害虫。它的优点是对人畜安全，不污染环境。而且可以就地取材或从外地引入，有的能人工大量繁殖和释放。一是利用天敌防治；二是利用病原微生物防治；三是利用其他有益动物防治；四是利用昆虫激素防治。

3. 化学防治技术

化学防治技术指利用化学药剂防治病虫害的方法，此种方法又称为植物化学保护。化学防治最显著的优点是速效性、简易性、适应性。其缺点：一是多种农药毒性大，有的还具有积累中毒作用，易污染环境，影响人体健康；二是易杀伤天敌及其他有益生物，造成某些害虫危害更加猖獗；三是反复使用一种农药防治某种病虫害易产生抗药性，从而降低防治效果。

4. 农业防治技术

农业防治技术就是通过创造有利于观赏植物生长而不利于病虫活动的环境条件，结合各种管理措施，及时清理和消灭有害病虫来源，从而达到控制病虫的目的。

（1）选用抗病虫的树种与品种。

（2）加强植被的多样性建设。

（3）加强土肥水营养管理。

（4）合理整形修剪。

5. 人工防治技术

人工防治指的是根据病虫害发生特点和规律所采取的直接杀死害虫或消除病菌、破坏病虫栖息场所的各种人为措施。通常主要采用以下几种方法：①人工摘除；②刮皮喷药；③擦压枝干；④人工捕捉；⑤树干涂白；⑥卫生清除。

6. 物理防治技术

物理防治是指根据害虫对某些物理因素反应的规律，利用物理因子作用防治害虫的方法。常采用的主要措施有以下几种：①灯光诱杀；②毒饵诱杀；③潜所诱杀；④色板捕杀。

（三）特别注意要限控化学防治

化学防治由于具有污染环境和影响人畜安全等较大的副作用，所以，一般是在大面积突发性病虫害时才应急使用。化学防治必须有安全限控措施，以尽量减轻污染环境等副作用的影响。

1. 严格限控农药种类和使用时期

在农业生产的病虫害防治中，只能选用高效、低毒、低残留、高选择性的农药。对可食性观赏植物病虫害的药物防治必须严格限制用药时期，禁止在果实成熟期喷打任何农药。

2. 研究最佳喷药期和最低用药量

最佳喷药期和最低用药量是保障防治效果和减少化学污染的关键。但不同害虫的最佳喷药期和最低用药量是不同的，有的是幼虫期喷药效果最好，有的是成虫期喷药效果最好。总之，必须使农药能够有效地击中靶标有害生物，保证农药的充分利用，减少对环境的污染和杀伤天敌。

3. 研究推广隐蔽施药和替代用药技术

根据害虫取食为害方式，研究先进的注射输液法、挖坑埋药法、包扎施药法等隐蔽式施药方式，是减轻环境污染和保障安全的有效技术途径。

四、作业与思考

1. 怎样有效地防治病虫害?
2. 怎样施用农药，能最大限度地防治病虫害?

实践27　除草技术

一、目的要求

（一）了解关于除草技术的相关知识。

（二）掌握除草技术的原理和方法。

二、实验原理

观赏植物生长过程中，杂草的存在会与其争水、争肥、争光、争空间，影响植物光合作用，干扰植物生长，因此，去除杂草的技术一直也是相关技术人员研究的重点问题。国外对于该技术的研究起步较早，目前，存在的除草方式是化学药剂除草和绿色除草，化学除草去除杂草同时也会对生物群落造成影响，并且药性残留、污染环境等负面影响较多。随着科技发展，人们越来越重视绿色农业的发展，因此化学除草的方法也逐渐被绿色的除草技术代替。目前绿色的除草技术有机械除草、生物除草、电力除草、热力除草、光化学除草等。

三、实验内容

（一）中耕除草

这是目前常用的主要方法之一，中耕与除草两者结合，主要的方式有人力中耕、畜力中耕、机械中耕。

（一）化学防除

这是目前使用比较普遍、效果也比较显著的一种除草方法。化学防除在农业方面的资料较多，目前在使用中出现持谨慎态度，有回到机械除草的趋势。

化学除草存在的问题及解决方法：面对病虫害、杂草等生物灾害，林业苗圃大多采用化学控制，但其存在的技术问题不容忽视，主要表现为以下几方面：一是除草用药不规范，盲目用药现象严重，不仅使防治成本增加，还难以起到防治效果；二是部分除草药物副作用严重，如对环境造成污染，对病虫害天敌存在杀伤作用等；三是药物品种不够先进，对国外适合林区的药剂不能及时引进，使得我国的生物灾害防治水平滞留于20世纪80年代。深究原因，还是缺少指导生产的科学、系统、使用的化控技术。为解决上述问题，就要采用先进的科学技术和方法，可采取如下措施：完善针叶及杨、柳苗圃的割地草除草技术，并对其进行推广；摒弃原来存在严重副作用的除草剂品种，引进高效、低毒且价格经济的新品种。以上措施可以解决盲目用药为中心引发的恶性循环。

（三）黑色地膜覆盖除草

可以利用黑色除草地膜的低透光性抑制杂草生长。黑色除草地膜厚度0.01mm，幅宽95cm，遮光率高达89.6%（透过的光量几乎为零），纵横拉力强，有弹性。黑色除草地膜的高遮光功能能阻挡光线透入膜下，膜下无光线则杂草不能生长，从而抑制杂草萌发，达到除草效果。据测定，黑色除草地膜果园除草效果达98%以上。春季萌芽前，在行间覆盖黑色地膜，每亩用膜成本为36元左右。黑色除草地膜覆盖，还具有保水、保墒、树势强、落叶晚、果个大、着色好和甜度高等优点；缺点是地膜易老化，需要每年更换1次。

（四）作物秸秆等覆盖除草

将作物秸秆、树叶、干草等进行果园行间覆盖，使下面的杂草得不到光照无法生长，达到抑制果园杂草生长的目的。一般覆盖树盘或行间，覆草厚度为15~20cm，树盘覆草至树冠外缘。一般春季覆干草（或树叶、秸秆），夏季覆青草。注意覆草前要进行土壤深翻或深锄、浇水、施氮肥，以满足微生物分解有机物对氮的需要。长期覆草，有利于提高土壤有机质含量，增加腐殖质数量，培肥地力，减轻土壤板结、酸化，增强树势及抗逆性，并能减轻土壤管理劳动强度与减少用工量。

（五）园艺除草布覆盖除草

利用园艺除草布的不透光性，抑制杂草生长。园艺除草布又称“防草布”，由无毒无味的聚丙烯、聚乙烯扁丝高强度耐老化材料的窄条编制而成，厚度是普通地膜的5倍，结实耐用，可连续使用5~8年。行间覆盖园艺除草布，一次投入可长期控制杂草生长，并具有渗水性好、保墒效果好、提高养分利用率、增加果实产量、防止水土及氮素流失等优点，园艺布覆盖除草效果达100%。

（六）果园养鹅、鸭除草

利用鹅、鸭喜食青草的习性，在果园放养鹅、鸭除草。养鹅、鸭既节约了除草的人工费用，鹅、鸭的粪便又均匀散布在园内，可以增加园土肥力，在除草的同时又保证了果树的健康成长，还能获得有机鹅、鸭肉蛋副产品，增加收入。鹅、鸭吃草后基本不用再人工饲喂，而且林里的杂草也得到了控制。鹅、鸭在果园觅食，还能把果园地面和草丛中的绝大部分害虫吃掉，从而减轻害虫对果树的为害。鹅、鸭与果林之间形成一种良性互动的生态循环模式。鹅、鸭粪中含有氮、磷、钾等果树生长所需要的营养物质，可以提高土壤肥力，促进果树生长，节约肥料，也节省了开支。同时，果园里通风条件好，饲养环境比圈养舒适，鹅、鸭有足够的活动空间，有利于增强体质，促进生长，减少疾病发生。

（七）生物技术除草

生物除草包括应用植食性昆虫、病原菌、动物以及分泌异株克生化合物的植物来防治杂草。它具有无污染等优点，因而近年来发展较快。全世界现已开发出200多种生防作用生物，使近100种恶性杂草得到了有效的控制。美国在以真菌控制柑橘园中的乳草蔓等杂草上取得了突破性的进展。据估计，从对生化干扰作用的研究而发展起来的新技术每年会给美国农业带来约20亿美元的收入。国外近年来探索多虫合用治草、多菌合用治草、一菌治数草和虫菌合用治草，已取得可喜进展。

（九）新型除草技术热力和电力除草

1. 热力除草方法

热力除草方法是通过专门器具用丙烷火焰把杂草烧热到约60℃，使杂草细胞受热膨胀，胀破细胞壁，蛋白质凝固，使杂草枯萎。丙烷燃烧无残留物，不污染环境。这种方法一般在农作物出苗前使用，亦可用于路面路边除草。

除草剂的广泛使用引发了环境污染、生物多样性减少、杂草群落变迁和杂草抗药性等诸多问题。热除草方法是替代化学除草的潜在方法。热除草方法有火焰除草、热水除草、蒸汽除草、红外辐射除草、激光除草等。热除草是快速加热植物体内的水分使植物细胞破裂失去活性、死亡的方法。各种热除草技术的传热机制不同。

2. 电力除草技术

国外的许多科学家通过试验证明，植物对电流的敏感程度取决于植物中所含纤维和木质的多少，强电流能有效地消除杂草，而对农作物无害。为此，国外有人在农业机械上安装电力除草设备进行大面积高压电流除草试验，在棉花和甜菜地中的试验结果是可除掉97%～99%的杂草，效果非常可观。但是费用太高，以至于不能实用。

四、实验步骤

1. 教师讲解相关技术知识。
2. 结合基地内现状选取适宜除草技术进行操作。
3. 完成除草任务。

五、作业与思考

（一）未来除草技术将会以怎样的形式发展？

（二）化学除草会产生怎样的影响？

实践28　灌溉技术

一、目的要求

（一）了解关于灌溉技术的相关知识。

（二）掌握灌溉技术的原理和方法。

二、实验原理

目前在世界范围内，地面灌溉法仍然是最重要和应用最广泛的灌水方法。地面灌溉是利用沟、畦或格田等作为输受水界面，使进入田间的水在重力作用下渗入作物根区，湿润土壤的古老而又广泛应用的灌水方法。它虽然具有所需田间工程设施简单、能源消耗低、易于实施等显著优点，但也存在着田间水量渗漏损失大，灌溉效率低、灌水均匀度分布不易提高以及表层土壤易板结等缺陷。为了应对水资源短缺的紧张局面，实现农业可持续发展的最终目的，就必须大力开展新型高效的农田灌溉节水技术。但受资金、技术以及管理等多方面因素的影响，就目前而言，在我国大范围地推行新节水灌溉技术，如广喷、微灌等，显然是不太现实的。因此，改进地面灌溉技术，实现节水地面灌溉的大力推广仍然是当前我国农田节水灌溉工程中主要的组成部分。

三、实验内容

（一）地面灌溉的节水技术方法

地面灌溉就是指通过灌溉水在地表的自由流动而实现湿润土壤的灌溉目的。这种灌溉技术易于实施，所需设备简单，浇灌成本较低。但同时采用这种方法进行农田浇灌也存在着水资源利用率低、土壤易板结、浇灌不均匀，耗费劳动力等缺点。

1. 平整土地，科学设计沟、畦的分布与尺寸

地面的平整性在很大程度上决定着地面灌溉的速度与用水量，影响着灌溉的质量和效率。因此，在进行农田灌溉之前，应尽可能地使土地平整，以缩短灌溉所需时间，提高灌水效率，减少水资源使用量。除此之外，还需要对田间分布的沟、畦进行合理改造，因地制宜，适当地将长畦缩减为短畦，将宽畦改变成窄畦，科学计算每个沟、畦的水流量，确定最佳的沟、畦尺寸，实现高效节能的地面灌溉。但需要注意的是，我国的农田分布地形是有很大差异的，地理特征、水文地质条件、气候环境等差异都决定了节水灌溉不能一概而论，必须结合实际，因地制宜地进行设计与计算，以得出当地最合理的畦沟尺寸以及相关的灌水技术参数。

2. 改良地面灌溉方式

通常来讲采用局部湿润的方式浇灌。很多地区的地面灌溉方式都是采取的全部湿润，若能够改进方法，使沟、畦之间隔开，交替灌水使农田实现局部湿润的浇灌方式，就可以极大地减少灌水过程中的土壤蒸发量，提高土壤水的利用效率，而且这种局部湿润的浇灌方式也有利于土壤通透性的提高，防止土壤板结，增强农作物根系的生长。根系深扎就可以更好地吸收深层土壤的水分，不但能够实现节水的目的，而且能够促进农作物产量的增长。

3. 改进放水方式

发展间歇灌溉改进放水方式，把传统的沟、畦一次放水改为间歇放水，进行间歇灌（又称波涌灌），被称为80年代地面灌水技术的一大突破。间歇放水使水流呈波涌状推进，由于土壤孔隙会自动封闭，在土壤表层形成一薄封闭层，水流推进速度快。在用相同水量灌水时，间歇灌水流前进距离为连续灌的1～3倍，从而大大减少了深层渗漏，提高了灌水均匀度，田间水利用系数可达0.8～0.9。

4. 提倡节水保墒膜上灌膜

上灌的地面灌水方法主要是指在将地膜平铺在沟畦中，使水在输送的过程中通过地膜表面进行，通过作物的放苗孔和专业灌水孔，使水作用到农作物，实现施水的目的。这种地面灌溉方法是在地膜覆盖栽培技术广泛应用的基础上形成的，能够起到很好的节水保墒作用。从实质上来讲，膜上灌也属于局部湿润浇灌的一种。目前在我国的很多地区都已经开始实施膜上灌的地面灌溉方式。实践证明，这种结合了地膜栽培技术与膜上灌的灌溉技术的农业生产模式具有很好的节水、保墒、保肥、提高地表温度、促进农作物生长、抑制杂草生长等多种优点，是一项值得大力推广和应用的地面节水灌溉技术。因此，我们应该增大研究力度，尽快促使膜上灌的灌溉技术成熟完善，使其技术参数、设计方法以及实施应用都更加合理化、现代化。

（二）新的节水灌溉技术

喷灌技术是大面积机械化解决大田作物节水灌溉的主要形式。

在喷灌机械中，平移（包括中心支轴）式全自动喷灌机、软管卷盘式自动喷灌机及人工移管式喷灌机是世界上应用的3种主要机型。喷灌是一种机械化高效节水灌溉技术，几乎适用于除水稻外的所有大田作物以及蔬菜、果树等，对地形、土壤等条件适应性强。与地面灌溉相比，喷灌除灌溉主功能外，还可创造与改善田间小气候，调节空气、土壤及作物的温度、湿度，可用于农作物防霜冻和干热风。大田作物喷灌一般可节水30%～50%，增产10%～30%。但其设备投资大，耗能高，工作时受风速影响大，同时大型设备构造较为复杂，操作及维修技术要求高，操作运行管理人员须经专门培训。

1. 污水喷灌技术

利用污水喷灌是将污水处理与农业用水结合起来的一种污水处理方式，同时又是一种开源节流的灌溉方式。喷灌净化污水，就是将污水喷洒在田里，利用土壤、微生物和作物来分解污水中的一些成分，并使部分水蒸散到大气中，部分水经土壤净化后渗透泄出再利用。在利用污水喷灌时，应先对污水进行沉淀、筛滤，除去固体污物，有的还须加入消毒杀菌剂。污水灌的作物应以除蔬菜以外的经济作物为主，对于谷类作物最好只用于作物生育前期，在作物收获前一段时间应停止污水灌。如污水水质不符合灌溉水质标准时，可采用清水、污水混合方法，使混合后的水质符合灌溉要求后再进行喷灌。此技术较复杂，最好在专家指导下运用。

2. 咸水灌溉技术

咸水灌溉技术主要包括不同水质的水混灌和轮灌。其中混灌是将两种不同的灌溉水混合使用，目的是降低灌溉水的总盐渍度或改变其盐分组成。混灌在提高灌溉水水质的同时，也增加了可灌水的总量，使以前不能使用的碱水或高盐渍度的咸水得以利用。轮灌是根据水资源分布、作物种类及其耐盐性和作物生育阶段等交替使用咸淡水进行灌溉的一种方法。如旱季用咸水，雨后有河水时用淡水；强耐盐作物

（如棉花）用咸水，弱耐盐作物（如小麦、玉米、大豆）用淡水；播前和苗期用淡水，而在作物的中、后期用咸水。轮灌可充分、有效地发挥咸淡水各自的作用和效益。

（三）节水灌溉技术

节水灌溉工程技术主要包括渠道防渗灌溉技术、低压管道输水技术、喷灌技术、微灌技术、渗灌技术、膜灌技术、劣质水灌溉技术等，直接目的是减少输配水过程的跑漏损失和田间灌水过程的深层渗漏损失，提高灌溉效率。

渠道防渗灌溉技术是大多数灌区的主要输水手段。渠道防渗灌溉技术采用混凝土护面、浆砌石衬砌、塑料薄膜等多种方法进行防渗处理，减少从水源到田间输水损失，提高渠道输水效率。与土渠相比，渠道防渗可降低渗漏损失60%～90%。渠道防渗技术的关键是确定适宜的防渗材料和合理的断面结构形式。

1. 低压管道输水技术

低压管道输水技术是利用机泵抽取河水，经过塑料或混凝土等管道把水直接输送到田间沟、畦灌溉农田，以减少水在输送过程中渗漏和蒸发损失。其利用率可达95%。另外，还能有效提高输水速度，减少渠道占地。低压管道输水技术在我国北方井灌区已经普及，但大型自流灌区尚处于试点阶段。

2. 微灌技术

微灌是一种新型的高效用水灌溉技术，包括滴灌、微喷灌、涌泉灌和地下渗灌。它是根据植物的需水要求，通过管道系统与安装在末级管道上的灌水器，将植物生长中所需的水分和养分以较小的流量均匀、准确地直接送到植物根部附近的土壤表面或土层中。相对于地面灌和喷灌而言，微灌属局部灌溉、精细灌溉，水的有效利用程度最高，约比地面灌节水50%～60%、增产20%～30%，比喷灌省水15%～20%。但微灌的工程投资也高，在国外被称之为昂贵的灌水技术。为了支撑高投入，微灌一般只用于水果、蔬菜、花卉等产值高、收益高的经济作物。严格的说，微灌不太适合大田粮食作物。

3. 渗灌技术

渗灌技术是当代国际上最先进、最经济而又有发展前途的农业节水灌溉技术，它是利用埋设在地下的透水管道，将灌溉水直接送入作物根层土壤的一种灌水方法。由于它克服了漫灌、喷灌、滴灌等地表灌溉造成的地表蒸发和水土流失等现象，渗灌技术能使土壤疏松、土壤肥力提高、地表温度增加，促进农作物生长，提高农作物产量，因而成为近年来国外普遍发展推广的高效节水灌溉新技术。渗灌技术的优越性在于：地表不见水，土壤不板结，土壤透气性较好，改善生态环境，节约肥料等。统计资料表明，渗灌水的田间利用率可达95%，比漫灌节水75%，比喷灌节水25%。

4. 膜灌技术

膜灌有膜上灌与膜下灌之分。膜上灌就是在覆盖作物的塑料薄膜上输水，由膜上的放苗孔或专门渗水孔向下渗水的一种灌溉方法；膜下灌是在灌水沟上蒙一层塑料薄膜，灌水在膜下沟中进行的一种暗水灌溉方法。

5. 劣质水灌溉技术

劣质水灌溉就是将经过处理的工业和生活污水用于农业灌溉，随着水资源的日益紧缺而备受各国关注。这些污水经加工成净水，通过输水管道输送，采用滴灌等先进灌水技术对作物进行灌溉。

6. 激光控制平地技术

改进地面灌溉的基础和关键是大规模提高土地平整精度。目前国内外广泛采用的土地平整技术有常规机械平地和激光平地两种。由于我国地面灌溉量大、面广，急需推广应用激光控制平地技术。常规平地机械有推土机、铲运机和刮平机等，操作手只能根据目测来操纵机具升降和切削。受机具和人工控制精度的制约，平整精度在达到一定程度后无法继续提高。激光控制平地技术是目前世界上最先进的土地平整技术，在发达国家已广泛应用。这是一项“傻瓜式”的高新技术，具有自动化程度高、作业效率高、操作简单等特点，便于大规模推广应用。激光控制平地设备由激光发射装置、激光接收装置、控制器、平地铲运设备等四部分构成。激光发射装置被水平安装在矗立于田间的三脚支架上，它产生的激光光束被高速旋转的棱镜反射，在田间上方产生一个激光平面。该平面作为平地作业的基准面。激光接收装置则垂直安装在平地铲运设备桅杆上。平地作业时，铲运机具刀口的初始位置一旦被确定，无论田面地形如何起伏，受激光发射和接收系统的控制，控制器始终通过液压升降系统将铲运刀口与平地作业的基准面保持在某一恒定值，能够实现高精度的土地平整。

7. 水平畦田灌溉技术

此种灌溉技术已在美国得到了广泛应用。它是在激光平地的基础上，采用较大入畦流量，使水快速、均匀地分布整个畦田的一种灌溉方式，具有灌水快、省工、深层渗漏小等优点，田间灌水效率可达80%。

8. 波涌灌溉技术

此种灌溉技术的特点是：在整个灌水过程中，采用间歇方式向畦沟供水，可有效地降低土壤入渗，提高灌水均匀度，田间灌水效率可达80%。同时，利用波涌自动控制阀还可实现地面灌溉的自动化。波涌灌溉技术在砂性土壤沟灌时节水效果最为明显。

9. 利用空气中的水分进行灌溉

利用空气中的水分进行灌溉就是通过一定的设施来收集空气中的水分，直接供给植物利用或汇集到蓄水池中以供灌溉之用。德国研究人员用一圆筒来收集空气中的水分。其内壁涂有吸聚阳光热的涂料，圆筒与若干个喷嘴管连接，将喷嘴埋在两行植物根部之间。白天高温烤热的空气经圆筒进入喷嘴管里，到了夜间降温时，空气中的水分就凝结成了露水珠而流到作物的根部。秘鲁的研究人员沿海岸垂直张挂一些大型尼龙网，以吸聚雾气，待雾变为水后流进蓄水池，以供沿海滩涂灌溉之用。智利的科研人员利用沙漠地区的云雾来改造沙漠。他们在巨大的框架上面安装由聚丙烯塑料制成的双层网来“捕捉”云雾，云雾在网上凝结成水，汇集到贮水池中，以供种植的林草或天然沙生植物的灌水之用。由于这种灌溉技术的水分收集量太小，目前还没有大规模地应用在农田灌溉中，但这种充分利用空气中的水分进行灌溉的方法对于沙漠地区或者淡水资源匮乏的沿海地区来讲，是一种值得推广的新型节水灌溉技术。当然，这种技术仍需要继续研究与发展，降低灌溉成本，提高水分收集效率，增强实用性等问题仍须进一步解决。

10. “3S”技术应用现代

农业是以高新技术应用为标志。在西方发达国家，通过遥感（RS）、地理信息系统（GIS）、全球定位系统（GPS）及计算机网络获取、处理、传送各类农业信息的应用技术已到了实用化的阶段。我国在这方面的工作也开始起步，如作物估产、土壤含水率分布的监测等，但在实际应用上还有一定的困难。但是在21世纪，空间遥感将会得到大力发展，将有更多的卫星被送入太空，从而使“3S”技术应用在农业节水领域成为可能。如，应用“3S”技术建立“土壤墒情监测系统”，对全国农田墒情进行监测，为农业灌溉用水和抗旱减灾服务。在监测土壤墒情的同时，与当时当地的作物需水量相结合，可科学确定灌溉用计划。目前，发达国家的一些先进灌区以土壤墒情监测作为灌溉用水管理的主要依据，根据气象观测资料、土壤墒情资料和作物长势资料等确定作物的灌溉水量及灌溉时间，及时提供用水信息，从而使农业灌溉管理更加科学、精确。21世纪我国面临更多挑战、更多竞争，为使农业不再成为我国经济发展的“瓶颈”，需要积极认真地做好我国的节水灌溉工作，虚心学习国内外先进的灌溉技术和管理方法，尤其是高科技技术在节水灌溉中的应用，发展有中国特色的现代化高效农业。

四、实验步骤

1. 教师讲解相关技术知识。
2. 结合基地内灌溉设施进行操作。
3. 完成灌溉任务。

五、作业与思考

（一）沙漠地区主要采取哪种方法进行节水灌溉？

（二）结合我国国情，谈谈最适合我国的灌溉方法是什么。

实践29　大苗培育技术

一、目的要求

（一）了解关于大苗培育技术的相关知识。

（二）掌握大苗培育技术的原理和方法。

（三）熟悉运用大苗培育技术。

二、实验原理

园林树木大苗的培育较为困难，也比较复杂，需要对其进行定期的移植和修剪。

三、实验内容

（一）苗木移植

应注意移植次数、移植时间、移植密度、移植方法、移植后抚育等问题。

（二）整形修剪

注意修剪时间、修剪方法等。

（三）各类大苗培育的技术要点

1. 播种苗养干法

对顶端优势强的苗木，如广玉兰、红楠和银杏等树种，为促进主干生长，应注意及时疏去1.8m以下的侧枝、萌蘖枝；以后随着树干的不断增高，逐年疏去定干高度以下的侧枝，定干高度以上的侧枝留做树冠的基础。柳树类苗因幼苗阶段叶片较少，对萌生的侧芽可保留，以促其旺长，待苗高1～1.5m时，下部侧枝渐粗且数量多起来，可适当疏除一部分；对上部出现的竞争枝，应及时疏除，以防影响主干枝生长。至秋季掘苗前可将苗高1/2以下的枝全部剪除，剩下的枝条可短截，以便掘苗假植。法国梧桐等苗木本身密植时树干生长通直，截干后可重新培养树冠，所以一般在前3年密植，培养主干，等到6～7cm后再截干移栽。

2. 移苗养干法

有些乔木树种如黄山栾树，生长势较弱，腋芽萌发力较强，播种苗一年生长高度达不到定干要求，第2年侧枝又大量萌生且分枝角度较大，很难找到主干延长枝，故自然长成的主干常常矮小且弯曲，不能满足行道树和庭荫树的要求，为此常用截干法来培养主干。

截干法的主要理论依据是利用人为方法改变苗木根茎比，以增加茎干的生长势，在一个生长季节内使苗木生长高度达到定干要求，从而获得通直的主干。具体方法是移植后不修剪，尽量保留枝叶，使根系生长旺盛，待秋季落叶后，统一按照设计的株行距进行移植；第2年加强水肥管理，促使苗木快速生长，当苗木的径长到2～3cm时，秋季进行离地面5cm左右处重截；第3年加强水肥管理，促进萌发，选择最为强健的枝条作主干培养。由于具有3年苗木的根系，因此苗木当年长势旺盛可达到3～5cm，该方法对黄山栾树尤其适用。

3.阔叶乔木养冠法

高大的阔叶乔木一般按照自然的树形，可减少人为的干预，尤其像广玉兰和银杏等树种，只有上部出现较强的竞争枝时才剪除，以免出现双干或多干现象，影响树形。为改善内部通风条件，应对过密枝、重叠枝等进行剪除。像黄山栾树、法国梧桐、香樟和无患子等阔叶乔木，在树干养成之后，结合第二次移栽，在定干高度确定之后，选好向外发射的3～5个主枝培养成骨干枝。待第二年再在这些生长枝条的50～60cm处平齐进行短截，促使生成大量侧枝，培育出匀称的树形。

4. 松柏类乔木养干养冠法

松树类的植物顶端优势明显，比较容易培养主干，很多可以按照其自然生长的分枝特点进行培养，例如黑松和油松每年都会生长一轮主枝，时间长了会削弱主干的生长势，因此应适当删减一些轮生枝，每轮可留3～4个主枝，要求分布均匀。

5. 培育大苗

培育大苗的主要方式还包含以下几种：移圃培育、留圃培育、间作培育、混交培育、片林培育等。

①移圃培育是将小苗从原圃地转移到另一个圃地，再将较大的株行距培育成大苗。

②留圃培育就是将苗圃苗木分阶段和多次抽移到别处去，而剩下的再将其培养成所需的大规格的苗木。

③间作培育就是将小苗以大行距、小株距的形式进行种植，行间种植合适的作物，实行以耕代抚的模式，将小苗培育成大苗。

④混交培育是指将桂花、樱花等阔叶树种与雪松、柳杉等针叶树种进行混交培育。

⑤片林培育就是将普通的绿化树种，如樟树、建柏等小苗进行成片栽植，再根据所需进行抽取。

四、作业与思考

1. 大苗培育需要注意哪些事项？
2. 如何才能令培育大苗生长更加茁壮？

第四章 观赏植物的产后技术

实践30 观赏树木的起苗、分级、统计、包装、假植与运输技术

一、目的要求

观赏树木的起苗、分级、统计、包装、假植与运输是栽植的前期工作，也是决定苗木质量好坏的重要工作，因此栽植后成活率的高低与起苗、分级、统计、包装、假植与运输技术息息相关。

通过本实验了解观赏树木的分级标准；掌握观赏树木起苗、分级、统计、包装、假植与运输技术；熟悉起苗和假植的注意事项。

二、实践内容

（一）起苗

1. 起苗时期

一年中春、秋两季适宜移栽苗木。通常，落叶观赏树木在新梢停止生长、枝条木质化、开始落叶后到早春发芽前起苗。常绿观赏苗木在春、秋两季皆可起苗出圃。

2. 起苗方法

根据是否带土，起苗分为两类：不带土起苗和带土起苗。不带土起苗适用于落叶木本和根系恢复能力强的树木。起苗时应把苗木周围土壤挖松，铲断主根下部。轻轻提出地面，不能用力拔出。带土起苗是较常用的方法，适用于大多数观赏苗木。土球的大小一般为近根端茎干粗度的6～12倍；土球的高度为土球的2/3左右；土球直径小于40cm，不需要用草绳捆扎，直接用蒲包、稻草、塑料薄膜进行包扎；土球直径大于40cm或珍贵树种则必须用草绳固定。其他与不带土起苗方法相同。

为了提高工作效率，生产上经常使用挖掘机对大的树木起苗。

3. 起苗注意事项

（1）土壤干燥时应充分灌水，以免起苗时伤根过多。灌水时间一般为起苗前4～5d。

（2）起苗深度要根据树种的根系分布规律，宜深不宜浅，过浅易伤根。若根系

少，应远起远挖，避免移栽后成活率低或生长弱。对于过长的主根和侧根，因不便起苗可以切断，切忌用手拢苗。

（3）为了保证成活率，木本苗木起苗后至少保留15～20cm长的侧根3条以上，草本苗保留良好的须根。

（4）起苗后应对苗木的地上及地下受伤部位进行处理，如剪平伤口、涂抹药剂等。

（5）为让消费者了解苗木的基本信息，为避免种类、品种混淆，苗木应注明树种、品种、苗木类型、繁殖方法、育苗单位、苗龄等。

（二）分级

不同观赏苗木的分级指标差异较大。以下以广玉兰苗木河南省地方质量分级标准（附表30-1、附表30-2）为例，其分级指标主要包括：地径（苗木距地面10cm处的苗干的直径）、苗高（苗干的高度）、胸径（主干离地表面胸高处的直径，断面畸形时，测取最大值和最小值的平均值）、树高（树主干的高度）、冠幅（苗木树冠垂直投影的南北、东西直径的平均值）、冠高比（冠幅与树高的比值）、土球直径等。

附表30-1　广玉兰幼苗等级划分标准

项目			等级		
分类		指标(单位)	一级	二级	三级
实生苗	一年生	地径(cm)	≥0.8	≥0.6	≥0.4
		苗高(m)	≥0.7	≥0.5	≥0.3
	二年生	地径(cm)	≥1.4	≥1.0	>0.8
		苗高(m)	≥1.4	≥1.0	>0.7
	三年生	地径(cm)	≥1.8	≥1.6	>1.4
		苗高(m)	≥1.8	≥1.6	>1.4
	四年生	地径(cm)	≥2.2	≥2.0	>1.8
		苗高(m)	≥2.2	≥2.0	>1.8
嫁接苗	一年生	地径(cm)	≥1.3	≥1.0	≥0.7
		苗高(m)	≥1.3	≥1.0	≥0.7
	二年生	地径(cm)	≥2.2	≥1.8	>1.3
		苗高(m)	≥2.2	≥1.8	>1.3

附表30-2　广玉兰成品苗等级划分标准

项目		等级		
胸径	指标	一级	二级	三级
D=2cm 1.8≤D≤2.5	树高(m)	1.8≤H≤2.2	<1.8或>2.2	<1.8或>2.2
	冠幅(m)	≥0.8	≥0.6	≥0.4
	冠高比	≥1:4	≥1:5	≥1:6
	土球(cm)	≥20	≥18	≥16
D=3cm 2.5<D≤3.5	树高(m)	2.2≤H≤2.8	<2.2或>2.8	<2.2或>2.8
	冠幅(m)	≥1.0	≥0.8	≥0.6
	冠高比	≥1:3.8	≥1:4.8	≥1:5.8
	土球(cm)	≥30	≥28	≥25
D=4cm 3.5<D≤4.5	树高(m)	2.5≤H≤3.5	<2.5或>3.5	<2.5或>3.5
	冠幅(m)	≥1.2	≥1.0	≥0.8
	冠高比	≥1:3.5	≥1:4	≥1:5
	土球(cm)	≥40	≥35	≥30
D=5cm 4.5<D≤5.5	树高(m)	3.0≤H≤4.0	<3.0或>4.0	<3.0或>4.0
	冠幅(m)	≥1.6	≥1.4	≥1.2
	冠高比	≥1:3	≥1:4	≥1:5
	土球(cm)	≥50	≥45	≥40
D=6cm 5.5<D≤6.5	树高(m)	3.5≤H≤4.2	<3.5或>4.2	<3.5或>4.2
	冠幅(m)	≥1.8	≥1.6	≥1.4
	冠高比	≥1:3	≥1:4	≥1:5
	土球(cm)	≥60	≥55	≥50
D=7cm 6.5<D≤7.5	树高(m)	3.8≤H≤4.8	<3.8或>4.8	<3.8或>4.8
	冠幅(m)	≥2.2	≥2.0	≥1.8
	冠高比	≥1:2.8	≥1:3.8	≥1:4.8
	土球(cm)	≥70	≥65	≥60
D=8cm 7.5<D≤8.5	树高(m)	4.0≤H≤5.0	<4.0或>5.0	<4.0或>5.0
	冠幅(m)	≥2.5	≥2.2	≥2.0
	冠高比	≥1:2.5	≥1:3.5	≥1:4.5
	土球(cm)	≥80	≥70	≥65

续表

项目		等级		
胸径	指标	一级	二级	三级
D=9cm 8.5< *D*≤9.5	树高(m)	4.5≤*H*≤5	<4.5或>5.0	<4.5或>5.0
	冠幅(m)	≥3.0	≥2.8	≥2.6
	冠高比	≥1:2.2	≥1:3.2	≥1:4.2
	土球(cm)	≥90	≥80	≥75
D=10cm 9.5< *D*≤10.5	树高(m)	5≤*H*≤6	<5.0或>6.0	<5.0或>6.0
	冠幅(m)	≥3.5	≥3.2	≥2.8
	冠高比	≥1:2	≥1:3	≥1:4
	土球(cm)	≥100	≥90	≥80

注:代码中第一位上的数字表示级别;第二、三位上的数字表示胸径;*D*表示胸径;*H*表示树高

(三)统计

统计的数据包括不同种苗木的株树、胸径、树高、冠幅等。

(四)包装

苗木分级消毒后，进行包装运输或假植。土球直径10cm以下的，用塑料绳或塑料袋包装；土球直径10～80cm的，用草绳包装，草绳包装要紧、实、满，要包至树干第一分支点处；土球直径特大的，应用木箱包装。苗木直径小的可将合乎规格的单株苗困成一捆，苗木直径大的也可单株包装。

(五)假植

秋天挖出或由外地运入的苗木，如不进行秋季栽植时，在封冻前要将苗木假植起来。应选择避风、干燥、平坦的场地进行假植。

假植的方法：先挖一条假植沟，沟的方向可根据当地情况确定，沟的宽度一般为50cm左右，深度为60～100cm，长度因假植苗木数量而定；然后将苗木按不同品种分别放入假植沟中，用土将苗木埋上。注意：放置时，将未能自然落叶的苗木上的叶片摘掉，以防苗木发霉。树梢部向南，以防日烧。品种与品种间要相隔30～50cm，以防混杂。覆土时要分层进行，使根系与土壤密接。覆土厚度为苗木的2/3，干旱寒冷地区苗木要全部埋入土中，以防苗木梢部抽干。同时注意防鼠、兔等危害。

（六）运输

观赏树木的运输多以散装汽车运输为主。装车前要认真查验所运苗木的规格、数量、质量，无误后再装车；装车采用人工、机械两种方式，装车时应放稳、垫牢、紧实土球，码放的土球不宜过多；在长途远距离运输中要用苫布盖严苗木，运输途中应多次停车察看。

三、材料用具

1. 材料：观赏植物苗木。
2. 用具：铁锹、草绳、蒲包、塑料薄膜等。

四、作业与思考

（一）根据实践内容，总结起苗、假植的技术要领。
（二）查找相关资料列举出3种观赏树木的苗木分级标准。

实践31　鲜切花的采收技术

一、目的要求

鲜切花是指从活体上切取的具有观赏价值的茎、叶、花、果等植物材料。选择适宜的采收时间、时期，利用正确的采收方法是保证鲜切花品质最重要的一步。

通过本实验掌握鲜切花的采收技术和技术要领。

二、实践内容

（一）采收时期

由于花蕾期采收的鲜切花体积小，耐摩擦，便于包装、贮藏和运输，对乙烯不敏感，因此花蕾期采收的鲜切花瓶插寿命长，生产上，在能保证花蕾正常开放、不影响品质的前提下，应尽可能在花蕾期采收。

1. 鲜切花最适宜的采收时期因花卉种类、品种的不同而不同

有些花卉在花蕾期采收，不能正常开花或易出现枯萎。月季和非洲菊如采收过早，“弯颈”现象发生更频繁。月季“弯颈”频繁是由于花茎中维管束组织木质化程度不够，支持结构没有完全成熟；非洲菊“弯颈”频繁是因花茎中心空腔尚未形成。一些具穗状花序的鲜切花（如乌头花、飞燕草和假龙头花）须在花序基部1～2

朵小花开放时采切，否则花蕾将不能正常开放。蝴蝶兰、大丽菊等必须在花朵充分开放后才能采切。

2. 鲜切花最适宜的采收时期因季节的不同而不同

由于气温越高，花卉生长发育快，气温越低，生长发育慢，一般夏季采收时期宜早些，而在冬季采收时期宜晚些，以保证它们在花瓶中能正常发育。

此外，鲜切花的适宜采收时期还与环境条件、距市场远近和消费者的特殊要求有关。

（二）采收时间

不同种类、品种的鲜切花，一天之中没有统一的最适宜的采收时间。

对于大部分鲜切花，宜采用上午采收，尤其对那些采后失水快的种类，如月季。采收之后，应立即放入保鲜液中，尽快预冷或置于冷库之中，以防止水分丧失，保证品质。注意采收在露水、雨水或其他水汽干燥后进行。

一般傍晚采收也较理想，在夏季，最适宜的切割时间是晚上20：00点左右。因为经过一天的光合作用，花茎中积累了较多的碳水化合物，质量较高。香石竹、菊花等适宜傍晚采收。

（三）采收方法

用锋利的刀剪把花茎从母株上斜剪下来，采收后立即置于水中或保鲜液中，采收不严格影响瓶插寿命。木质茎鲜切花由于吸水只能通过切口，必须保证一定的切面大小，而草质茎鲜切花除由切口导管吸水外，还可从外表皮组织进行，因此剪口并不那么重要。注意剪口光滑，避免压破茎部；切割的部位应选择靠近基部而花茎木质化程度适度的地方；部分鲜切花切口会流出白色汁液，易使切口凝固，影响水分的吸收，应将切口处浸在85℃～90℃热水里数秒，如一品红。

（四）采后预处理

采收后的鲜切花温度较高，需要预冷处理，除去田间热。同时利用保鲜剂处理，有利用延长鲜切花的寿命。

三、材料用具

1. 材料：月季、香石竹、菊花等。
2. 用具：修枝剪刀。

四、作业与思考

结合参考资料，根据实践内容，总结月季、香石竹、菊花的采收时期、采收时间及具体采收方法和技术要领。

实践32　鲜切花的运输技术

一、目的要求

鲜切花除少部分就地供应外，大部分异地销售，因此，运输成为生产者与消费者之间的桥梁，起着重要的作用。

通过本实验了解各种鲜切花运输技术；掌握运输过程中环境因子的控制技术。

二、实践内容

（一）运输对鲜切花材料的要求

远距离运输的鲜切花，比就地销售的质量要求高。应在成熟的较早阶段采收，花蕾应在到达目的地后，在水中或花蕾开放液中能正常开放。应无机械损伤，无病虫危害。

（二）鲜切花的运输前处理

运输前用含有糖（蔗糖）、杀菌剂（$AgNO_3$、8～HQC）、抗乙烯剂（STS）和生长调节剂（CTK、GA）的保鲜剂作短时脉冲处理，这样对于包装运输的切花有很大益处，尤其是在长途横跨大陆或越洋运输之前。

运输之前采用冷库冷却、包装加冰冷却、强制通风冷却、真空冷却等方法进行预冷，快速除去田间热，并达到适宜的贮藏低温。

（三）运输方式

运输方式包括陆运、空运和海运。

1. 陆运

对于短距离或运输时间不超过20h的切花，可使用无冷藏设备但隔热的货车。对于长距离运输或运输时间超过20h至数天的切花，应使用有冷藏设备的货车，这是陆上运输主要运载方式。

2. 空运

空运可把鲜切花以最快速度提供给消费者。在空运过程中一般无法提供冷藏条件，因此应特别注意切花在运输前的预冷处理。预冷后，箱子上所有的通气孔应当关闭。由于在飞机场乙烯浓度高，因此在空运前鲜切花应用STS脉冲处理。

空运一般时间较短。切花空运需要起点、中途和终点机场的合作，在必要时（如晚点）须使用机场或其附近的冷藏设施，装鲜切花的飞机不应停留在跑道上暴晒，应尽快转至冷库中存放。

3. 海运

海运是最慢的运输方式，因此在长时间海运中要保持鲜切花的高质量，应在运输前用适宜的保鲜剂硬化处理鲜切花并尽快预冷。在到达目的地后，切花应置于合适的保鲜液中予以恢复，贮存于低温之下，直至出售。

（四）运输过程中环境因子的控制

1. 温度

鲜切花的运输温度是运输中的关键因素。通常切花（除对低温敏感的热带种类）在采收后应尽快预冷，然后置于最适低温下运输。在管理温度时，应注意最适宜低温是以不发生冷害的最低贮藏温度；对易急速变温和变温耐性差的产品应注意温度的监测，及时处理以保持温度的恒定。

2. 湿度

运输过程中湿度低，植物水分散失快，影响植物的品质。在鲜切花运输期间，空气相对湿度应保持在95% ~ 98%。

3. 光照

光照会导致鲜切花叶片变黄，商品价值下降，尤其在高温环境中。在鲜切花运输期间，应保持避光环境。

4. 气体环境

当鲜切花长时间置于过于拥挤和无通气孔箱内，环境中氧气含量降低，二氧化碳含量升高，乙烯含量升高，引起鲜切花严重的损失。在运输过程中适当通风和保持低温，在很大程度上可以抑制气体的变化所导致的损失。

乙烯是导致产品寿命下降的主要气体环境因素。由于授粉花朵和果蔬会产生大量乙烯（特别是呼吸跃变型），因此注意避免包装箱中装有授过粉的花朵，鲜切花不能与果蔬一起运输。为了防止乙烯的有害影响，应在运输前用STS处理切花，或把装有溴化处理活性炭或高锰酸钾的乙烯涤气瓶放在包装箱中（乙烯涤气瓶的作用不如STS处理大，并增加包装箱的重量）。

5. 振动

由于运输工具选择及堆码装卸操作不当，常导致包装箱出现振动，箱中的产品逐渐下沉，使上部产生空间，包装箱发生二次运动和旋转运动，使振动加速度升级，从而对产品造成伤害。因此，要根据不同类型的新鲜园艺产品对振动损伤的最大耐受力，选择最佳运输方式和路径，并做好堆码。整个运输过程中要做到轻拿轻放。

三、材料用具

1. 材料：月季、香石竹、菊花等。
2. 用具：各种运输工具 。

四、作业与思考

1. 根据实践内容，总结运输环境管理的技术要领。
2. 比较各种运输方式的差异。

实践33　鲜切花的分级与包装技术

一、目的要求

鲜切花分级要根据鲜切花个体的差异按其品质进行分类，主要分级依据是花枝长短、花径、新鲜程度等。我国的鲜切花分级标准目前还不完善，分级多采用国际标准，主要有欧洲经济委员会标准和美国标准。鲜切花包装起到保护的作用，可以减轻采后因贮藏、搬运等操作引起的损失。做好鲜切花分级和包装有利于规范化生产销售，提高商品率，增加经济效益。

通过本实验了解鲜切花的分级标准；掌握鲜切花的分级与包装技术。

二、实践内容

（一）分级

1. 分级标准

（1）欧洲经济委员会标准。欧洲经济委员会（ECE）建立了一套鲜切花质量标准，适用于欧洲国家之间及进入欧洲的贸易鲜切花上市和商品质量控制。大多数重要鲜切花分级都可以采用此标准。

分级前需要保证每个销售单位（一束、一串、一箱等）只能包含处于同一花蕾发育阶段的同一种或品种。商品花卉应在该种或品种的适宜发育阶段采切。切花必须完好无损，新鲜，无病虫害。必须保证鲜切花的发育阶段和质量使之安全到达目的地而不变质。每个包装单位中切花长度最长与最短的差别：可超过2.5cm（代码5～15），5.0cm（代码20～50）和10.0cm（代码60及以上）（见附表33-1）。

附表33-1 鲜切花花径长度要求的ECE标准

代码	包括花头在内的鲜切花长度(cm)
0	小于5或标记为无茎
5	5~10　+2.5
10	10~15　+2.5
15	15~20　+2.5
20	20~30　+5.0
30	30~40　+5.0
40	40~50　+5.0
50	50~60　+5.0
60	60~80　+10.0
80	80~100　+10.0
100	100~120　+10.0
120	大于120

鲜切花划分为特级、一级和二级三个等级（见附表33-2）。注意分级时在每一个等级，可以有10%的鲜切花在茎的长度上有变化，但须符合该代码中的最低要求。

附表33-2 一般外观的ECE鲜切花标准

等级	对鲜切花的要求
特级	切花具有最佳品质，无外来物质，发育适当，花径粗壮而坚硬，具备该种或品种的所有特性，允许3%有轻微的缺陷。
一级	切花具有良好品质，花径坚硬，其余要求同上，允许5%有轻微的缺陷。
二级	在特级和一级中未被吸收，但满足最低质量要求，可用于装饰，允许10%有轻微的缺陷。

对某一特定花种的分级标准，除了上述要求外，还包括一些对该种的特殊要求。如对于香石竹，特别注意其茎的刚性和花萼开裂问题。

（2）美国标准。美国花卉栽培者协会（SAF）仅对某几种鲜切花定出推荐性的分级标准。其分级术采用“蓝、红、绿”，大体上相当ECE的特级、一级和二级分类（见附表33-3、表33-4、表33-5）。表中列出了几种鲜切花分级的最重要参数。除了表中所列要求外，美国标准还包含决定切花质量的重要判断标准，如茎的坚挺度，花的缺陷，花瓣与叶片的色泽和特定种的其他特性。

附表33-3 美国使用的月季鲜切花的分级标准

级别	最小花茎全长(cm) (杂交育水月季)	最小花茎全长 (cm)(甜心月季)
蓝	56	36
红	36	25
绿	25	15

附表33-4 美国使用的香石竹（标准品种）鲜切花的分级标准

级别		最小花直径(cm)	最小花茎全长(cm)
蓝	紧实	5.0	55
	较紧实	6.2	55
	开放	7.5	55
红	紧实	4.4	43
	较紧实	5.6	43
	开放	6.9	43
绿	紧实	无要求	30
	较紧实	无要求	30

附表33-5 美国使用的菊花鲜切花的分级标准

级别	最小花直径(cm)	最小花茎全长(cm)
蓝	14.0	76
红	12.1	76
绿	10.2	61

2. 分级方法

首先进行挑选，去除收获过程中的鲜切花以外的外来物质以及有机械损伤、病虫害和畸形的产品。根据销售市场通常采用的分级标准，严格进行分级。分级后，每一个容器内只放置一种尺寸、成熟度一致的花卉材料，在容器外标明种类、品种、等级、大小、重量和数量情况。

（二）包装

1. 包装材料

包装材料种类多，包装商品时应根据产品的需要、包装方法、预冷方法、材料强度、成本、购买者要求和运费等选择适宜的材料。包装包括外包装和内包装。

常用的外包装材料有纸箱、泡沫箱、纤维板箱、木箱、板条箱等。其中，纤维板箱是目前鲜切花运输中使用最广泛的外包装材料，出口商品包装箱的破裂强度至少应达到1896kPa，以承受装卸操作、受压及产品高湿度的影响，规格应与国际公制托盘1016×1219mm相配合，方便装卸。对于长距离运输的切花，最好采用双层套箱，材料用波纹纤维板。

常用的内包装材料有聚乙烯膜、软纸、蜡纸、塑料网等，也可置于用塑料或卡片纸板特制的模子中，也可以用充满空气或氮气的塑料袋包装。

2. 包装

（1）包装方法。鲜切花包装的第一步是捆扎成束，可10、12、15支等捆为一束，数量自由。切花经捆扎成束后通常进行内包装，然后可根据鲜切花的种类及习性选择合适的外包装箱进行装箱。切花装箱时不能置于箱子中间，而应靠近两头。切花在箱内分层交替放，层与层之间填放衬垫。

（2）鲜切花包装时应注意以下操作：包装之间注意避免挤压，出现损伤；花束捆扎不能太紧，以防受伤和滋生霉菌；可散装，数量因箱子大小和购买者订货量而定；为保持包装箱内的湿度，应在包装内放置抗湿衬垫；部分鲜切花有特殊的包装，月季包装箱内常放置冰袋以降温，银莲花、金盏花、水仙、唐菖蒲、小苍兰、飞燕草、花毛茛、金鱼草等对向地性弯曲敏感的鲜切花应垂直放置包装与运输；热带切花应插在水中；兰花等对乙烯高度敏感的鲜切花，在包装时可放入含有高锰酸钾的涤气瓶清除箱内乙烯。

三、材料用具

1. 材料：月季、香石竹、菊花等。
2. 用具：各种包装材料 。

四、作业与思考

（一）讨论国内外各种分级标准的差异。
（二）查找相关资料列举出3种鲜切花的分级标准。
（三）根据实践内容，总结分级、包装的技术要领。

实践34　鲜切花保鲜剂配制技术

一、目的要求

为了延长鲜花采切后的贮藏保鲜期或开花寿命，通常采用保鲜剂进行处理，以达到补充水分、碳源，抑制促进衰老的物质形成，防止菌类分泌物堵塞维管组织的作用。保鲜液是由糖、杀菌剂、植物生长调节物质等成分依不同比例配制而成的一种水溶液。依其用途的不同，保鲜液又分为预处理液、催花液和瓶插液三种。

通过本实验了解鲜切花保鲜剂的种类；掌握鲜切花保鲜剂配制的基本方法。

二、实践内容

（一）预处理液

含糖量高，一般在5%～20%。用于鲜切花采切后的脉冲处理，以增加切花体内含糖量，提高切花品质。具体配制方法如下所述。

1. 称取蔗糖50g，溶解于1L蒸馏水中。

2. 对于乙烯敏感型的切花，如香石竹、百合、金鱼草等，可作STS液预处理。

A：称取79mg $AgNO_3$溶解于500m1蒸馏水中；

B：称取62mg $Na_2S_2O_3 \cdot 5H_2O$溶解于500m1蒸馏水中。

将A液倒入B液中混匀后即为0.46mmo1 STS预处理液。

（二）催化液

一些蕾期采切的鲜花，在上市前要在含有糖等促使花蕾开放物质的溶液中处理，直到花朵开放，这种溶液称为催花液。具体配制方法如下：

称取蔗糖20g、8～HQC 200mg、柠檬酸100mg溶解于1L蒸馏水中，即为催花液。

（三）瓶插液

瓶插液由糖、杀菌剂、植物生长调节物质等配制而成的溶液，用于鲜切花销售店和家庭观赏时保鲜，以延长鲜切花开放寿命。具体配制方法如下：

称取蔗糖50g、8～HQC 200mg、醋酸银50mg，溶于1L蒸馏水中，即为瓶插液。

三、材料用具

1. 材料：月季，菊花，香石竹；蔗糖，$AgNO_3$，$Na_2S_2O_3 \cdot 5H_2O$，8～HQC，土温～20，柠檬酸，醋酸银。

2. 用具：量筒，1000m1烧杯，剪刀，花瓶，电子天平。

四、作业与思考

1. 总结3种保鲜剂的应用范围。

2. 根据对保鲜剂成分的了解，查阅资料，设计一种保鲜剂配方。

实践35　鲜切花贮藏与管理技术

一、目的要求

鲜切花的寿命比果蔬短，通常采用短期贮藏的方式，包括几天的短期贮藏等待周末销售，2～4周中期贮藏，等待某些节假日的大量需求。某些鲜切花（如香石竹）也有采用1至数月长期贮藏的。

通过本实验掌握各种鲜切花贮藏方式；熟悉贮藏过程中的管理技术要领。

二、实践内容

（一）贮藏方式

目前鲜切花主要采用低温贮藏方式，使用冷库、低温冰箱贮藏，包括干贮和湿贮。

1. 干贮

用于干贮的鲜切花为避免在贮藏过程中的失水影响，要求上午细胞膨压高时采收。采收后立即预冷，可采用强制通风冷却，或敞开置于冷室中放置几个小时。预冷同时，用含有糖、杀菌剂和抗乙烯剂的保鲜液脉冲处理，把切花从保鲜液中取出，花茎末端干后即可包装。包装可选择聚乙烯袋、箱子或用蜡纸或铝箔包裹表面的圆筒等，包装好后选择适宜的低温进行贮藏。干贮的好处是贮藏时间较长，节省空间。但贮藏之前要包装，须花费较多劳力和包装材料。此外，不是所有的鲜切花都能良好地适应干贮条件，如天门冬、大丽花、小苍兰、非洲菊和丝石竹等更适宜湿贮。

2. 湿贮

用于湿贮的鲜切花采后应立即置于水中或保鲜剂中，容器内水或保鲜液深度以将茎淹没10～15cm为宜，应避免把水和保鲜叶溅到花和叶子上，引起腐烂。再把容器与切花一起预冷后放在冷库中贮藏。湿贮温度多保持在3℃～4℃，比干贮温度略高一些。湿贮过程中，注意鲜切花应保持干燥，不要喷水。保鲜液用水最好不用自来水，使用去离子水或蒸馏水为好，保证用水清洁。用次氯酸钠消毒，容器中的水一周更换一次；用硫酸铝消毒，容器中的水三至四周更换一次。湿贮不需要包装，鲜切花组织可保持高的膨胀度。但需占据冷库较大空间，用于正常销售或短期贮藏的鲜切花。

除低温贮藏外，气调贮藏和减压贮藏也在不断的研究中。但由于成本高，都尚未在花卉业投入商业性营运。

（二）贮藏管理

1. 贮藏对鲜切花质量的要求

用于贮藏的材料应选择健康、无病虫害和无机械损伤的高质量的鲜切花。鲜切花应在最适宜的花蕾发育期采切。如切花过熟或花蕾太幼小，均会减少贮藏寿命。

2. 贮藏环境的控制

（1）温度。贮藏后的鲜切花应能保持合理的低温以延长寿命。大部分鲜切花贮藏在接近0℃下，贮后的花可自然发育。4℃是批发商和零售商比生产者更常用的切花贮藏温度。7℃～13℃不能保存一般鲜切花。

合理的贮藏温度与鲜切花的种类、品种及发育阶段有关。热带花卉的贮藏温度为7℃～15℃，高于一般鲜切花的贮藏温度。紧实花蕾阶段的香石竹在0℃下贮存良好，已开放的香石竹在3℃～4℃下贮藏良好。

冷藏时还应注意温度的波动，多数鲜切花最高冻结点变动在-2.2℃～0.6℃之间，所以控制温度允许有±0.5℃的变幅。控制温度的波动对干贮的鲜切花尤为重要。降低冷藏库温度波动的方法有：使用高性能的冷却装置；冷藏库四周和顶部隔热良好；垛与垛之间留有空隙；尽量少开启贮库的门。

（2）湿度。鲜切花贮藏都应维持90%～95%的高湿度。如果干贮，但未紧密包裹在膜中，或湿贮于开放的容器中。在贮藏库内保持高湿度是很关键的。如果鲜切花置于密闭的膜袋中，贮库内的相对湿度就不太重要了，因为袋中的空气湿度很快就饱和了。

（3）光照。大量的鲜切花种类贮藏在黑暗中达5～14d。某些鲜切花（如香石竹）可在黑暗中贮存几个月，并能保证较好的质量。但另一些切花，如六出花、百合和菊花，长期在黑暗中贮存会引起叶片黄化。根据不同种类鲜切花对光照的要求，应控制光照环境。

（4）乙烯。冷库中少量的鲜切花产生的乙烯少，对贮藏品质影响不大，可不做处理。但大量贮藏，应考虑采取一定的方式去除乙烯。

通风换气是去除乙烯最有效的方法，除了去除乙烯，还能去除有害气体。一般要求每小时把贮藏鲜切花的冷库内空气全部更换一次。装有高锰酸钾溶液的涤气瓶可以吸收乙烯。紫外线或X射线照射亦可清除空气的乙烯，但尚未广泛使用。

3. 病虫害控制

贮藏期间使用化学药剂控制病虫害是很困难的，对于工作人员也有危险，因此在贮藏前，选择无病虫害的产品和使用化学药剂控制病虫害是较为有效的方法。贮藏期间可利用溴甲烷熏蒸冷库杀虫，利用异丙定、杀菌利、烯菌酮等喷布或浸沾材料的方法杀菌。

4. 清洁和空气净化

冷库里无鲜切花时，应进行清扫消毒。墙和地板应用水和洗涤剂洗刷清洗干净后，整个冷库喷施300ppm的次氯酸钠溶液，也可喷施氯胺或石灰水。清洁干净后，冷库应干燥待用。整个冷库一年应消毒几次。用于湿贮的贮藏架、容器和水槽，应定期清洁消毒。

在贮藏期间，应经常检查和清除库内残渣和废弃物，移出乙烯产生源，去掉任何不良气味。应经常使用6～14目的活性炭空气净化装置或涤气瓶予以净化。

三、材料用具

1. 材料：月季、香石竹、菊花等。
2. 用具： 冷库及贮藏用具。

四、作业与思考

1. 比较干贮法和湿贮法的优缺点。
2. 根据实践内容，总结贮藏管理的技术要领。

参考文献

[1] 包满珠. 花卉学（第三版）[M]. 北京：中国农业出版社，2017.

[2] 北京农业大学. 蔬菜栽培：保护地栽培 [M]. 北京：农业出版社，1980.

[3] 曹若彬. 果树病理学 [M]. 北京：中国农业出版社，1997.

[4] 陈传强. 草坪机械使用与维护手册 [M]. 北京：中国农业出版社，2002.

[5] 陈道明，吴洁芳，王真，段冬洋. 柿果脱涩机理及脱涩方法研究进展 [J]. 广东农业科学，2010，37（3）：157-161.

[6] 陈发棣. 观赏园艺学（第二版）[M]. 北京：中国农业出版社，2009.

[7] 陈贵林. 温室建造与管理手册 [M]. 北京：中国农业出版社，2000.

[8] 陈京京. 桃果实冷害与能量代谢的关系研究 [D]. 南京农业大学，2012.

[9] 陈科东. 园林工程 [M]. 北京：高等教育出版社，2006.

[10] 陈素娟. 蔬菜生产技术 [M]. 苏州：苏州大学出版社，2015.

[11] 陈文浩，王彦杰，荆瑞勇，等. 微生物菌剂对条垛式堆肥中氮素变化的影响 [J]. 农机化研究，2011，（12）：179-182.

[12] 陈文胜. 蔬菜生产技术 [M]. 厦门：厦门大学出版社，2013.

[13] 陈杏禹. 蔬菜栽培 [M]. 北京：高等教育出版社，2017.

[14] 陈志新. 花卉营养土和花卉营养液的开发利用 [J]. 林业实用技术，2004，（7）：42.

[15] 成仿云. 园林苗圃学 [M]. 北京：中国林业出版社，2012.

[16] 程冉. 鲜切花生产与保鲜技术 [M]. 北京：中国农业出版社，2015.

[17] 程智慧. 蔬菜栽培学各论[M]. 北京：科学出版社，2010.

[18] 丁加刚，刘冠义，薛丽，等. 果树上刮树皮的重要性与对策 [J]. 中国果菜，2009，（1）：01.

[19] 董存明，张曼，邓小垦，等. 不同碳氮比条件下鸡粪和椰糠高温堆肥腐熟过程研究 [J] . 生态与农村环境学报，2015，（3）：420-424.

[20] 范双喜，张玉星. 园艺植物栽培学实验指导（第2版）[M]. 北京：中国农业大学出版社，2011.

[21] 方栋. 浅议园林绿化中有害生物的防治对策 [J]. 现代农村科技，2009，（8）：24.

[22] 冯双庆. 果蔬贮运学 [M]. 北京：化学化工出版社，2008.

[23] 付艳武，高丽朴，王清，等. 蔬菜预冷技术的研究现状 [J]. 保鲜与加工，2015，15（01）：58-63.

[24] 龚玉琴，杨金明. 蔬菜营养特性与施肥技术 [M]. 北京：阳光出版社，2013.

[25] 郭尚. 蔬菜良种繁育学 [M]. 北京：中国农业科学技术出版社，2010.

[26] 郭夏丽，张静晓，王静，等. 菌渣和牛粪联合堆肥中的氮素转化研究 [J]. 郑州大学学报（工学版），2012，(1)：71-74.

[27] 韩双双，张鹏，薛友林，等. 脱涩方法对三种成熟度磨盘柿货架品质的影响 [J]. 包装工程，2019，40（05）：1-8.

[28] 韩振海，陈昆松. 实验园艺学 [M]. 北京：高等教育出版社，2006.

[29] 何箕全，杨立新，李林森. 赣南脐橙冬季清园技术要点 [J]. 现代园艺. 2017，12：75.

[30] 河北农业大学园艺学院蔬菜系. 蔬菜栽培学实验指导 [M]，河北农业大学教材科，1993.

[31] 侯雪倩，周会玲，蒋帅，等. 苹果采后包装的作用与技术要求 [J]. 北方园艺，2016，(17)：184-188.

[32] 侯玉婷，施威，孔令云，等. 采后水果保鲜技术研究进展 [J]. 食品工业，2015，36（08）：226-231.

[33] 胡长龙. 观赏花木整形修剪手册 [M]. 上海：上海科学技术出版社，2005.

[34] 黄宇轩. 预冷和 1-MCP 处理对果蔬产地短期贮藏品质的影响 [D]. 南京农业大学，2016.

[35] 及华，关军锋，冯云霄，等. MA 包装和预贮对黑宝石李冷藏品质及褐变的影响 [J]. 果树学报，2011，28（01）：147-150.

[36] 纪全武，于慧弟. 割地草在针叶树育苗中的应用 [J]. 内蒙古农业科技，2009，(3)：89，103.

[37] 季丽丽，梁芸志，陈存坤，等. 不同温度差压预冷及其对西葫芦冷藏效果的影响 [J]. 农业工程学报，2018，34（01）：287-293.

[38] 贾江平. 浅谈木本植物的栽培与养护[J]. 内蒙古林业调查设计，2014，37（06）：63-64.

[39] 贾展慧，秦亚龙，王刚，等. 果实采后调控的研究进展 [J]. 分子植物育种，2018，16（18）：6140-6149.

[40] 姜楠，王蒙，韦迪哲，等. 果蜡保鲜技术研究进展 [J]. 食品安全质量检测学报，2015，6（2）：596-600.

[41] 金昌海. 果蔬贮藏与加工[M]. 北京：中国轻工业出版社，2016.

[42] 匡尚富，高占义，许迪. 农业高效用水灌排技术应用研究 [M]. 北京：中国农业出版社，2001.

[43] 李东升，张莲洁，盖志武，等. 国内外除草技术研究现状 [J]. 森林工程，2002，18（1）：17-18.

[44] 李江国，刘占良，张晋国，等. 国内外田间机械除草技术研究现状 [J]. 农机化研究，2006（10）：14-16.

[45] 李江国. 滚切式除草机的研究 [D]. 河北农业大学，2006.

[46] 李丽霞，吴会昌. 蔬菜生产 [M]. 北京：中国轻工业出版社，2011.

[47] 李如意，徐天明. 绿篱整形修剪技术 [J]. 山西林业，2002（02）：18，29.

[48] 李同轩，马万里. 北方园林植物病虫害预报与防治 [J]. 农业与技术，2014，34（8）：158-159.

[49] 李益农，许迪，李福祥. 田面平整精度对畦灌系统性能和作物产量影响的试验研究 [J]. 水利学报，2000，31（12）：82-87.

[50] 李益农，许迪，李福祥. 田面平整精度对畦灌系统性能影响的模拟分析 [J]. 农业工程学报，2001，17（4）43-48.

[51] 李益农，许迪，李福祥. 影响水平畦田灌溉质量的灌水技术要素分析 [J]. 灌溉排水，2001，20（4）：10-14.

[52] 李益农，杨继富，刘长安，等. 闸管灌溉技术及其田间工程系统设计 [J]. 节水灌溉，2003（1）：8-11，46.

[53] 李云，姚恩青. 各类观赏花木的整形修剪 [J]. 南方农业，2007，（2）：67-69.

[54] 梁芸志，陈存坤，吴昊，等. 不同预冷温度对采后番茄贮藏品质的影响 [J]. 食品研究与开发，2018，39（13）：188-193+200.

[55] 廖侦成，李丹，游丽媛，等. 糖醋液对茶树害虫的诱捕效果研究 [J]. 广东茶业. 2018，04：8-11.

[56] 林道. 盆栽花卉营养土的配制 [J]. 中国农垦，2002，（04）：30.

[57] 刘静，曹涤环. 花卉营养土的配制 [J]. 农村百事通，2014，（03）：49-50.

[58] 刘全山. 园林病虫害防治误区及对策 [J]. 山西林业，2009，（2）：36-37.

[59] 刘群昌，许迪，谢崇宝，等. 波涌灌溉技术田间适应性分析 [J]. 农业工程学报，2002，18（1）：35-40.

[60] 刘新晶，唐翠，潘攀，等. 城市园林植物病虫害综合防治措施 [J]．现代园艺，2014（16）：75.

[61] 刘兴华，陈维信. 果品蔬菜贮藏运销学（第3版）[M]. 北京：中国农业出版社，2014.

[62] 刘兴华，陈维信. 果品蔬菜贮藏运销学（第3版）[M]. 北京：中国农业出版社，2014.

[63] 刘妍玲，张岩，王世清，等. 果蔬摆放形式对冷库内气流场分布影响的研究 [J]. 青岛农业大学学报（自然科学版），2008，（01）：24-27，33.

[64] 罗怀海. 蔬菜病虫害综合防治 [M]. 成都：四川教育出版社，2008.

[65] 罗镪. 花卉生产技术 [M]. 北京：高等教育出版社，2007.

[66] 罗云波，生吉萍. 园艺产品贮藏加工学 [M]. 北京：中国农业大学出版社，2010.

[67] 吕佩珂，高振江，尚春明. 草莓、蓝莓、树莓、黑莓病虫害诊断与防治原色图谱 [M]. 北京：化学工业出版社，2018.

[68] 马冲，周欣欣，张佳，等. 乙烯利催熟番茄应用现状及对品质的影响 [J]. 农药科学与管理，2014，35（2）：64-70.

[69] 毛丹. 露地观赏植物栽培管理的基本技术 [J]. 黑龙江科技信息，2017（10）：278.

[70] 毛钟警. 蔬菜生产技术 [M]. 北京：中国农业大学出版社，2014.

[71] 孟北祯，毛培林，黄庆喜，等. 园林工程 [M]. 北京：中国林业出版社，2007.

[72] 苗迎君，李随安. 石硫合剂熬制存在的问题及正确熬制 [J]. 落叶果树，2017，（49）：62.

[73] 牛春亮，王金武. 水稻苗间除草装置工作机理分析 [J]. 农业工程学报，2010，26（S1）：51-55.

[74] 齐永顺，冯志红，刘玉艳. 园艺专业技能训练 [M]. 北京：中国农业科学技术出版社，2012.

[75] 秦晓胶，王正文，李佳林，等. 不同颜色粘虫板及食物诱集剂对蓝莓黑腹果蝇的诱集效果 [J]. 安徽农业科学，2015，43（17）：128-129.

[76] 权美平. 鲜切莲藕保鲜技术应用研究进展 [J]. 保鲜与加工，2018，18（1）：134-137.

[77] 权顺. 蔬菜生产技术指南 [M]. 化学工业出版社，2003.

[78] 饶景萍. 园艺产品贮运学 [M]. 北京：科学出版社，2009.

[79] 山东农业大学. 蔬菜栽培学总论 [M]. 北京：中国农业出版社，2000.

[80] 申彩霞，王晋新. 绿篱树种选择及整形修剪技术 [J]. 山西林业，2000，（6）：29-30.

[81] 史文娟，康绍忠. 控制性作物根系分区供水的节水机理及研究进展 [J]. 水科学进展，2001，12（2）：270-275.

[82] 宋付朋，张民，胡莹莹，等. 控释花卉肥在盆栽万寿菊上的肥效研究 [J]. 山东农业大学学报（自然科学版），2002，33（2）：134-139.

[83] 孙吉雄. 草坪绿地规划设计与建植管理 [M]. 北京：科学技术文献出版社，2002.

[84] 孙雪微，许修宏，孟庆欣，等. 牛粪堆肥中氨氧化细菌群落结构及其与环境因子相关性研究 [J]. 农业环境科学学报，2017，（1）：189-197.

[85] 谭继清. 草坪地被景观设计与应用 [M]. 北京：中国建筑工业出版社，2002.

[86] 唐海洋，赵兰萍，黄剑光，等. 不同堆放方式下冷藏间内果蔬水分耗散过程的数值研究 [J]. 制冷，2013，32（04）：15-19.

[87] 童勇军. 城市园林植物病虫害防治策略的探讨 [J]. 嘉兴学院学报，2008，20（6）：51-53，57.

[88] 汪李平，黄树苹. 蔬菜科学施肥 [M]. 北京：金盾出版社，2007.

[89] 汪李平，郑秀国. 现代蔬菜灌溉技术[M]. 北京：金盾出版社，2007.

[90] 汪志农. 灌溉排水工程学 [M]. 北京：中国农业出版社，2000.

[91] 王诚吉. 鲜切花栽培与保鲜技术 [M]. 杨凌：西北农林科技大学出版社，2004.

[92] 王春凤，乔萍. 浅谈观赏植物的栽培和管理 [J]. 农村实用科技信息，2010，（04）：17.

[93] 王宏富，韩忻彦. 中国农田杂草可持续治理的现状与展望 [J]. 山西农业大学学报，2002，22（3）：274-277.

[94] 王鸿飞. 果蔬贮运加工学 [M]. 北京：科学出版社，2014.

[95] 王久兴，宋士清. 设施蔬菜栽培学实践教学指导书 [M]. 北京：中国农业科学技术出版社，2012.

[96] 王三根. 植物生长调节剂在蔬菜生产中的应用 [M]. 北京：金盾出版社，2003.

[97] 王颖荣，谢晶. 采后蔬菜保鲜技术研究进展 [J]. 广东农业科学，2014，41（19）：107-111.

[98] 王有月，直俊强，张加勇，等. 2种不同微生物菌剂对鸡粪高温堆肥腐熟进程的影响[J]. 畜禽业，2018，（5）：4-6.

[99] 韦庆和. 果尔除草剂在森林苗圃的应用 [J]. 林业科技通讯，2000，（7）：30-31.

[100] 卫晓怡. 食品感官评价 [M]. 北京：中国轻工业出版社，2018.

[101] 魏立兴. 冬季果树刮皮有诀窍 [J]. 农家参谋，2017，（4）：50.

[102] 温沁雪，曹永森，陈志强. 猪粪堆肥过程中金霉素去除及重金属形态变化 [J]. 环境科学，2017，（10）：4405-4411.

[103] 乌翛冰，张志祥，崔燕，等. 蔬菜采后保鲜技术的应用与发展 [J]. 安徽农业科学，2016，44（10）：107-110.

[104] 吴雪芬. 园艺植物病虫害防治技术 [M]. 苏州：苏州大学出版社，2009.

[105] 吴中军. 花卉学实验实训教程 [M]. 成都：西南交通大学出版社，2014.

[106] 徐爱东. 乙烯利催熟对番茄果实营养品质影响的研究进展 [J]. 北方园艺，2011，（10）：181-184.

[107] 许迪，蔡林根，王少丽，等. 农业持续发展的农田水管理研究 [M]. 北京：中国水利水电出版社，2000.

[108] 许弯，张菊华. 采后水果保鲜技术研究进展 [J]. 湖南农业科学，2018，(08)：116-118+122.

[109] 严渐子. 蔬菜作物的田间估产 [J]. 中国蔬菜，1994，(6)：50-53.

[110] 杨小玲. 南丰蜜橘冬季清园须重视 [J]. 现代园艺，2015，(5)：118.

[111] 杨秀云，武小钢. 遮阴条件下草坪的建植与管理 [J]. 北方园艺，2004(1)：36.

[112] 俞玖. 园林苗圃学 [M]. 北京：中国林业出版社，1998.

[113] 张琦. 果树栽培学实验实习指导书 [M]. 北京：中国水利水电出版社，2013.

[114] 张福墁. 设施园艺学（第2版）[M]. 北京：中国农业大学出版社，2010.

[115] 张颢，王继华，唐开学，等. 鲜切花实用保鲜技术 [M]. 北京：化学工业出版社，2009.

[116] 张欢，王军霞. 好氧污泥堆肥添加牛粪的资源化处理 [J]. 北方园艺，2014，(22)：173-176.

[117] 张军科，李兴亮，李民吉，等. 影响消费者对“富士”苹果品质主观评价的因素分析及评价模型建立 [J]. 果树学报，2017，34（10)：1316-1322.

[118] 张淑敏. 配制盆栽花卉营养土 [J]. 河北林业，2000，(04)：28.

[119] 张素萍，员根中. 园林植物病虫害防治现状及发展方向 [J]. 现代农村科技，2014（13)：30-31.

[120] 张秀英. 观赏花木的整形修剪 [M]. 北京：中国农业出版社，2001.

[121] 张雪辰，邓双，王旭东. 快腐剂对畜禽粪便堆肥过程中腐熟度的影响 [J]. 环境工程学报，2015，(2)：888-894.

[122] 赵菊莲. 观赏植物栽培学实验实习指导 [M]. 杨凌：西北农林科技大学出版社，2013.

[123] 赵艳胜. 浅谈城市园林植物病虫害的可持续性控制 [J]. 现代农村科技，2014（16)：28-29.

[124] 浙江农业大学，蔬菜栽培学总论[M]. 北京：农业出版社，1998.

[125] 中华人民共和国商业部. GB 8866-88 中华人民共和国国家标准（蒜薹）. [S]. 1988-02-29.

[126] 钟巧玲，郜海燕，陈杭君，等. 鲜切莲藕保鲜技术研究进展 [J]. 浙江农业科学，2017，58（06)：1024-1028.

[127] 周谈龙，尚斌，董红敏，等. 中试规模猪粪堆肥挥发性有机物排放特征 [J]. 农业工程学报，2017，(6)：192-198.

[128] 祝战斌. 果蔬贮藏与加工技术[M]. 北京：科学出版社，2010.

[129] 祝遵凌，王瑞辉. 园林植物栽培养护 [M]. 北京：中国林业出版社，2005.

[130] 邹志荣. 现代园艺设施[M]，北京：中央广播电视大学出版社，2002.